本书的出版得到2014年"万人计划"青年拔尖人才计划资助

未名社科·文化产业研究丛书

Valuing
Intangible
Asset in
Cultural
Industries
Theory and Practice

向勇 等著

文化产业
无形资产
价值评估

理论与实务

图书在版编目(CIP)数据

文化产业无形资产价值评估：理论与实务/向勇等著.—北京：北京大学出版社，2016.5
（未名社科·文化产业研究丛书）
ISBN 978-7-301-26607-6

Ⅰ.①文… Ⅱ.①向… Ⅲ.①文化产业—无形固定资产—资产评估—研究 Ⅳ.①G114

中国版本图书馆 CIP 数据核字（2015）第 293417 号

书　　名	文化产业无形资产价值评估：理论与实务 Wenhua Chanye Wuxing Zichan Jiazhi Pinggu: Lilun Yu Shiwu
著作责任者	向　勇　等著
责任编辑	胡利国
标准书号	ISBN 978-7-301-26607-6
出版发行	北京大学出版社
地　　址	北京市海淀区成府路 205 号　100871
网　　址	http://www.pup.cn
电子信箱	ss@pup.pku.edu.cn
新浪微博	@北京大学出版社
电　　话	邮购部 62752015　发行部 62750672　编辑部 62765016
印 刷 者	三河市北燕印装有限公司
经 销 者	新华书店
	965 毫米×1300 毫米　16 开本　18 印张　258 千字 2016 年 5 月第 1 版　2016 年 5 月第 1 次印刷
定　　价	55.00 元

未经许可，不得以任何方式复制或抄袭本书之部分或全部内容。
版权所有，侵权必究
举报电话：010-62752024　电子信箱：fd@pup.pku.edu.cn
图书如有印装质量问题，请与出版部联系，电话：010-62756370

前　言

2016年4月，中国资产评估协会发布《文化企业无形资产评估指导意见》。无形资产是一个种类繁多、标的庞杂的现代资产范畴，包括知识产权、商业秘密、商誉等诸多品类。新世纪以来，伴随现代产业中文化经济和符号经济双重转向的发展趋势，无形资产在人们的经济生活和产业发展中日趋重要。无形资产是文化产业主要资产的表现形式，亦是文化生产的核心要素。文化产业在中国被逐渐提振为改变产业结构、推动经济转型的国家战略。文化产业在美国被称为"版权产业"，创意产业在英国被规划为振兴经济的朝阳产业，是缘于人的技能、知识和创意以知识产权等无形资产为存在样式，最终实现商业价值的产业效益。文化资源转变为文化产业，其间的关键环节就是对文化创意和设计服务实现知识产权化表达。被无形资产化的文化资源才能以合法化的商业形态的方式行走在经济大道上，从而开始其长长的全产业链经营的产业征途，创造难以估算的经济价值和社会价值。

文化产业无形资产价值实现包括确权、估权和易权三个阶段。其中，确权即文化资源的无形资产化或知识产权化阶段；估权即文化产业无形资产价值评估阶段；易权即文化产业无形资产价值交易阶段。文化产业无形资产的价值评估是这些阶段的关键环节。虽然围绕无形资产价值评估的研究层出不穷，但定义的内涵、操作流程和通用体系等方面差异甚大，标准也难统一，适用于文化产业无形资产价值评估的研究成果更是屈指可数。因此，对文化产业无形资产进行深入而系统的价值评估研究非常必要。

本书的研究正是在这样的理论前提和实践背景下展开的。全书围绕文化产业无形资产评估展开研究，包括现状分析、体系建构和实务研究等三大部分。

第一部分着眼于文化产业无形资产评估的现状分析，关注文化产业无形资产的理论架构和实践探讨，共分为四章。其中，第一章通过文献综述和实践调研，分析了文化产业无形资产评估的理论背景，总结了当前无形资产理论界的研究情况，厘清无形资产、文化产业无形资产、知识产权等相关概念，强调知识产权作为文化产业无形资产主体资产的实践意义。第二章探讨文化产业无形资产评估的发展实践，以宏观角度梳理了中外文化产业无形资产评估的发展状况，透过对照分析，剖析主要国家和地区文化产业无形资产的发展环境。第三章和第四章以微观视野分析韩国和我国台湾地区文化产业无形资产的政策推动、评估环境与评估状况，以作为我国无形资产评估建设的参照借鉴。

第二部分重点在于构建文化产业无形资产评估的指标体系，共分为四章。其中，第五章汇整文化产业无形资产的评估方式和适用标的，明确了评估指针体系的评估依据，分别是指标体系结构、测评依据和指标权重。第六章说明基金化、信贷化、证券化、期货化、众筹化、物权化等文化产业无形资产交易模式的基本特征。第七章引出"冰山模型""价值补丁包""文化标准品"的概念，设计出三维三级的指标评估体系。第八章将指标类型、指标体系、指标名称与价值属性作对应，借此探讨文化产业无形资产价值的可评估性及可预测性。

第三部分探讨了文化产业无形资产评估的实务研究，将价值体系化于实践案例，以验证指标体系的可用性，最后提出评估风险控制和制度设计，共分为五章。其中，第九章以世界文化遗产可持续发展价值评估为个案对象，着力从世界文化遗产地可持续发展的总体要求出发，通过分析中国经济、居民消费结构及水平的发展变化，评价中国政府相关政策法规，总结世界文化遗产地的可持续发展策略；分析中国世界文化遗产地对遗产所在区域的综合贡献，最终得出中国世界文化遗产地可持续发展模式与评价体系。第十章透过分析某动画电影产品在上映之前的票房预估和宣传方式研究的方法、过程和结果以及该电影在上映之后对受众影响的评估，了解电影版权的价值指标体系。第十一章以汇心堂保荐的贺昆的《妙曼的沃土》系列原创版画为对象，将无形资产评估通用指标体系适用于艺术市场的价值评估，通过学术地位、时代特点、交易渠道等维度，评估艺术品的市场价值，总结了艺术品价值评估的指标体系。第十二章聚焦于文化产业无形资产评估的机制、评估和交易问题,探讨了文化产业无形资产评估的外部风险和内部风险,并根据风险性质,提出了防控风险的改良措施与具体建议。第十三章将无形资产价值评估的基本问题与无形资产的交易流程相对应,从内部制度和外部制度的角度,提出文化产业无形资产评估的实施建议与措施保障。

本书的研究在教育部人文社会科学研究一般项目"文化产业无形资产实证评估研究"和北京市文化创意产业发展专项资金扶持项目"北京市文化创意产业投融资价值评估服务平台"的资助下得以顺利进行。本书的研究成果是课题组成员集体劳动的结晶,是包括喻文益、邓丽丽、雷龙云、刘睿、刘冠德、金旻宣、杨玉娟、杨欣欣、徐思颖等在内的老师和同学们共同努力的结果。其中,刘冠德、杨欣欣参与了第一章,金旻宣参与了第三章,徐思颖参与了第四章,刘冠德、徐思颖、金旻宣参与了第六章,喻文益、杨玉娟参与了第七章,邓丽丽参与了第九章,雷龙云参与了第十章,刘睿参与了第十一章的写作。最后,由徐思颖、林楚天、王上协助向勇完成了本书的其他章节、统稿与最后成书。

本书的出版要感谢北京大学出版社领导和责任编辑胡利国先生的大力支持。无论是在理论创新还是实践探索方面,我国文化产业无形资产价值评估工作才刚刚开始,面临很大的挑战,还有很大的提升空间。由于研究团队的水平与能力所限,本书存在诸多不足,遗留了许多遗憾,恳请得到各位方家的批评与指正。

目　录

第一部分　文化产业无形资产评估的发展实践

第一章　文化产业无形资产评估的理论基础 …………… 3
1　无形资产的理论基础 ……………………………… 3
2　无形资产与知识产权 ……………………………… 11
3　知识产权的理论基础 ……………………………… 17

第二章　文化产业无形资产评估的发展现状 …………… 25
1　文化产业无形资产评估的发展历程 ……………… 25
2　文化产业无形资产评估的各国现状 ……………… 26
3　文化产业无形资产评估的中国实践 ……………… 36

第三章　文化产业无形资产评估的韩国经验 …………… 47
1　文化产业无形资产评估的宏观背景 ……………… 47
2　文化产业无形资产评估的传统方法 ……………… 53
3　文化产业无形资产评估的最新尝试 ……………… 59
4　文化产业无形资产评估的主要启示 ……………… 67

第四章　文化产业无形资产评估的台湾经验 …………… 71
1　文化产业无形资产评估的发展现状 ……………… 71
2　文化产业无形资产评估的实践经验 ……………… 75

第二部分　文化产业无形资产评估的体系研究

第五章　文化产业无形资产的评估方法 ………………… 85
1　文化产业无形资产评估的基本原则 ……………… 85
2　文化产业无形资产评估的主要方法 ……………… 86
3　文化产业无形资产评估的方法适用 ……………… 97

第六章 文化产业无形资产的交易模式 …… 104
1. 基金化交易模式 …… 104
2. 众筹化交易模式 …… 107
3. 证券化交易模式 …… 111
4. 期货化交易模式 …… 116
5. 信贷化交易模式 …… 119
6. 物权化交易模式 …… 121
7. 问题与建议 …… 125

第七章 文化产业无形资产的价值属性 …… 128
1. 文化产业无形资产的宏观价值属性 …… 128
2. 文化产业无形资产的微观价值属性 …… 131
3. 文化产业无形资产的价值实现 …… 135

第八章 文化产业无形资产的评估体系 …… 140
1. 评估指标体系的开发背景 …… 140
2. 价值评估的静态指标体系 …… 141
3. 价值评估的通用指标体系 …… 147

第三部分 文化产业无形资产评估的实务研究

第九章 世界文化遗产地可持续价值评估的案例分析 …… 163
1. 案例基本情况 …… 163
2. 评估思路及方法 …… 164
3. 世界文化遗产的中国环境 …… 167
4. 世界文化遗产地可持续发展评估体系设计 …… 181
5. 世界文化遗产地可持续指标体系的实证分析 …… 206

第十章 商业动画电影价值评估的案例分析 …… 210
1. 案例基本情况 …… 210
2. 案例评估的内容 …… 214
3. 案例评估结果 …… 224
4. 案例评估的对策建议 …… 231

第十一章　艺术品价值评估的案例分析 …… 235
1　案例评估的基本情况 …… 235
2　评估思路与方法 …… 236
3　评估方法执行 …… 240

第十二章　文化产业无形资产评估的风险防范 …… 249
1　文化产业无形资产评估的机制问题 …… 249
2　文化产业无形资产评估的理论问题 …… 251
3　文化产业无形资产评估的风险形式 …… 253
4　文化产业无形资产评估的风险控制 …… 257

第十三章　文化产业无形资产评估的制度设计 …… 263
1　文化产业无形资产评估的内部制度 …… 263
2　文化产业无形资产评估的外部制度 …… 265
3　文化产业无形资产评估的保障措施 …… 267

参考文献 …… 270

第一部分
文化产业无形资产评估的发展实践

第一章 文化产业无形资产评估的理论基础

无形资产不具实物和非金融形态,大多受知识产权法保护,具有商业价值,是与收益相关的重要资产;它是难以量化的资本,划分尚未具有统一标准。本章首先介绍无形资产的概念并与易混淆的智慧资本做概念区别,得出两者的重要重叠之处在于知识产权,然后论证文化产业无形资产具有敏感性、高收益性与流动性的特征,在可操作、市场化、法律框架的前提下,本书所指的文化产业无形资产主要指知识产权,即版权(著作权)、商标、专利、设计权,其中又以版权为主。

1 无形资产的理论基础

1.1 无形资产的定义

"无形资产"又称为无形体之资产[①]。根据学者埃德文森(Edvinsson)及马隆(Malone)的定义,无形资产被赋予了"智慧资本""知识资本""非财物资本""隐藏资本"或"不可见资产"等含义[②]。根据 Reilly 与 Schweihs 的定义,无形资产具有下列条件:第一,能被明辨或可被清楚地陈述;第二,受法律保护;第三,为私人所有权限制,且这一所有权可做转让;第四,具备某种可被证明无形资产权利存在的有形凭证;第五,可在某一可辨认的时点或交易中出现;第六,可在某一可辨认的时点或交易中损毁或消灭。[③] 某些企业产品虽具有高市场占有率、高获利率、独占力、上市潜力等优势,却不

[①] 马秀如、刘正田、俞洪昭、谌家兰:《资讯软体业无形资产之意义及其会计处理》,《证交资料》2000 年第 457 期,第 9 页。

[②] 〔美〕埃德文森、迈克尔·马隆(Edvinsson, L. & Malone):《智慧资本:如何衡量资讯时代无形资产的价值》,林大容译,麦田出版 1999 年版,第 1 页。

[③] R. F. Reilly and R. P. Schweihs, *Valuing Intangible Assets*, New York: McGraw-Hill, 1998.

符合上述六个条件,仅是一种经济现象,尚不能称为无形资产。此外,美国著名会计师 Hatfield 在其所著的《会计学原理与实务》一书中指出:"无形资产的含义是指专利权、版权、秘密制作方法和配方、商誉、商标、专营权以及其他类似的财产。"美国人 E. Kieso 和 J. Weygandt 等在合著的《中级会计学》中提到:"无形资产的特征是缺乏实体存在,其未来收益具高度不确定性。"[①]"有形资产是以可以看到的、触摸的物质实体为特征的;无形资产是法定或合同权利中形成的资产。无形资产与有形资产有着某些共同的特点,它们都是为使用者拥有,而不是为投资而拥有,寿命都大于一年,且都依据其可以为拥有者带来的收益而确定其价值,它们都将在其收益获得期内被消耗掉。"[②]美国财务会计准则委员会(Financial Accounting Standards Board, FASB)对无形资产下的定义是:"无形资产是不具物质实体的经济资源,其价值由所有权所形成的权益和未来收益所确定,但货币资源(如现金、应收账款和投资)不属于无形资产。"

我国 1993 年实施的《企业财务通则》和《企业会计准则》规定:"无形资产是指企业长期使用,但没有实物形态的资产,包括专利权、商标权、著作权、土地使用权、非专利技术、商誉等。"2001 年 7 月 23 日,财政部颁发的《资产评估准则——无形资产》对无形资产的定义为:"无形资产是指特定主体所控制的、不具有实物形态、对生产经营长期发挥作用且能带来经济利益的资源。"

1.2 无形资产的内涵

1.2.1 无形资产的特征

无形资产具有以下特点:

第一,预期性及政策性。无形资产具有预期性,这是因为无形资产不是作为一般生产资料来转让,而是以获利能力来转让。

第二,可正可负性。良好的商誉和信誉,是企业不可多得的巨大财富,但对于一个技术水平落后、产品质量低劣且信誉不高的企业,商誉往往会出现负值。

---

① 〔美〕唐纳德 E. 基索、杰里 J. 韦安特等:《中级会计学》,杜兴强、聂志萍、张金若译,中国人民大学出版社 2008 年版。

② 同上。

第三，模糊性。无形资产评估中的模糊性具体表现在以下几个方面：(1) 成本计价；(2) 价值本身；(3) 评估结果；(4) 评估时效性；(5) 评估人员的主观判断；(6) 评估受生产能力、市场供求、通货膨胀、自然灾害、国家计划和政策变化、外汇汇率变动以及价格变动等的影响。这些变化不定的因素使无形资产评估具有不确定性，无法在资产负债表中体现出来。

第四，独立性。这是指无形资产评估的对象是单一的。无形资产评估因不同的评估对象而异，只有这样才能正确地反映特定的评估对象的价值。

第五，复杂性。无形资产评估之所以具复杂性，主要是因为：(1) 无形资产项目多，种类繁多，且无形资产的可比性低；(2) 预测无形资产的预期收益难；(3) 无形资产时间更替快，使测定技术更新困难。

第六，效益性。无形资产评估，要测算该项无形资产在有效时间内能够获取的经济效益，并以此为主要依据评估无形资产的价值。

第七，动态性。这是指无形资产评估是从动态的角度去考察评估对象和评价无形资产的价值。

第八，长期性。无形资产在企业经营中是长期发挥作用的，具有持续性。在文化产业中，例如一家影视公司某个影片的版权，它具有长期的收益性，版权有偿转让后可以由几个主体长时间共有。无形资产属于长期资产，它能在一个长期的企业经营周期内创造价值。

第九，不确定性。具体表现为：(1) 文化创意无形资产具有垄断性；(2) 产品竞争力和市场认可度受现实情况影响。

1.2.2　无形资产的种类

美国财务会计准则委员会 2001 年发布的《财务会计准则公告》第 142 条"无形资产条目"将无形资产的种类做了简要分类，无法归属的、有资产及不可明确辨认的无形资产的获利能力，称为商誉(见表 1-1-1)。

表 1-1-1 无形资产的种类

无形资产	可明确辨认者（可与企业分离而单独转让者）	专利、商标、著作权（版权）、特许权、租赁权益、顾客名单、秘方	向外购买
			自行发展
	不可明确辨认者	商誉	向外购买
			自行发展

虽然我国的无形资产至今仍没有统一、明晰的定义，但大致范围和几大特征基本得到了业界的认可。李春光对无形资产的范围做了较为系统的归纳：无形资产以产生来源为标准可以分成"自创型"和"外购型"；以状态为标准可分为"可确指的无形资产"和"不可确指的无形资产"；以内容为标准可以分为"技术型""权利型""关系型"和其他等四种形式；以作用为标准可分为"生产型""资源型"和"管理型"，还可以按寿命期限、法律保护状况等分类①。据此，无形资产的分类如下（见图 1-1-1）：

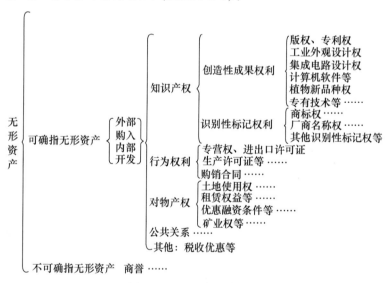

图 1-1-1 无形资产的分类

在我国台湾地区，无形资产鉴价领域包含租赁权、地上权、商

---

① 李春光：《无形资产评估方法的进一步探讨》，吉林大学 2005 年硕士学位论文。

标权、开发权、经营权、专利权、技术权、矿权、商誉价值。动产鉴价领域包含：岛内外机器设备估价，生产设备估价，航空器、船舶、车辆估价，各种原料估价，在制品、成品估价，古董、字画、艺品、珠宝、牲畜等及其他之估价。台湾地区《会计37号公报》将无形资产定义为："企业可取得、发展、维护或强化无形资源时通常会消耗资源或发生负债。"此类无形资产可包括科学或技术知识、新程序或系统设计与操作、权限、知识产权、市场知识及商标等。该类无形资产常见项目有计算机软件、专利权、著作权、客户名单、担保或服务权、渔业权、进口配额、特与权、顾客货供货商关系、顾客忠诚、市场占有率及营销权。根据台湾地区相关"文化创意产业发展"的规定第十条第二款："无形之文化创意资产，指与文化创意有关之专利权、著作权、商标权与营业秘密等知识产权及其他符合财务会计准则公报所定义之无形资产。"可见，文化产业的无形资产以知识产权为主。

1.2.3 无形资产的核算

1. 研究和开发费用资本化。

企业无形资产的取得主要有外购、自创、接受其他单位投资三种途径。外购与接受投资的无形资产价值的确认较为容易，对于自创无形资产核算，按照现行规定仅包括取得注册时发生的注册费、聘请律师费支出，而把研究和开发过程中的费用记入当期损益，采取费用化处理。这种处理无法体现企业自创无形资产价值，甚至导致知识产权的成本计量严重失真，对于投资人利用提供的信息做出投资决策是非常不利的。因此，企业应对自创无形资产研究和开发支出进行资本化处理。由于研发费用与新产品或新工艺的生产或使用及给企业带来效益的确定性较差，应在费用发生的当期进行确认，直接计入当期损益，并在以后会计期间不确认为资产。对于研究活动——初步智力成果，采取费用化处理；对于开发项目，由于是直接转化为生产力，应该采取资本化处理方法。例如，对有些随同固定资产硬件系统一起投入的软件系统（如计算机软件系统）可考虑与固定资产硬件系统合并在"固定资产"科目核算。

对有确切使用年限的无形资产，如专利权、专有技术等应用加速摊销法中的年数总和法进行摊销。

2. 对于没有确切年限的非专利技术,可不作摊销。

为了对这一类无形资产进行价值补偿,可建立"无形资产信息系统"规范无形资产管理与衡量无形资产价值。对无限寿命的无形资产,如商誉,不做摊销主要是因为商誉能在多方面起作用,难以分清其在各方面作用的权重,对于这类无形资产应采用定期评估的方法,定期调整账面价值。

3. 无形资产披露。

对于一般无形资产,企业会计准则要求披露的有关无形资产信息有:各类无形资产的摊销年限;各类无形资产当期期初和期末账面余额、变动情况及其原因;当期确认的无形资产减值准备。对土地使用权,除按照上述规定进行披露外,还应披露土地使用权的取得方式和取得成本。在我国现行财务报表中,资产负债表上只列有"无形资产"一个项目,反映无形资产的摊余价值,在现金流量表中仅设置了"处置固定资产、无形资产和其他长期资产而收到的现金净额"和"购建固定资产、无形资产和其他长期资产所支付的现金",无法反映出无形资产的变动情况,不能满足报表使用者对无形资产信息的需要。

1.3 智慧资本与无形资产的异同

1.3.1 智慧资本

智慧资本、无形资产的概念容易混淆。根据学者托马斯·斯图尔特(Thomas Stewart)的说法,智慧资本是每个人能为公司带来竞争优势的一切知识、能力的总和。凡能够用来创造财富的知识、信息、智能财产、经验等智慧财产,可通称为"智慧资本"。有关"智慧资本"的研究出自雷夫·埃德文森(Leif Edvinsson)。北欧最大的斯堪地亚保险与金融服务公司(Skandia Assurance and Financial Services,SAFS),于 1995 年发表了世界上第一份公开的智慧资本报告。报告认为:市场价值可细分为财务资本和智慧资本,而智慧资本是由人力资本及结构资本构成;结构资本还包含顾客资本与组织资本;组织资本又由创新资本与流程资本所构成(如图 1-1-2)。

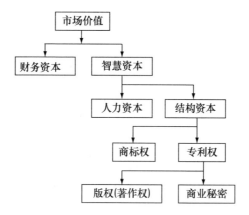

图 1-1-2 市场价值架构
资料来源：Leif Edvinsson & Michael S. Malone（1997）。

埃德文森将智慧资本定义为"是一种对知识、实际经验、组织技术、顾客关系和专业技能的掌握"。① 智慧资本的内涵分成以下三类：人力资本（human capital）、结构资本（structure capital）（创新资本、流程资本、组织资本）、顾客资本（customers capital）。休伯特·圣唐治（Hubert Saint-Onge）将智慧资本定义为三项资本的集合，分别为人力资本、顾客资本和结构资本（如图 1-1-3）。

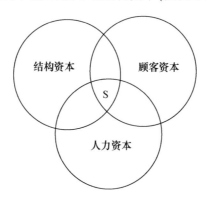

图 1-1-3 Hubert Saint-Onge 的智慧资本模型
资料来源：Sullivan（1998），*Profiting from Intellectual Capital*，p.71。

---

① 〔美〕托马斯·斯图尔特：《智慧资本：信息时代的企业利基》，宋伟航译，台湾智库出版社 1999 年版，第 1—2 页。

智慧资本包括人力资本、关系资本(顾客资本)及结构资本(组织资本)。人力资本指具有知识创造力的人力资源,包含企业的经营团队、专业技能、向心力、创造力等,尤指企业中所有员工的知识、技术、能力及经验等;关系资本指企业营运产生的上下游产业关系网络,包括顾客规模、顾客忠诚、策略伙伴、声誉;结构资本指组织与其往来的对象革新能力和保护商业能力等知识产权,以及其他用来开发并加速新产品与新服务的市场无形资产和才能,包括著作权、商标权、专利权及数据库;流程资本主要包括营业秘密及工作流程,员工离开公司仍存有的知识,即属于组织所有的科技、发明、数据、出版、制成均为结构资本;流程资本是指工作工程、特殊方法,以及扩大并加强产品制造或服务效率的员工计划。①

表1-1-2 Dzinkowski 智慧资本要素表

人力资本	顾客(关系)资本
工作方法(Know-how)、教育、执业证照、工作上的相关知识、职业评估、心理评估、工作上的相关能力、企业活力、创新与反应能力	品牌、顾客、顾客忠诚度、公司名称、存货管理、通路、企业合作、授权/经销权协议(Franchise agreement)
(结构)组织资本	
知识产权、专利权、著作权(版权)、商标、营业秘密(商业秘密)、服务商标(service mark)	基础结构资产学、管理哲学(Management philosophy)、公司文化(Corporate culture)、管理流程(Management process)、信息技术系统、网络系统(Networking system)、财务关系

资料来源:R. Dzinkowski(2000),The measurement and management of intellectual capital:An introduction. *Management Accounting*(*Februry*),pp. 22—26。

1.3.2 无形资产

智慧资本所涵盖范围较无形资产广,智慧资本与无形资产概念的交集在于知识产权,诸如专利、商标、著作权、商业秘密等法律上已赋予保障的权利(见图1-1-4)。

---

① 刘江彬、黄钰婷:《智慧财产商品化之融资与鉴价机制》,《全国律师》2006年第10卷第1期,第5页。

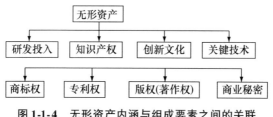

图 1-1-4　无形资产内涵与组成要素之间的关联

2　无形资产与知识产权

文化产业的发展与知识产权的保护及应用息息相关。文化产业的内容多对应"无形资产",其商业保护与应用等同于知识产权的保护与应用。善用"知识产权",能使文化产业的"无形资产"财富得以量化,达到资本化操作的最终目的。本节主要是从各国对文化产业的定义出发,阐明文化产业与知识产权之间的密切关联性。

2.1　文化产业的定义

文化产业,又称为"文化创意产业""创意产业""版权产业"或"内容产业",其概念主要来自英语 Cultural Industries 或 Creative Industries,虽然这些概念在外延上有差别,但其产业本质有很大的相似性,因此,本书将这些概念同等对待。近年来"文化产业"概念被英、美、澳大利亚等国大力宣传,是一种在全球化的消费社会的背景中发展起来的、推崇创新及个人创造力、强调文化艺术对经济的支持与推动的新兴理念、思潮和经济实践。早在 1986 年,著名经济学家保罗·罗默(Paul Romer)提出"内生经济增长理论",指出"新创意会衍生出无穷的新产品、新市场和财富创造的新机会,所以新创意才是推动一国经济成长的原动力"。[①] 文化经济理论家凯夫斯对创意产业则给出了以下定义:"创意产业提供我们宽泛地与文化的、艺术的或仅仅是娱乐的价值相联系的产品和服

---

① 转引自曹新卓:《全球文化创意产业巡览》,《世界文化》2007 年第 5 期。

务"。澳大利亚学者金·迈克(Michael Keane)认为:"21世纪将会目击我们(作为消费者、观众和公众)利用文化资源的方式的空前的变化。文化被生产、传播和消费的方式将越来越取决于知识创新和全球化市场。文化研究这一概念应该使其自身脱离批判文化理论的学派并且严肃地作为一种产业来对文化进行思考——一个可以提供就业、培训、出口税收和外汇的产业。"①

作为一种国家产业政策和战略的"创意产业"理念的明确提出者,最早是英国创意产业特别工作小组。在1998年出台的《英国创意产业路径文件》中,"创意产业"的定义第一次明确提出,"所谓创意产业,是源自于个人创意、技巧和才能的活动,是通过知识产权的生成与利用,而有潜力创造财富和就业机会的产业。"②由此定义可看出,文化产业的发展,实与知识产权的生成及利用,具有密不可分的关系。

2.2 文化产业的营利模式

文化产业营利模式可分为文化产品营利模式、资源营利模式、产业链营利模式、项目营利模式、价值网营利模式等五种。

亚德理安·斯莱沃斯基(Adrian Slywo Ezky)在《赢利》中提出几种文化产品的营利模式,包含专业化模式、大制作影片模式、拳头产品模式、速度创新模式和利润乘数模式;资源营利模式包含外部资源和特定行业资源;产业链营利模式包含全产业链营利模式、产业平台营利模式、跨产业链营利模式;项目营利模式包含项目运营制营利模式、项目品牌化营利模式、项目制定的营利模式;价值网营利模式则是将各个营利主体联系起来,拓展商业价值网③(如表1-2-1)。

---

① 转引自金元浦:《世界创意经济浪潮正在勃兴》,《决策与信息》2005年第4期。
② 〔英〕约翰·霍金斯(John Howkins):《创意经济:好点子变成好主意》,李璞良译,典藏艺术家出版社2003年版,第5页。
③ 转引自王家新、刘萍:《文化企业资产评估研究》,中国财政经济出版社2013年版,第43—47页。

表 1-2-1　文化产业营利模式

主模式	分类	内容
文化产品	专业化模式	提供具有市场独占性的专业化服务
	大制作影片模式	在短时间内增加产品数量
	拳头产品模式	主打核心产品
	速度创新模式	迅速推出新产品
	利润乘数模式	建构品牌，发展衍生品
资源营利		人、财、物、市场资源的重新整合（企业、品牌、文化、信息、资金、物资）
产业链营利	全产业链营利模式	上游与下游整合
	产业平台营利模式	经营数字化或实现平台获得利润
	跨产业链营利模式	横向融合，结合不同领域
项目营利	项目运营制营利模式	特定项目运作
	项目品牌化营利模式	塑造项目品牌
	项目制定营利模式	开发文化商品
价值网		各利益主体协同营销，开拓价值网

2.3　文化产业的无形资产

文化产业作为一种特殊文化形态和经济形态，在不同国家有着不同的理解。联合国教科文组织从文化产品的工业标准化生产、流通、分配、消费的角度进行界定，认为文化产业是按照工业标准，生产、再生产、储存以及分配文化产品和服务的一系列活动。2003 年 9 月，我国文化部制定下发的《关于支持和促进文化产业发展的若干意见》将文化产业界定为："从事文化产品生产和提供文化服务的经营性行业。"2004 年，国家统计局对"文化及相关产业"的界定为：为社会公众提供文化娱乐产品和服务的活动，以及与这些活动有关联的活动的集合。根据以上概念，可以看出文化产业的产品至少是具有某种形式的"创意财产"，与传统产业相比，文化产业价值链的核心不是实物资产而是通过研究和开发而形成的专利权、商标权、非专利技术、版权、特许使用权等无形资产，这些无形资产是文化创意企业竞争力的源泉。根据我国(尤其是北京市)文化产业发展的特点，无形资产评估的主要内容可简要概括如下(见表1-2-2)：

表 1-2-2　文化产业无形资产评估范围

无形资产分类	内容举例
销售类	商标、网站、域名、品牌、标识、营销网络、老字号
技术类	发明专利、实用新型专利、外观设计专利、专有技术、技术方法、秘诀
艺术类	书籍版权、音乐版权、美术作品版权、影视作品版权、动漫版权
数据处理	软件所有权、软件版权、自动化数据库
工程类	工业设计、设计图、商业秘密、工程图纸、集成电路
客户类	客户名单、合同、未结订单
合同类	优惠供应合同、许可证、特许经营权、独家协议
人力资源类	高素质配套员工队伍、雇佣合同或协议、管理团队、企业家个人价值
地理位置	租赁权、探矿权、控制权、路权、特殊景观
商誉类	企业商誉、机构商誉、专业人士个人商誉

2.3.1　文化产业无形资产的特点

依据文化产业无形资产的定义,可以看出文化产业无形资产具有独特的个性,文化产业无形资产具备以下特点:

第一,独创性和独占性。

文化企业的核心竞争力源于不断创新,文化企业的无形资产必须具有独创性才能获利。法律制度为保护无形资产的独创性,严格禁止非持有人无偿地取得和使用该项无形资产。因独创性和独占性使市场上很难找到替代品或类似产品,形成无价格参考的现象,且有些无形资产只对特定企业有意义,在市场上进行交易困难,因而市场价值很难确定。

第二,敏感性和流动性。

文化产业无形资产的盈利能力和经济寿命受环境影响大,无形资产价值会受到外界环境因素的影响产生波动。与实物买卖的资产盈利相比,无形资产的盈利能力和经济寿命受经济环境、市场同类产品企业的竞争力以及消费者的观念影响,导致文化产业无形资产价值的不确定性。同时,文化产业的核心价值流动性大,如商标的市场价值会随着企业宣传的力度和方式发生变化,而著作权、核心技术会随着企业员工的流动而改变。

第三,高收益性。

无形资产有强大的增值功能,一项版权产品诞生后,后期则不需投入更多的开发经费,边际成本近乎为零,有些无形资产本身并无损耗,反而在运作中不断增值,未来的收益报酬逐步增加,是一种长期的无实物形态的资产。

2.3.2 文化产业无形资产与知识产权

国际著名文化经济学家约翰·霍金斯(John Hawkins)在《创意经济》一书中,把创意产业界定为其产品都在"知识产权法"的保护范围内的经济部门,认为与创意产业最相关的知识产权有四大类:专利、版权(著作权)、商标和设计权,每一类都有法律实体和管理机构,每一类都产生于保护不同种类的创造性产品的愿望。霍金斯指出,知识产权是新世纪的货币,与知识产权相关的行业构成了21世纪最具活力的创意产业和创意经济①。霍金斯指出,创意经济每天创造220亿美金的产值,并以5%的速度递增。某些国家增长得更快,美国为14%,英国为12%。② 由此可明确地看出,知识产权就是文化产业创造经济收入的主要依靠与来源。

根据联合国教科文组织的定义,文化产业为"结合创作、产制与商品化过程的内容,而这些内容的本质是无形的资产,并具有文化的概念,同时这些内容会受到知识产权的保护,并以产品或服务的形式来呈现"③。根据这一定义可推知,文化产业的内容本质上属于无形资产,而内容商品化后的产品或服务,必须受到知识产权的保护,才可能进一步产生商业价值及经济利益。英国将创意产业看做是"源自于个人创意、技巧和才能的活动,通过知识产权的生成与利用,有潜力创造财富和就业机会的产业"④。此定义点出了知识产权对于创意产业创收的密切性与重要性。

---

① 〔英〕约翰·霍金斯:《创意经济:好点子变成好主意》,李璞良译,典藏艺术家出版社2003年版,第5页。

② 励漪、吴斐:《创意产业:新经济的巨大引擎》,人民网,http://www.people.com.cn/GB/paper53/15172/1345781.html,2005年7月。

③ UNESCO, "Culture:25 Questions and Answers" (2011),http://portal.unesco.org.

④ DCMS, *Creative Industries Mapping Document*, London: Department for Culture, Media and Sport,1998.

香港特别行政区则认为文化产业是"一个经济活动群组,开拓和利用创意、技术和知识产权以生产并分配具有社会和文化意义的产品与服务,更可望成为一个创造财富和就业的生产系统"①;台湾地区则将其定义为"源自创意或文化积累,透过智慧财产(知识产权)的形成应用,具有创造财富与就业机会潜力,并促进整体生活环境提升的行业"②。香港及台湾的定义凸显了"文化产业——知识产权形成应用——创造财富"的线性关系。

因此,借由善用"知识产权",能使文化产业所蕴涵的"无形资产"财富得以量化,而达到资本化操作的最终目的。

2.3.3 文化产业无形资产与知识产权的区分

无形资产种类范围甚广,而在文化产业范畴内重点讨论的无形资产范围集中在人类创意能力和文化底蕴的精华,文化产业无形资产中相关知识产权列为重要资产。知识产权符合莱利(Reilly)与施维茨(Schweihs)所列出的无形资产可被明辨识别、毁损、消灭,为某个主体所私有、转让并受法律保护的特性,而且知识产权已被多数学者和立法者重视。文化产业的无形资产不仅是知识产权,还包括未被发表、注册的智慧资本,它们通过保密协议等其他契约手段转换为可被识别管理和法律保护的资产(见图1-2-1)。因法定解释不一,这些资产在其他产业中未被重视,因此无法有效管理和利用。

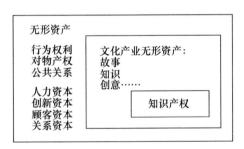

图1-2-1 文化产业无形资产与知识产权关系图

---

① 香港大学文化政策研究中心:《香港创意产业基线研究》,香港特别行政区政府中央政策组,2003年。
② 台湾地区文化创意产业推动办公室:《2005年台湾文化创意产业发展年报》,"工业局",2006年。

3 知识产权的理论基础

3.1 知识产权的定义

由于文化产业的内容多属"无形资产",故其商业化的保护与应用可说是无形资产的保护与应用,等同于知识产权的保护与应用。善用"知识产权",能使文化产业所蕴含的"无形资产"的财富量化,达到资本化操作的目的。

知识产权,英文称 Intellectual Property(简称 IP)或 Intellectual Property Right(简称 IPR),又称为智慧财产权,是指人民对其智力劳动成果所享有的民事权利,属于无形资产的一种。随着世界知识产权组织(World Intellectual Property Organization,简称 WIPO)的成立及相关知识产权国际公约的订立,知识产权已经成为世界各国对智力取得成果权的通用名词。根据目前全世界范围内最有约束力的《与贸易有关的知识产权协议》(Agreement on Trade-Related Aspects of Intellectual Property Right,简称 TRIPs)的规定,知识产权包括:

(1)版权(著作权)与相关的权利;
(2)商标;
(3)产地标示;
(4)工业设计;
(5)专利;
(6)集成电路的电路布局;
(7)商业秘密,亦称营业秘密。

一般地,知识产权多泛指专利、商标、著作权、工业设计、商业秘密等。

若论与文化产业最息息相关的知识产权,通常是指"专利、商标、著作权、工业设计"四种,包括:广告、建筑艺术、艺术和古董市场、手工艺品、时尚设计、电影与录像、交互式互动软件、音乐、表演艺术、出版业、软件及计算机服务、电视和广播等,都可在前述四种知识产权中找到相应保护。在过去的商业社会中,公司或企业运作的主要生产要素及获利来源皆依赖于有形资产,例如利用土地、机器、厂房等,再借由大量的劳力进行生产和销售。近年,人类社会已由工业经济时代进入到知识经济的时代,知识及创意成为创造财富的主要元素。在知识经济时代,企业价值的重心逐渐由有形资产转向无形资产,无形资产成为企业成长与获利的主要依据。在某种意义上,知识经济就是知识产权经济。"文化产业"所代表的知识经济,其实就是知识产权经济;而文化产业的资本化发展与知识产权有密不可分的关系。

3.2 知识产权的特征

我国学者郑成思表示,知识产权具有无体性、专有性、复制性、公开性、地域性、时间性这六大特质。第一,无体性代表着知识产权的存在,是以不可触摸(Untouchable)或不可感知(Insensible)的非实体物(Non-concrete object)为主;第二,专有性为知识产权赋予人拥有排他权(Exclusive right),将知识产权独立于公有的(Public domain)财产权之外;第三,复制性,即知识产权能体现出相关产品或其他物品的复制活动;第四,公开性,为获取法律的保护,权利人在拥有之前,先提出书面申请;第五,地域性,为获得任何一种知识产权中的相关权利,只有依靠申请,才具法律效力;第六,时间性,指知识产权非永久的无形资产,具法律制定的时效。[1]

3.3 知识产权的类型

与文化产业相关的知识产权类型主要为著作权、商标、专利、商业秘密、设计权。以下将对各权利进行解释。

3.3.1 版权(著作权)

版权的概念最早在1978年由瑞典提出,其后德国和奥地利也先后于1986年开始对该国著作权进行研究。[2] 从前对于著作权的认知主要以法律观点的偏好为主,较少有经济或产业方面的研究,自20世纪70年代著作权相关产业发展以来,国际学者开始研究著作权和经济之间的发展,极力探讨著作权对国家之间的经济活动

---

[1] 郑成思:《智慧财产权法》,水牛图书1991年版。
[2] 尚永:《美国的版权产业和版权贸易》,《知识产权》2002年第6期,第43页。

的贡献,间接带动著作权产业的研究热潮。① WIPO 对文化产业的认定标准是根据知识产权中的著作权与创意行为之间的关系决定的。②

2012 年 4 月 11 日,由"经济统计局"(Economic and Statistics Administration, ESA)和美国专利商标局(united states patent and trademark office,USPTO)共同合作,在美国商务部(U. S. Commerce Department)提出一份名为《知识产权与美国经济:产业聚焦》(Intellectual Property and the U. S. :Industries in Focus)的报告书,报告显示知识产权密集产业所创造的经济价值惊人,不仅提供 4000 万个工作机会,更创造出 5 兆美元以上的产值,占美国国内生产总值(GDP)的 34.8%。③ 王家新等在《文化企业资产评估研究》中提到"著作权是文化企业收益的核心资源"④。文化企业透过对著作内容的营运、管理、生产,构成文化企业竞争的核心资源。

从版权使用程度来看,不同产业活动应有不同的分类,主要有四大类别,分别为第一类的核心产业与其他三类的非核心产业的著作权产业,合称为"整体著作群产业"(Total Copyright-based Industries),具体关系如下(见表 1-3-1):

表 1-3-1 版权(著作权)产业的范畴与分类

产业分类	产业定义	相关产业
核心产业 Core Industries	完全从事著作权及其他受著作权保障的对象创作、生产、表演、广播、通讯及展览,或者分配及销售的产业	报纸、图书业、音乐、剧场、歌剧、动画、录影带、广播及电视摄影、软件及资料库、视觉与平面艺术、广告服务、著作权集体管理团体

---

① WIPO,"Copyright-based Industries:Assessing Their Weight",*WIPO Magazine*, Issue 3,May-June,2005, p. 22.
② WIPO,"The Role of Intellectual Property in the Creative Economy",*Creative Economy Report*,2008, pp. 67-68.
③ 台湾地区"经济部智慧财产局官网":《USPTO 发布"智慧财产与美国经济:产业聚焦"研究报告》,http://www.tipo.gov.tw/ct.asp? xItem = 318711&ctNode = 7124&mp = 1, 2013 年 12 月。
④ 王家新、刘萍:《文化企业资产评估研究》,中国财政经济出版社 2013 年版,第 78 页。

(续表)

产业分类	产业定义	相关产业
周边产业 （互赖产业） Interdependent Industries	为设备生产、制造与销售的产业，而该设备的功能主要为促进著作权和其他受著作权保障之对象的创作、生产或利用	制造、批发、零售下列设备产业：电视机、收音机、卡式录放影机、CD播放机、DVD播放机、卡带播放机、计算机相关配套、乐器、摄影和录影机器、打印机、空白录制材料、纸张
部分产业 Partial Industries	产业活动中的一部分与著作和其他受著作权保障的对象相关，且可能涉及创作、生产、制造、表演、广播、通讯及展览，或分配等销售的产业	服装、织品、鞋业、珠宝和铸币等其他手工艺、家具、家用品、瓷器与玻璃、壁饰与地毯、玩具与游戏、建筑、工程及调查、内部建设
非专一支持产业 Non-dedicated Support Industries	产业活动之中一部分与促进著作权及其他受著作权保障对象的广播、通讯、分配或营销相关，并且未被归类于核心著作产业	一般批发及零售业、一般运输业电话与网路

资料来源：WIPO, Guide on Surveying the Economic Contribution of the Copyright-based Industries（Geneva：WIPO Pub. 893（E），2003），pp. 115—140, pp. 29—35。

版权保护措施包含：提倡原创制作作品、保护作者免受抄袭之灾、促进技术市场的垂直分工、架构投资创新产业的舞台、通过企业并购及首次公开发行股票（Initial Public Offering, IPO），支持鼓励知识产权的流动性及成长性；建立技术授权为主的商业机制；有效推动技术和构想市场的交易运作。[①] 著作权是根据特殊人身权和财产权量身定做的混合权利，与文化产业的关系最密切，占有重要地位。2003年WIPO提出"调查著作权产业经济贡献度指南"（Guide on Surveying the Economic Contribution of the Copyright-based

---

[①] 台湾地区"经济部智慧财产局官网"：《USPTO发布"智慧财产与美国经济：产业聚焦"研究报告》, http://www.tipo.gov.tw/ct.asp? xItem=318711&ctNode=7124&mp=1, 2013年12月。

Industries),为近年来世界各国著作权研究的指南,书中指出产业活动完全或大部分依赖于著作权。①

3.3.2 商标权

商标,顾名思义为标示商品的记号,被作为识别商品的来源之用。商标指以文字、图形、记号、颜色、声音、各式形状等综合组成的图像,服务消费者时,商标成为消费者的辨认媒介。② 早在 14 世纪文艺复兴时期的西欧,就已出现艺术家在作品上签名的习惯,市面上贩售的手工艺品或相关制造的商品也会有在商品上作标记的行为;现在的商标制度代表着商品经由经济发展而与贸易行为产生的联系模式。

商标权,源自 1804 年法国颁布的《拿破仑民法典》,这部法典是世界上第一部对商标权进行保护的成文法规,肯定了商标权与其他财产权利相平等的地位。此后,许多国家也开始将商标权纳入法律。1857 年法国颁布了更具系统性的商标保障法《商标权法》,确立了全面注册的商标保障制度。③ 1870 年,美国制定了第一部联邦商标法,1905 年真正确立第一部综合性的商标法规。④ 我国先后制定了三部商标法规,包括 1950 年政务院颁布的《商标注册暂行条例》,1963 年国务院颁布的《商标管理条例》,1982 年第五届全国人大常委会制定、1983 年实行的《中华人民共和国商标法》。⑤

从 1995 年 3 月 1 日开始,国家工商行政管理总局商标局正式

---

① WIPO:"Guide on Surveying the Economic Contribution of the Copyright-based Industries",(Geneva:WIPO Pub. 893(E),2003), p. 26.

② 郭年雄:《智慧财产权评价发展趋势》,《菁英季刊》2006 年 6 月第 2 卷第 2 期,第 44 页。

③ The Digital Performance Right in Sound Recordings Act of 1995, Pub. L. No. 104—39, 109 Stat. 336. The Digital Millennium Copyright Act of 1998, Pub. L. No. 105—304, 112 Stat. pp. 2860—2899. 转引自李永明、曹兴龙:《中美著作权法许可制比较研究》,《浙江大学学报》(人文社会科学版)2005 年第 4 期。

④ 吴汉东、曹新明:《西方诸国著作权法全制度研究》,中国政法大学出版社 1998 年版,第 191—192 页。《德国著作权法与邻接权》的完整中文译本,可以参见〔德〕M. 雷炳德:《著作权法》,张恩民译,法律出版社 2005 年版,第 710 页,以及《德国著作权法与邻接权法》2003 年 9 月最新修订版本。

⑤ 邓宏光:《我国商标权保护范围的变迁与展望》,西南政法大学 2007 年硕士学位论文,第 2 页。

受理证明商标(包括原产地证明商标)的申请、审核和注册。① 中国资产评估协会发布的《资产评估操作规范意见(试行)》第 98 条规定了商标权评估应注意的相关问题,并且规定了商标权在进行评估的过程之中要核查的事项及原则。

(1)商标权的法律保护状况,包括商标权注册登记部门与时间、审批相关公告文件、商标权人、有效期及续展条件等。

(2)商标权的内容,包括名称、文字、图案和声像,适用领域和范围,使用、保持、转让等。

(3)商标权的使用情况,包括商标启用时间,商标使用人数量,授权使用和使用权转让情况,商标使用范围、场所、对象,以及使用次数或数量等。

(4)商标权的成本费用和历史收益情况,包括商标权申报或购买、持有等项支出成本;商标使用、授权使用及转让所带来的历史收益。

(5)商标的知名度,广告宣传情况,同类产品的名牌商标。

(6)商标的预期寿命和收益情况,包含使用该商标的商品预期寿命、单位售价、销售量、市场占有率和利润情况,同种商品单位售价情况,主要竞争对象的市场占有率、盈利情况等。②

3.3.3 专利权

专利,英文为 Patent,是由 Letters Patent 转变而来,原意指历史上英国国王为人们授予爵位、任命官职等各种特权(包括专利垄断权)的证书。专利作为法律名词的含义有三个层面:第一,指专利权;第二,指获得了专利权的发明创造;第三,指公开的专利文献。专利是将发明或创作的商品,向当地政府机构提出申请,进行审核评估,如果符合专利法的规定,则授予专利权。专利权为禁止他人未经其同意而制造或进行买卖的约定,或使用以该方法进行制造、买卖等交易行为的权利。根据专利法,项目除了符合相关法律规定之外,还要符合产业的实用性、新颖性、无显著性。专利权仅限

---

① 张耕:《民间文学艺术的知识产权保护研究》,西南政法大学 2007 年博士学位论文,第 91 页。

② 张炳生:《知识产权出资制度研究》,对外经济贸易大学 2007 年博士学位论文,第 67 页。

于保护商品或方法,想法并不能获得专利权的保障。换句话说,经由专利权可保护那些未经授权使用的新型、独创的设计商品。①

对于专利权的赋予有一定的原则,我国《专利法实施细则》就规定,相同的发明创造只能被赋予一项专利。因此,拥有先发明、先申请原则,若相同内容的发明创造同时由多个相关单位或个人申请专利,只能针对其中一个单位或一个人授予专利权。从《专利法》第九条规定可知:"两个以上的申请人分别就同样的发明创造申请专利的,专利权授予最先申请的人。"

中国现行的专利有三种,分别为发明专利、实用新型专利,以及工业品外观设计专利。② 不同类型有其不同价值,一般来说,发明专利价值胜过实用新型专利价值,而实用新型专利价值则高于外观设计专利价值。以现行法律来说,发明专利和实用新型专利皆需满足新颖性、创造性和实用性。授予专利的标准评估显示,发明专利显然高过实用新型专利,而专利法对于外观设计专利的授权条件偏松,主因是美学问题,并非技术上的问题,而外观的美感也可归入广义的实用性。③

3.3.4 商业秘密

商业秘密指方法、技术、制成、配方、程序、设计或其他可用于生产、销售或经营的信息。商业秘密立法原则是不正当竞争的防止措施。商业秘密的特性有三点:第一,秘密性,非一般涉及该类信息之人所知者;第二,利用性,因其秘密性而具有实际潜在经济价值者;第三,保护性,指所有人已采取合理的保密措施者。商业秘密的使用必须考虑以下五项:第一,商业模式;第二,保密措施;第三,营业秘密的处理方式,如让与、分割、抛弃等;第四,营业秘密的风险控制;第五,秘密侵害的救济,如侵害救济、民事救济、刑事救济、行政救济;刑法、公平交易法、智能财产审理法、营业秘密

---

① 郭年雄:《智慧财产权评价发展趋势》,《菁英季刊》2006年6月第2卷第2期,第43页。
② 李玉香:《现代企业无形资产法律问题研究》,中国政法大学2008年博士学位论文,第26页。
③ 吴小林:《专利价值评估的相关法律问题》,《重庆科技学院学报》2006年第3期。

法等。

3.3.5 设计权

设计权(design right)指设计权利,在版权、商标权、专利权当中皆有包含,如视觉设计、商标图像设计、专利外观设计、计算机软件、集成电路设计等。因设计所涉广泛,有人将设计独立出来,另立权利,但就现况而言,设计权多被归类于版权、商标权、专利权之下。英国将设计权分成两类:第一类为未注册设计权(unregistered design right);第二类为注册设计权(registered design right)。未注册设计权和版权(著作权)相仿,采用自动保护主义,即设计作品完成后即享有著作权保护;注册著作权指3D设计,前提条件是必须有纸本的草图或设计图①。国内有关设计权的法规,始于1993年《中华人民共和国发票管理办法实施细则》,内容提到:"在全国范围内统一式样的发票,由国家税务总局确定。在省、自治区、直辖市范围内统一式样的发票,由省级税务机关确定。此条所说发票的式样包括发票所属的种类、各联用途、具体内容、版面排列、规格、使用范围等。"②其中"版面排列、规格"属设计权内容,1999年6月17日湖南省税务局发布的《国家税务总局关于普通发票式样设计权限问题的批复》便沿用了设计权的概念。

---

① Copyright,"Designs and Patents Act"(1988),http://www.legislation.gov.uk/ukpga/1988/48/contents。

② 国家税务总局:《中华人民共和国发票管理办法实施细则》,1993年12月28日。

第二章 文化产业无形资产评估的发展现状

随着新经济格局的形成,知识产权在企业发展中的地位日渐突出。对文化企业和文化产业而言,知识产权已全面参与到经济活动中,企业的价值贡献也在逐渐增加。

1 文化产业无形资产评估的发展历程

文化产业无形资产评估的兴起乃因文化产业的发展繁荣。20世纪中叶,随着战后经济的复苏,以信息技术为核心的生产开始发达,文化与经济的关系被重新确立,建立起密不可分的关系。阿特金森(Atkinson)和科特(Court)曾指出:"新经济时代就是知识经济时代,而知识经济的核心动力是创意经济"[①]。

文化产业的背景特征可归纳为以下几点:第一,发达国家完成工业化后,开始朝向服务业、高附加价值的产业形态转变。第二,20世纪中叶,西方出现大规模社会运动,流行文化、社会思潮涌现,冲击传统工业社会,文化从一元走向多元。第三,以英国为首,撒切尔夫人鼓励私有化和自由竞争,要求企业和个人创新,追求差异化,刺激创意产业发展。在此背景下,各国开始开发"创意"并将其"资本化",纳入商业活动中。文化企业重视内容开发,文化产业无形资产评估的重要性渐显。评估无形资产有助于企业制定战略、盘点资产、开发创意并商品化,有利于文化企业的良性发展。

---

① 转引自孙业洁:《基于收益理论的文化创意产业无形资产价值评估研究》,长安大学2012年硕士学位论文,第4页。

2 文化产业无形资产评估的各国现状

2.1 美国无形资产评估的发展现状

美国知识产权相关制度起步较早,美国无形资产(知识产权)评估制度的建立与1980年联邦立法有关,法案将知识产权的权利做出明确的归属。1980年至1989年美国陆续通过《杜拜法案》《技术创新法案》《联邦技术转移法》《商标明确法》等,完善无形资产的立法。此间的立法重视专利,针对技术层面的法律保护,对文化产业无形资产如版权、商标、商业秘密关注较少。评估机构方面,民间从1929年开始成立各种估价机构,以下介绍两个较重要的评估机构。

(1)美国评价基金会。

美国评价基金会(Appraisal Foundation,简称为AF)是一个非营利性的组织,主要赞助者为非营利评价团体及评价报告使用者团体,依据国会授权,及1989年制定的《金融机构再生及强化法案》(Financial Institution Recovery, Reform and Enhance Act,简称 FIRREA),负责制定、颁布及推动《职业评价作业统一规范》(Uniform Standard of Professional Appraisal Practice,简称 USPAP),评价专业人员资格标准,监督各自律团及联邦与州政府相关机构确实依规范执行资产评估师训考认证及自律功能。[①]

(2)M-CAM 金融机构。

M-CAM 金融机构于1980年成立,宗旨是为贷方提供一种抵押机制,使贷方接受以知识产权和无形资产作为抵押来贷款,是通过提供流动性较强的出售权,将价值给予这些资产来实现抵押资产管理。其后,M-CAM 借助其分析和业务发展的经验,扩展它在知识产权价值评估上的市场。该公司的产品服务主要集中在以下几个方面:① 使公司能够借其知识产权和无形资产利用智能资本;② 创建知识产权流动市场;③ 部署全球最可靠的知识产权分析

---

① 郭年雄:《智慧财产权评价发展趋势》,《菁英季刊》2006年6月第2卷第2期,第49页。

工具①。

此外,相关评价团体还有:美国评估师协会(American Society of Farm Managers and Rural Appraisers,简称 ASFMRA,1929 年成立);评估研究院(Appraisal Institute,简称 AI,1991 年成立);国家独立收费估价师协会(National Association of Independent Fee Appraisers,简称 NAIFA,1961 年成立);全国资源估价师协会(National Association of Master Appraisers,简称 NAIOP);地役权国际联合会(International Right of Way Association,简称 IRWA,1934 年成立);国际估价官员协会(International Association of Assessing Officers,简称 IAAO,1934 年成立);美国评估师协会(American Society of Appraisers,简称 ASA,1952 年成立);以及马萨诸塞州房地方估价师协会(Massachusetts Board of Real Estate Appraisers,简称 MBREA)等。②

评估实践部分,美国评估协会商业评估标准(BVS-IX Intangible Asset Valuation),管理文化创意资产评估。其原则要求评估师必须做到:第一,确定评估相关文化创意资产;第二,确定并定义 BVS-IX 第 II.B. 所规定的各项目,即评估师应当搜集、分析和核对进行评估所必需的与评估协议的性质或类型相适应的相关信息。这些信息应当包括:文化创意资产的特征性质,包括权利种类、特权、条件、品质、影响管理的各种因素,以及限制销售或转让的各种协议。评估师应当考虑采取市场法、收益法和成本法等方法进行评估。在进行文化创意资产评估时,评估师应考虑到:与文化创意资产价值保护或限制相关的法律权利种类、文化创意资产的历史、文化创意资产未来的经济(效用)和法律生命期限、在文化创意资产生命期内,文化创意资产可能直接或间接给其所有人带来的经济利益等内容。美国文化创意资产评估具有固定的程序,对评估师实行严格的监管制度。

知识产权交易部分,美国发展出一种方法来促成知识产权交易,即利用可被信任的第三人(称之为交易信息综合者,Transaction

---

① 台湾地区经济主管机构:《主要国家经贸政策制度与法令之调查研究》2003 年 3 月,第 49 页
② 詹炳耀:《智慧财产估价的法制化研究》,台北大学法律研究所 2002 年博士学位论文,第 208 页。

Information Synthesizer)提供产品信息给潜在买者,在不泄露知识产权全部信息的情况下,买主决定其欲购买信息的特性,再告知第三人后取得正确的清单与价目表;卖主信任此第三人信息正确,亦相信此第三人不会过度透露该信息产品的内容;在此交易中担任一个中介角色,必须了解信息产品的功能与价值,并且有能力取得信息。① 如此,才有办法提供买卖双方各自所需之信息,让买卖双方的交易能在公开化、合理化、透明化的方式下进行,也不易造成买方或卖方单方面的损失或不平等交易。美国的知识产权交易市场系由国家推广及促进,国有知识产权之组织架构为核心,再经由市场交易功能引领专业及技术拥有者参与交易,进而运用信息科技来推动交易市场。② 总的来说,美国并非以政府为主体身份来发展价值评估或融资等交易机制,而是回归市场机制,此种现象说明完善的法律制度能促成市场机制的发展。

2.2 欧洲无形资产评估的发展现状

《欧洲评估准则》(*European Valuation Standards*, EVS)是由欧洲评估师联合会(TEGOVA)制定的一部适用于欧洲地区的区域性评估准则,也是当前国际评估界具有重要影响力的评估准则之一。《欧洲评估准则》指出,评估师的身份在执业中十分重要,与所评估企业价值的类型间有一定关系,应当明确。评估师执行企业价值评估业务时应当区分独立评估师、咨询专家和仲裁人三种不同的身份。

独立评估师(Independent Assessor),为双方提供谈判的基础。在这种情况下,独立评估师应当从一个市场上通常的投资者角度进行评估,其评估结论应当是市场价值,不得反映任何购买者的主观影响。

咨询专家(Expert Advisor),为客户提供关于最佳方案(如最高卖价或最低买价)的建议。在这种情况下,评估师在建立自己对未来经营状况的预测模型的同时,也考虑客户的判断和预测,因此这

---

① 詹炳耀:《智慧财产估价的法制化研究》,台北大学法律研究所2002年博士学位论文,第208页。
② 同上书,第37页。

种评估是具有主观性的。

仲裁人(Arbitrator),在综合考虑买卖双方的意见后形成判断。在这种情况下,评估师会受到相关法律或双方协议的约束。

上述三种身份是根据欧洲评估业务内容形成的,在不同的身份下,评估师扮演了不同的角色,可能会形成不同内涵的价值类型,因此强调评估师应当明确身份并披露,以避免误导。评估师应当根据所在国家的法律、行业惯例以及业务约定书的要求明确自己所扮演的角色,并且应当特别注意将其身份、地位以明晰的方式对外表示,不得让第三方误解。

评估准则要求评估师根据评估目的收集所有必要的信息资料,要求评估师对被评估企业进行现场调研,查看资产,查验法律权属资料中的相关信息,查验委托方提供的信息。

进行文化创意资产价值评估时,评估师应当确信所选用的评估方法与评估目的、评估师的身份相适应。评估方法主要有三种:收益法(Income Approach)、资产基础法(Asset-based Approach)和比较法(Comparison Approach)。不论运用什么评估方法,评估师应确信评估应当与价值定义、评估目的相匹配,且期望用途、评估基准能与所有相关信息相匹配。评估师应对不同评估方法得出的结论进行综合分析,不可对不同的评估结论进行简单的加权平均计算。

对评估报告部分,《欧洲评估准则》则专门进行了规范,并重点突出以下内容:

1. 签名和声明;
2. 评估范围;
3. 价值类型和定义;
4. 评估目的、假设和任何限制条件;
5. 当评估师作为独立评估师或仲裁人时,评估结论应当仅受限于所载明的评估假设和限制条件,且是评估师个人的公正专业意见和结论;
6. 当评估师作为独立评估师或仲裁人时,应当说明与被评估企业和当事方无利益关系,如果有利益关系,应当说明;
7. 声明评估结论仅在评估基准日和评估目的下有效;

8. 说明评估师对被评估企业的访问和访问时间;

9. 对企业资产的分类,即分为经营性资产和非经营性资产;

10. 说明初步分析、财务分析、竞争力和战略分析;

11. 说明采用的评估方法和理由、描述评估方法和折现率及相似参数的形成过程、敏感性分析、不同评估结论的综合分析。

2.3 德国无形资产评估的发展现状

德国无形资产(知识产权)的评估制度建立于1950—1970年之间,在知识产权价值评估及交易的过程中,主要是由其国内的各研究机构、研究基金会及德国工业共同研究会(AiF)等扮演重要的角色。德国工业共同研究会支持中小企业的核心功能包括:(1)满足中小企业需求的技术转移体系运转机制;(2)提供一般中小企业无法获取的创新与高科技市场渠道;(3)平衡大型研发机构对于大型企业在财务考虑上的偏向。[①] 在协助中小企业方面,德国工业共同研究会建构出促进研发成果分享的竞争体系,扮演着共同开发商品原型的鼓励角色。

由于德国倾向集体主义体制,在国家主导的国有研发体系下,重要的研发成果都几乎出自国有单位,而所谓的知识产权交易不过是研发成果商业化后的结果,不同于东方国家主导技术转移,甚至提供融资机制。[②] 因此,德国知识产权价值交易制度,难以用价值评估、交易与融资等角度来检视。

德国知识产权交易制度深受本土产业发展传统影响,以技术转移体系为核心,其在过去20年间发展出具有以下特色的制度:(1)以资金挹注及机构化,形成与网络合作为一体的制度;(2)透过融合管制与合作的效益,导入转移最具市场价值的技术[③]。相对于能不断促成关键突破性研究成果的美国制度,德国制度着眼提供支持企业创新的温床。受到企业治理文化的影响,德国企业的传统治理创造研发气氛,在长期融资需求的条件下,搭配高技术人

[①] 台湾地区经济主管机构:《主要国家经贸政策制度与法令之调查研究》,2003年3月,第63页。

[②] 同上书,第65页。

[③] 同上书,第57页。

力来运作的国家技术基础建设,让身处知名学府或研究机构的科学家,透过商业合作进行商品或商业原型的生产制作①。

2.4 日本无形资产评估的发展现状

日本有关无形资产的经济政策的政府色彩较重,具体例证是独立行政法人产品评价技术基盘机构的设立以提供产业界技术转移专业咨询服务。② 日本企业的国际化程度相当高,许多公司皆将其总部设立于国外。以美国为例,2001年取得美国专利件数之排行前十大的公司中,日本公司占了八个,分别是:NEC(第2名,1953件)、Canon(第3名,1877件)、Micron(第4名,1643件)、Mitsushita(第6名,1440件)、Sony(第7名,1363件)、Hitachi(第8名,1271件)、Mitsubishi(第9名,1184件)、Fujitsu(第10名,1166件);而一直到2005年,日本公司仍占据了五个名额③,可见高度国际化企业或多或少能避免单一市场失灵的风险。

然而日本企业纷纷在国外设立研发总部的情况,也使日本经济面临产业空洞化、失业率上涨及竞争力下降的困境。为了解决这一问题,日本政府于是参考美国20世纪80年代以后所实行的《拜杜法案》(*Bayh-Dole Act of 1980*)④,开始积极实行一些与知识产权相关的措施,如1995年11月制定了《科学技术基本法》,1996年7月内阁通过了《科学技术基本计划》。此外,在1997年内阁会议通过的《经济结构的变革和创造之行动计划》中,提及"必须加强知识产权的保护和促进专利流通"和"转移和活用大学、研究机构的

---

① 台湾地区经济主管机构:《主要国家经贸政策制度与法令之调查研究》,2003年3月,第58页。
② 詹炳耀:《智慧财产估价的法制化研究》,台北大学法律研究所2002年博士学位论文,第220页。
③ 美国专利商标局(United States Patent and Trademark Office,USPTO)统计资料。
④ 《拜杜法案》:Bayh-Dole Act of 1980,公法96—517,1980年通过。该法案主要是让大学、研究机构及小型企业可获得技术发明之专利权,其要点如下:(1)经由联邦提供从事的研究合约,小型企业及非营利组织(包含大学)在相当范围内有选择发明的权利;(2)这种优待不包括大型企业、外国人及管理经营之合约人;(3)政府拥有世界性、非专属性、不得转让、不得取消、不必支付的权利金使用权;(4)允许能源部把拥有的发明授权给相关的授权申请者;(5)有关发明的信息,不得向公众公开,专利申请期间也不适用《信息自由法案》。

研究成果"。① 2002 年 12 月 4 日通过的《知识产权基本法》,为了达成创造、保护、活用与人才培育的四大目标,第 11 条规定政府主管机关应采取法制化、财政上及其他必要措施;第 19 条第 1 款规定国家应确立知识产权适当评价方法,制定对企业有参考价值的经营指标,并建立使企业能有效活用知识产权的社会环境;上述主管机关是指知识产权战略本部,并以首相为本部长,以便有计划地创造、保护与活用知识产权,其欲透过法律的制定来强化产业国际竞争力的决心,由此可见。②

关于评价机构,以下列举四个日本较主要的知识产权价值评估机构进行分析介绍:

(1) 尖端科学技术转移中心。

尖端科学技术转移中心,其英文名称为 Center for Advanced Science and Technology Incubation,简称 CASTI。该中心于 1998 年 8 月由日本东京大学成立,组织架构主要分为知识产权部、专利授权部及创投事业部。"专利价值评估"方面,主要是借助律师的协助。此外,其授权对象不只限于申请专利相关的发明,也包含其他技术。③

(2) 社团法人发明协会。

该协会为隶属于日本特许厅之下的知识产权相关机构,成立的目的主要是奖励发明、创意以及促进这些技术的实用化。依据该协会章程第 4 条,该协会进行以下事业:第一,鼓励发明提案及提高创意能力,以及有关人才的培养;第二,在发明思考以及创意能力的范畴内进行有关实用化的指导、培养以及促进研究;第三,工业财产权制度的普及和相关人才的培养;第四,工业财产权制度等相关调查、研究,以及这些成果的提供和普及;第五,促进的工业财产权利用指导和中介;第六,各种演讲、讲习会、展览会等主办和

---

① 台湾地区经济主管机构:《主要国家经贸政策制度与法令之调查研究》,2003 年 3 月,第 69 页。
② 张文缦:《日本知识产权法最新修正》,《万国法律月刊》2003 年 2 月第 127 期,第 114 页。
③ 台湾地区经济主管机构:《主要国家经贸政策制度与法令之调查研究》,2003 年 3 月,第 81 页。

图书、出版物的发行①。其中,"促进工业财产权利用"已涵盖了知识产权价值评估的功能。

(3) 日本律师协会知识产权支持中心。

为了振兴发明事业及促进专利制度的普及活动,并大规模展开这些相关事业,日本律师在日本律师协会成立了附属机构"知识产权支持中心",核心宗旨是:第一,促进知识产权的取得和活用;第二,启发、教育、指导知识产权的取得、活用;第三,知识产权有关情报的提供。② 其中,"知识产权的取得、活用"涵括知识产权价值评估。

(4) 日本授权协会。

日本授权协会,其英文名称为 Licensing Executive Society Japan。该协会构成人员除了参与知识产权的授权、技术协助等企业最高层管理人员、律师、专利商标代理人等法律专家外,还有学术界和政界等具有该领域知识的 650 人以上的专家学者,是拥有广泛活跃于世界各国的 31 个地区协会(85 个国家)和 1 万人以上会员的国际许可贸易执行人协会(LES International)的基层团体。③

日本于 1998 年 5 月公布了《大学等技术转移促进法》,简称 TLO 法,于同年 8 月开始实施。该法促成日本国内 20 个大学成立了技术转移机构,这些被日本政府所认可的技术转移机构,积极扮演知识产权的价值评估和交易的角色,目前以东北大学和东京大学为首。④ 这种在学术机构成立技术转移机构并让其扮演知识产权价值评估角色的立法方式,可作为我国的立法参考。

2.5 美、德、日文化产业无形资产评估的比较分析

通过对美、日、德知识产权价值评估制度的描述,发现各地在制度上有不同的发展背景、形态及运作机制。以下仅针对知识产

---

① 台湾地区经济主管机构:《主要国家经贸政策制度与法令之调查研究》,2003 年 3 月,第 83 页。
② 同上书,第 84 页。
③ 冈本清秀:《授权与革新》,http://sciencelinks.jp/content/view/282/106/,2007 年 7 月。
④ 台湾地区经济主管机构:《主要国家经贸政策制度与法令之调查研究》,2003 年 3 月,第 102 页。

权价值评估制度发展较为悠久的美、日、德,进行归纳分析。

第一,从价值评估的发展缘起来看,美国于20世纪80年代借由《杜拜法案》及相关技术转移法案的通过,带动知识产权价值评估、交易、融资发展;日本则在90年代后期参考美国80年代的法案,进行有关知识产权的创造及活用的立法;德国较少关注知识产权的商业活动,在20世纪50年代至70年代广泛设立研究机构,紧密连接"政府(或大学)——研究机构——企业"之间的关系,建立技术创新网络。

第二,从政府扮演的角色来看,美国政府偏重建立良好的法治环境、信息环境及金融环境,让民间自行发展价值评估相关机构;日本政府则采用积极介入、培育辅导及建立环境等多管齐下的方式,提供金融、信息、人才等协助,也就是偏重政府推动及培育机制;德国政府则是采取以科技政策与金融措施协助研究机构和企业进行研发,但对知识产权商业化交易较少介入协助,也就是偏重企业内部管理及机构间的合作机制。

第三,从鉴价评估之交易市场来看,美国因遵行利伯维尔场(Libre marché)自由交易机制,故集中交易市场较为松散,成熟企业不多,但知识产权交易网络及技术推广则非常紧密;日本早期曾有过一个技术电子交易市场(Technomart),但已经解散,目前以电子数据库、展览会及培育技术交易从业者方式运作;德国则是无具体成形的交易市场,主要由研究机构扮演技术转移及交易角色。

第四,从知识产权的价值评估机构来看,美国可执行知识产权价值评估的机构包括:政府设立的国家技术转移中心(NTTC)[①]、研究单位设立的技转组织及民间技术管理公司等;日本则包括公益法人、TLO法认定事业及民间知识产权交易从业者。

第五,与各国相比,欧洲的要求与评估方式相对严谨。

---

① 国家技术转移中心(NTTC):National Technology Transfer Center,由美国联邦政府在NASA主导下,成立的全国联合性的联邦机构,主要作用为专门与各研究机构配合,落实整合性技术转移的计划与推动。

表 2-2-1　美、德、日有关知识产权价值评估、交易、融资运作发展比较

	美国	德国	日本
发展年代	1980 年	1950—1970 年	1990 年后
发展起源	《拜杜法案》及相关技术移转法案的通过带动知识产权鉴价、交易、融资等机构设立	研究机构及其分支机构广泛设计，使政府（或大学）—研究机构—企业之间得以紧密联结，建立技术创新与转移网络	参考美国 1980 年后的法案，进行有关知识产权创造和活用的立法，并推动知识产权、交易机构的发展
代表法案	拜杜法案（1980 年）	无	TLO 法案（1998 年）
运作机制	市场机制	内部管理与机构间的合作机制	政府推动与培训机制
政府角色	建立环境，包括法治环境、资讯环境、金融环境	科技政策与金融政策措施协助研究机构与企业进行研发，但对知识产权商业化交易甚少协助	积极介入、培育辅导及建立环境多管齐下，提供金融、资讯、人才等协助
鉴价与交易机构	1. 政府设立的 NT-TC、研究单位设立之技术移转组织及民间技术管理公司等 2. 通常兼具鉴价与技术交易活动 3. 形成技术服务业	1. 研究机构、研究基金会及德国工业共同研究会（AiF）等扮演重要角色 2. 通常兼具鉴价与技术交易活动 3. 未朝产业化发展	1. 包括公益法人、TLO 认定事业及民间知识产权交易者 2. 通常兼具鉴价与技术交易活动 3. 政府积极培育相关机构人才，以期形成产业
证照制度	无	无	大学技术转让可争取认定为 TLO 事业
融资机构	金融体制健全，自可发挥市场机制，创投事业扮演重要角色，金融商品多样化（附带股权融资、技术附委托契约账户、知识产权租赁等）	金融机构为综合银行制，具风险投资能力，推动创投发展，政府是重要资金来源	无形资产融资依赖政府协助，包括政府系金融机构、产业基础保障基金与信保协会，民间机构发展知识权担保融资、金融证券化等方式

(续表)

	美国	德国	日本
政府金融辅助	对中小企业的协助（SAB、SBIC）	联邦及地方政府对研究机构、大学及企业均提供辅助或贷款辅助	金融机构提供计划融资、特别融资、债务保证及购买公司债，政府修订无形资产证券化相关法令

资料来源：美、欧、日等国家和地区有关知识产权（智慧财产权）的鉴价机构、交易市场与融资机构的研究，台湾地区经济主管机构研发会，2002年，第148—149页。

3 文化产业无形资产评估的中国实践

3.1 文化产业无形资产发展与推动

3.1.1 我国文化产业发展背景

我国文化产业融资的经济环境近年已有长足的发展，表现在两个方面：第一，改革开放以来，国内经济飞速成长，文化产业发展快速，为吸引资金进入文化产业创造了良好的外部环境。第二，国内经济的发展使得精神文化需求不断提高，促使文化产业不断改革与发展。自1998年文化部文化产业司成立以来至2011年10月党中共十七届六中全会的召开，中国文化发展提速。十多年来，文化产业在概念引导、专业建设、观念转变、体制改革、公共服务、企业实践、产业发展等诸多任务达成中一路走过来，酝酿"文化强国"的国家愿景，进入"文化立国"战略的新时代。[①] 观察我国国内的产业变化可发现，知识产权成为文化企业的重要财产。根据最新的数据显示，2004年以来国内仅在上海联合产权交易所成交的专利、商标、版权、专有技术及各类无形资产和技术资产，交易量就已经接近1000亿元人民币[②]

3.1.2 我国文化产业无形资产推动

我国在1951年、1962年、1971年和1979年先后进行过四次全

---

① 向勇：《文化产业的分水岭》，《中国文化报》2012年7月2日。
② 王瑜、王晓丰编：《公司知识产权管理》，法律出版社2007年版，第11页。

国性资产核资,但受计划经济体制的制约,范围仅限于有形资产,不是严格意义上的资产评估。1989年国有资产管理局颁发了《国有资产产权变动时必须进行资产评估的若干规定》;1990年12月30日党的十三届七中全会通过的《中共中央关于国民经济和社会发展十年规划和"八五"计划的建议》,强调"加强国有资产的管理";1991年11月国务院发布实施《资产评估管理办法》;1992年7月发布《国有资产评估管理办法以及实施细则》。

1993年12月,中国资产评估协会成立,评估行业开始步入行政和自律双重管理时代。1996年,在总结资产评估实践经验的基础上,中国资产评估协会组织专家起草了《资产评估操作规范意见(试行)》。该文件对资产评估基本原则和方法、操作程序、评估报告和工作底稿等进行规范,并就机器设备、建筑物、无形资产、整体资产等类资产评估做出具体规定,是我国制定资产评估行业准则性文件的突破。

1996年年底,中国资产评估协会开始资产评估准则制定的准备工作。同年11月,中评协秘书处向中评协二届理事会提交了14项资产评估准则草稿。1998年年初中评协提出中国资产评估准则的框架结构和准则制订计划,并制定了准则制定程序和准则发布程序。1999年6月至2000年10月以财政部名义发布《中国注册资产评估师职业道德规范》和《中国注册资产评估师职业后续教育规范》,以中评协名义发布《资产评估业务约定书指南》《资产评估计划指南》《资产评估工作底稿指南》和《资产评估档案管理指南》。2000年中国注册会计师协会与中国资产评估协会合并。

2000年以来,证券市场发生多起因关联交易引发的有关无形资产评估的争议。为解决现实中的这些问题,中注协集中力量对我国无形资产评估中存在的问题进行了研究,起草并由财政部发布了《资产评估准则——无形资产》,编写出版《资产评估准则——无形资产释义》。

2002年8月中注协以征求意见稿形式发布《资产评估基本准则(征求意见稿)》和《资产评估职业道德基本准则(征求意见稿)》。2002年,为推动评估准则建设,成立了资产评估准则起草组。

2003年前后,出现"麦科特"案等多起涉及评估师关注法律权属的诉讼案件,对评估行业产生了较大影响。中国资产评估协会研究制定了《注册资产评估师关注评估对象法律权属指导意见》,对评估师关注法律权属提出指导,使评估界在这个问题上有了统一的操作规范,对社会公众和司法界正确认识评估师的责任和评估的作用产生了有利的影响。

2003年,财政部发布《资产评估准则——基本准则》和《资产评估职业道德准则——基本准则》两个基本准则,成为准则制定过程中具有里程碑意义的大事。

2004年,为适应我国证券市场、产权市场的发展,以及社会各界对企业价值评估的需求,中国资产评估协会借鉴国际企业价值评估理论和实务的成果,制定了《企业价值评估指导意见》。《指导意见》提出了价值类型要求,明确了评估方法的选择标准,对改变我国企业价值评估理念、确立企业价值评估在评估行业的地位具有重要意义。2005年为配合金融体制改革和不良资产处置工作的推进,中国资产评估协会组织专家制定了《金融不良资产评估指导意见》。企业价值和金融不良资产评估指导意见的发布,规范了金融不良资产评估业务,确定了新的服务领域。

2007年11月,财政部、中国资产评估协会颁布了包括八项新准则在内的15项资产评估准则,同时宣布成立财政部资产评估准则委员会。

2008年11月,中国资产评估协会发布《资产评估准则——无形资产》《专利资产评估指导意见》和《企业国有资产评估报告指南》。

2010年12月,中国资产评估协会发布《评估机构业务质量控制指南》《著作权资产评估指导意见》和《金融企业国有资产评估报告指南》。

目前,中国资产评估行业正式发布的"评估准则"共21项,"准则"包括2个基本准则、8个具体准则、4个评估指南和7个指导意见,基本构建了中国资产评估准则体系。具体内容如下:

基本准则:

《资产评估基本准则》(2004)

《资产评估职业道德基本准则》(2004)

程序性准则：
《评估报告准则》(2007)
《评估程序准则》(2007)
《业务约定书准则》(2007)
《工作底稿准则》(2007)
实体性准则：
《无形资产评估准则》(2008)
《以财务报告为目的的评估指南(试行)》(2007)
《企业国有资产评估报告指南》(2008)
《评估机构业务质量控制指南》(2010)
《金融企业国有资产评估报告指南》(2010)
指导意见：
《注册资产评估师关注评估对象法律权属指导意见》(2003)
《企业价值评估指导意见(试行)》(2004)
《金融不良资产评估指导意见(试行)》(2005)
《资产评估价值类型指导意见》(2007)
《专利资产评估指导意见》(2008)
《投资性房地产评估指导意见》(2009)
《著作权资产评估指导意见》(2010)

这些准则涵盖了无形资产评估执业程序的各个环节和评估业务的主要领域，标志着中国比较完整的无形资产评估准则体系的建立[①]。

3.2 文化产业无形资产评估的发展实践

3.2.1 文化产业无形资产评估研究

我国文化产业无形资产评估方兴未艾。在国内的研究中，刘伍堂(2009)对文化产业中电视剧和电影行业的著作权进行了理论和实务分析。王吉法(2010)在知识产权资本化理论的基础上，结合美、日、韩等知识产权评估现状探讨国内知识产权价值评估的问题，主要有理念和法律化问题、评估的有效性与不确定性问题等，

---

① 北京市国有文化资产监督管理办公室：《北京市文化创意无形资产评估体系研究》，2014年，第68—72页。

并提出对策和建议。刘德云(2010)在无形资产评估的理论基础上结合案例,分析探讨著作权、专利权、商标权等价值评估问题①。刘玉平(2010)、文豪(2010)、刘伍堂(2009)对知识产权质押融资中心的知识产权价值评估的重要性和相关性进行分析。张静静(2011)将不同情况下的知识产权评估方式进行区分,如并购、转让、收购、融资等。至2013年12月,中国期刊网专注"文化产业无形资产评估"的论文仅12篇,但评估相关论文如融资、公司资本、品牌研究等则多达85篇。针对以上研究,可总结以下几点:第一,文化产业无形资产评估已受到学界重视,但研究广度仍待拓展;第二,对不同知识产权在不同评估情况下的选择和问题进行分析;第三,我国研究者对无形资产评估的研究主要是无形资产评估的基本理论、无形资产评估的适用方法、无形资产评估的特点、无形资产评估面临的困难以及解决对策等方面。

3.2.2 我国文化产业无形资产评估的特点

文化产业无形资产具有以下特点:

1. 无形资产评估的主体是无形资产评估的承担者。由于无形资产评估工作的特殊性,无形资产评估主体必须具备专业知识外的法律、法规尤其是知识产权方面的理论知识和实践经验。又由于无形资产评估与未来收益的预测相关联,因此,预测学及不确定性分析也是必备的知识。无形资产评估形式和评估主体有多种,择其主要有:(1)聘请中立的中介机构和资产评估中心、会计师事务所、专业的无形资产评估事务所等进行评估;(2)由无形资产交易的一方进行评估,另一方对评估结果认可;(3)由无形资产交易各方和被评估单位的主管部门,以及综合经济管理部门组成评估组,联合进行评估;(4)由无形资产交易双方共同组成评估组,共同协商,确定无形资产价格。

2. 无形资产评估的客体,即无形资产评估的内容。凡是发生产权变动或经营主体变动的无形资产,都是评估对象。

3. 无形资产评估的目的是为特定的无形资产业务提供公平的价格尺度,主要服务于:(1)企业资产转让(包括拍卖);(2)企业

---

① 张静静:《文化创意产业的知识产权价值评估研究》,经济科学出版社2011年版,第12页。

兼并;(3)企业出售;(4)企业联营;(5)股价经营;(6)中外合资、合作;(7)企业清算(包括破产清算、终止清算、结业清算等);(8)企业租赁;(9)抵押;(10)担保;(11)承包换届;(12)资产入账;(13)保险赔偿;(14)侵权赔偿;(15)非经营转经营中相应评估作价问题。按照《国有资产评估管理办法施行细则》的规定,前7种经济行为属于必须评估的范围,后8种经济行为属于可自行决定评估与否的范围。

4. 无形资产评估必须遵循统一的标准,特别是统一的价格标准,包括四个方面的内容:(1)统一的价格构成因素(生产成本、流通费用、税金和利润);(2)统一的定价标准,如一项资产生产过程中的物化劳动和活劳动的定额;(3)统一的价格层次(国家定价、国家指导价抑或市场调节价);(4)统一的资产类型,要有统一的技术性能标准及统一的价格标准。在这里,无形资产评估目的与标准的匹配是基本原则之一。

3.2.3 文化产业无形资产评估程度

根据《国有资产评估管理办法》,国有资产评估工作是有法定程序的,国有无形资产的评估也是按法定程序进行的,主要包括申请立项、资产清查、评定估算、验证确认四个阶段(见图2-3-1)。非国有无形资产评估国家未规定法定程序,但也应有相应的程序。

无形资产评估程序是评估无形资产的操作规程。评估程序既是评估工作规律的体现,也是提高评估工作效率、确保评估结果科学有效的保证。无形资产评估一般按下列程序进行。

(1)明确评估目的。

在明确目的的同时,还须了解被评无形资产的转让内容及转让过程中的有关条款,这样评估人员才能正确确定无形资产的评估范围、基础数据及参数的选取。

(2)鉴定无形资产。

对无形资产进行评估时,评估人员首先应对被评估的无形资产进行鉴定。这是进行无形资产评估的基础工作,直接影响到评估范围和评估价值的科学性。无形资产的鉴定,可以解决以下问题:一是确认无形资产的存在,二是鉴别无形资产种类,三是确定

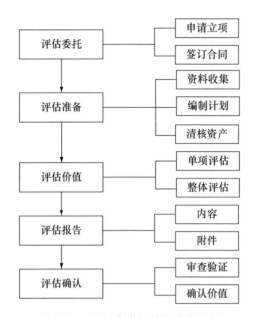

图 2-3-1　无形资产评估的法定程序

资料来源:北京市国有文化资产监督管理办公室:《北京市文化创意无形资产价值评估体系研究》,2014年3月,第33页。

其有效期限。

（3）搜集相关资料。

搜集无形资产的相关资料,内容包括:无形资产的法律文件或其他证明材料、成本、效益、期限、技术成熟程度、权属转让内容与条件、市场供需情况、行业盈利水平及风险等。

（4）确定无形资产的评估方法。

应根据评估无形资产的具体类型、特点、评估目的及外部市场环境等具体情况,选用合适的评估方法。

（5）整理并撰写报告,做出评估结论。

无形资产评估报告书,是无形资产评估过程的总结,也是评估者承担法律责任的依据。评估报告书要简洁、明确、避免误导。

无形资产的评估报告应符合《资产评估准则——无形资产》的要求。应强调的是无形资产评估报告要注重评估推理的陈述,明确阐释评估结论产生的前提、假设及限定条件,各种参数的选用依据,评估方法使用的理由及逻辑推理方式。一般要根据评估对象进行以下三个方面的陈述：① 描述性陈述；② 分析性陈述；③ 综合性陈述。

3.2.4　文化产业无形资产评估准则与评估人员

评估准则部分，中国为适应国有企业改制要求，在 20 世纪 90 代初制定《国有资产评估管理办法》，明确国有企业价值评估范围应包含固定资产、流动资产、无形资产以及其他资产等，及评价需由资产评估机构来执行。2000 年后，为规范上市公司行为，保护中小投资者的合法权益，中国证券市场开始加大力度清理上市公司大股东占用上市公司资产的行为。在此过程中，多起大股东以无形资产作价偿还所欠上市公司债务的案例，引起了监管部门的高度关注。为适应资本市场的迫切要求，中国无形资产协会开始起草、汇总、讨论、修改"无形资产评估准则"，在数易其稿后，于 2001 年 7 月由财政部发布了我国第一部资产评估准则——《资产评估准则——无形资产》。该《准则》第十三条规定："无形资产的评估方法主要包括成本法、收益法和市场法，注册资产评估师应当根据无形资产的有关情况进行恰当选择。"①《企业会计准则第 6 号——无形资产》(2006 年)、《资产评估准则——无形资产》(2008 年)、《国际评估准则指南——无形资产评估》(2007 年)、《专利资产评估指导意见》《著作权资产评估指导意见》，对无形资产的性质、评估目的、评估基准、评估范围、披露要求等评估前提与要求进行了更深入的限制②。

因文化产业的无形资产和著作权关系甚密，因此本书简要分析 2011 年发布的《著作权资产评估指导意见》的内容。本《意见》将著作权评估做了详细的规范，重点可分为以下几点：第一，遵循《资产评估准则——无形资产》的框架，要求著作权评估者应具备一定专业能力并经考核，才能从事评估工作。第二，所指权利包括复制权、发行权、出租权、展览权、表演权、放映权、广播权、信息网络传播权、摄制权、改编权、翻译权、汇编权以及著作权人享有的其他财产权利。第三，将权利形式作了进一步区分，如：单个著作权

---

① 《资产评估准则——无形资产》第十三条。
② 崔劲：《我国无形资产评估准则体系的发展与完善》，《中国会计报》2011 年 6 月 3 日。

中的单项财产权利、著作权中财产权和与著作权有关权利的财产权益的组合;在权利客体不可分割或者不需要分割的情况下,著作权资产与其他无形资产的组合等。第四,要求注册资产评估师执行著作权资产评估业务,应当根据评估对象、评估目的、价值类型、资料收集情况等相关条件,分析收益法、市场法和成本法三种资产评估基本方法的适用性,恰当选择一种或者多种评估方法,并注意应当关注该作品演绎出新作品并产生衍生收益的可能性。① 第五,对文化产业商业活动中可能产生的著作权利问题提供了解决方案,推动文化产业良性发展。

评估人员部分,近年陆续颁布相关资产评估人员须经国家考试及授证方式、资产评价公司管理办法,并成立中国资产评估协会,负责评价人员培训、自律管理及评价机构管理的工作,其中自律方式与美国大同小异。但国家授证及评价机构管理则为世界首创。中国财政部和国家知识产权局共同组织知识产权评估专业培训、考核并颁发培训证书,建立并严格执行继续教育、培训考核制度,确保培训的质量,不断提高注册资产评估师及从业人员知识产权评估的专业能力和水平,截至2010年,无形资产相关的注册资产评估人数已有七万到八万人②。

3.2.5 文化产业无形资产评估机构

中国文化产业无形资产评估机构须经国家审批核准,目前文化产业无形资产评估相关机构有:中国资产评估协会、中国知识产权研究会、国家知识产权局。财政部和国家知识产权局定期组织对这些开展知识产权评估业务的资产评估机构的执业质量进行监督,严格要求资产评估机构执行知识产权评估业务时的法律责任,换言之,在评估专利、商标、版权时,该机构能请知识产权专家协助,但不能因此减轻或免除资产评估机构及注册资产评估师应当承担的法律责任,促使机构谨慎评估,如此,政府能透过监督和法律规范为评估质量把关。此外,2011年发布的《关于加强知识产

---

① 台湾地区财政主管机构:《著作权资产评估指导意见》,"中评协"[2010]215号。
② 郭年雄:《知识产权评价趋势》,《菁英季刊》2010年6月第2卷第2期,第50—51页。

权资产评估管理工作若干问题的通知》指出：中国资产评估协会应加强行业自律和专业指导工作，可以建立知识产权评估专家库和相关的专业委员会，建立和完善知识产权数据库，为知识产权资产评估创建必要的平台，以提高资产评估的执业质量、行业公信力和影响力①。

3.2.6 文化产业无形资产融资状况

在国家通过金融对文化产业振兴和发展所提供的支持下及各种民间资本朝向文化产业企业涌动的情况下，文化产业成为投资热点，中国政府通过一系列政策，支持文化产业无形资产的融资。2010年3月26日，中宣部、中国人民银行、文化部、广电总局、新闻出版总署等九部委联合发布了《关于金融支持文化产业振兴和发展繁荣的指导意见》（简称《指导意见》），这是我国第一个支持文化产业发展的指导性文件。运用银行信贷政策、直接融资政策及保险政策等手段大力扶持文化产业，使文化产业"融资难"问题发生根本性的变化，对中国文化产业实现跨越式发展有重要意义②。2010年，中国建设银行、光大银行及民生银行分别向广东省国有经营性文化资产监督办公室提供100亿元、30亿元、80亿元的贷款，我国目前已经有11支文化产业基金，最大的是由财政部出资、中银国际管理的文化产业投资基金。关于风险投资及私募股权对文化产业的投资状况，2010年共发生了38起VC/PE投资文化产业的事件，无形资产的交易项目涉及网络新媒体、网络游戏、影视、动漫、出版等领域，单个企业投资额落在1000万元到5000万元间。财政部、文化部自2013年起实施文化金融扶持计划，并于2014年3月联合中国人民银行共同颁布了《关于深入推进文化金融合作的意见》，提出"探索开展无形资产抵质押贷款业务"，制定文化金融服务标准，规范开展无形资产价值评估、登记、托管和流转服务。

资产评估开始于20世纪，而无形资产评估则是发端于20世纪50年代。到了20世纪90年代，高新技术的发展以及知识经济模

---

① 山丽娟：《我国无形资产评估现状及改进分析》，《财政监督》2011年第22期，74—75页。
② 施琳洁：《金融政策助推文化产业发展》，《中共山西省直机关党校学报》2011年第1期。

式的出现,使无形资产价值评估理论与方法产生飞跃式的发展。企业及公众对无形资产的认知,也从过去简单的商誉概念,扩大为以知识产权为主要内容的认识。从发展历史来看,中国的知识产权价值评估工作发展的时间较短,相关工作从 90 年代中期才逐渐活跃。

第三章 文化产业无形资产评估的韩国经验

近年来,知识产权、技术工法与著作权等无形资产在企业总收益的收益占比持续上升①,说明无形资产对以人类创意为要素的文化产业有着重要的意义。为了提升竞争力和规范产业,准确评估无形资产势在必行。根据 2013 年 3 月《华尔街日报》的一篇报道,近年接受国家的转让定价审查的跨国公司中 40% 的企业已经改变了无形资产的价值评估方法②,以更有效地管理无形资产。目前,韩国文化产业无形资产价值评估方式尚未成熟,还处在探索、争论与改善的过程中。因文化产业相关的无形资产种类较多,特性不一,况且评估目的也多种多样,导致价值评估框架的研究结果零散。

本章就文化产业无形资产价值评估方法,对韩国公开的研究成果进行文献整理并提供建议。

1 文化产业无形资产评估的宏观背景

1.1 发展背景

韩国在 1997 年因经济危机申请国际货币基金组织援助,开始进行经济体制改革。为适应国际货币基金组织的管理体制,经济宏观环境发生剧变。为了企业生存,企业间合并或企业分割也频繁发生。在测定企业资产整体价值的过程中,不被重视的无形资产开始引起人们注意。在过去,无形资产基本上一律以取得原价,即购置成本(Acquisition cost)来评估其价值,这种方式在经济稳定的情况下因操作简单而受欢迎;但在竞争激烈的时代,多数

---

① Emily Chasan, "40% Proportion of CFOs Who Reassessed Their Transfer Pricing After a Tax Audit of Intangible Assets", *The Wall Street Journal*, March 26, 2013, p. B4.
② 同上,第 B4 页。

公司竞相以廉价出售重要无形资产。韩国早期无形资产评估方式的发展主要是从企业并购中获得公正的价值评估,并非为特定产业的价值提升而服务。然而,得益于近年韩国政府推动文化产业作为国家主力产业的举动,韩国学界开始讨论文化产业无形资产价值评估的重要性。随着版权交易等单独的无形资产交易量增加,价值评估的需求增多,价值评估的目的不只是企业并购中的定价。

韩国金英熙(Kim In-Sik)和金申珉(Kim Jong-min)两位学者分析了无形资产的评估目的和评估需求(见表3-1-1),指出文化内容价值评估(Culture Content Valuation)存在着多元的目的和多样的需求方[①],推进韩国学界对文化产业价值评估方法的进一步研究。

表 3-1-1　文化内容价值评估分类、目的及需求来源

分类	评估目的	评估方式的需求方
文化内容价值评估	企业并购	企业,企业并购专家,创业投资公司,进入架构调整的公司
	实物投资	中小企业,风险公司,天使投资,私募股权投资,个人投资
	文化内容交易	企业,广播电视公司,移动通讯公司
	诉讼参考资料(算定赔偿额)	诉讼当事人(个人/企业),法律法人,会计法人,专利法人
	征税,税收减免	文化内容的所有者(个人/企业),税务机关

[①] 金英熙、金申珉:《문화컨텐츠가치평가모형개발을위한연구(为文化内容价值评估模型开发的研究)》,《한국세무회계학회지(韩国税务会计学会志)》2001年第28期,第196页。

(续表)

分类	评估目的	评估方式的需求方
文化内容业务可行性评估	贷款/投资/担保参考资料	风险公司,创业投资公司,证券公司,金融机构
	企业评估所拥有的文化内容,业务筹划,咨询	企业,内容制作人,企业保险公司,会计法人

因文化产业无形资产评估目的和需求多样,过去无形资产评估多出现在企业内部财务会计的业务范围,少数是为了作担保的外部机构的技术价值评估,以投资、管理和提升为目的的不多。[①] 过去由于对无形资产的认识不足,且偏好操作简易、低成本的评估方式,韩国主要依赖的评估方法跟有形资产的评估一样,用传统财务会计的评估方式评估无形资产[②]。过去实行的财务报告标准 K-GAAP 对无形资产价值评估的限制多,企业对外的评估方法普遍采用成本法。2011 年,韩国企业财务会计停止使用 K-GAAP 标准,上市企业全面采用结合韩国国情的国际会计标准 K-IFRS[③]。此财务报告标准的变化对无形资产评估方式影响较大。具体表现为降低无形资产的认定、识别标准,并列举更多的无形资产(见表 3-1-2),引导社会各界开始认可多种无形资产;提高评估方法的可信度,在一定前提下默认所采用价值评估方法的有效性。

---

① Yim Seong Gyun:《무형자산의가치평가에관한연구:지적재산을중심으로(无形资产价值评价相关研究:以知识产权为中心)》,东国大学 2003 年硕士学位论文,第 1 页。
② 同上注,第 1 页。
③ Ro Hyeong Sik:《경제기사야놀자——올해부터적용되는국제회계기준(IFRS)이뭔가요(什么是今年开始适用的国际会计标准)》,《조선일보(朝鲜日报)》2011 年 5 月 6 日,第 B10 页。

表 3-1-2　前后不同标准对无形资产种类表述比较①

名称	K-GAAP	K-IFRS
具体种类	A. 根据《企业会计标准》第 3 号：产业财产权（包括专利权、设计版权、商标权、商户权以及商品名称），执照和经销权，著作权，计算机软件，开发费用（对制作法、公式、模型、设计以及试制品的费用），凭借权利金，矿业权，渔业权等 B. 企业合并时使用的会计处理准则	A. 根据《国际会计标准》第 1038 号：品牌名称，题号及出版标题，计算机软件，执照和经销权，著作权，专利权，其他产业财产权，用役运营权，技法、方式、模型、设计及试制品，在开发中的无形资产 B. 根据《国际会计标准》1103 号：登录商标，商户名，服务标志，团体标志及认证标志，交易标志（独特的颜色、模样或包装设计），报纸题号，网址名，非竞争协议，客户名单，订单余额，生产余额，客户契约及有关客户关系，非契约客户关系，执照，版权费及不可侵约定，广告、建设、经营、用役或供给契约，租赁约定，建筑许可，经销权协议，运营权及放送权，管理用役契约，雇佣契约，有关试掘、水、伐木及路线的使用权利，专利技术，计算机软件和屏蔽作品（Mask Work），包含相关记录簿的数据库，秘密公式、工程及调理法等交易上的机密，其他有关艺术的无形资产
前后差异比较	原先标准缺少有关客户和有关艺术的无形资产	可分成 5 大类②：有关营销的无形资产，有关客户的无形资产，有关艺术的无形资产，基于契约的无形资产，基于技术的无形资产。明显更加仔细地识别无形资产

　　原标准规定：只有当某项无形的对象在将来给公司带来经济效益的可能性非常高时，才予以单独识别的可能，并认可为一项独立的资产；如果某项无形资产无法可信赖地测定出其货币价值，则不得识别为独立的资产③；对无偿取得的无形资产要求采用规定内有限的

---

① Oh Yong Jin, Kim En Hye：《IFRS 도입에따른사업결합과정의무형자산평가사례를통한이익변동성검토：국내통신기업을중심으로》(透过事业结合过程中无形资产评估事例来看 IFRS 导入带来的利益变动：以国内通信企业为中心)》,《국제회계연구(国际会计研究)》2010 年 32 期, 第 189 页。

② 同上文, 第 188 页。

③ 同上。

价值评估方式,否则会导致片面、不公正的价值评估①,增加了整体社会识别、管理无形资产的难度,如有关客户的资料、品牌等,虽然在认识体系中确实可单独识别,但难以评定当前货币价值和未来经济效益,这种无形资产在过去的对外财务报告中只能笼统地归为营业权范畴,对整体营业权进行价值评估,或者忽略不计,未予以评估。

新标准规定无形资产包括:(1) 在企业可控制的范围中(可控性);(2) 可期待未来的经济效益(效益性);(3) 不具有物理实体(无形性);(4) 须能被识别(可识别性)②。可见,财务报告标准对无形资产的定义明显精练和简化了。在收购企业公司并购中,新标准假定被收购公司的无形资产在未来能够带来经济效益,并假定测定交易中价值评估方式可靠,如此在很大程度上消除了过去企业只能采用成本法表示其无形资产价值的无奈。③ 可见新标准在整体上鼓励企业和社会尽可能地多去识别无形资产,尽可能向无形资产提供接近公允市价(Fair Market Value)的价值评估。④

对文化产业而言,"有关客户的无形资产"和"有关艺术的无形资产"获得重视,这是新标准的重大举措。原先因评估方式不当被低估的无形资产获得了重新的评估。但新的财务会计国际标准仍没有给出具体详细的评估方式,韩国学界正继续研究更适合文化产业无形资产的评估方式。

1.2 韩国文化产业无形资产研究状况

从价值评估的角度来看,文化产业无形资产可分为五个类别。本章通过公开的韩文文献进行检索,整理当前韩国无形资产价值

---

① Yim Seong Gyun:《무형자산의가치평가에관한연구:지적재산을중심으로(无形资产价值评价相关研究:以知识产权为中心)》,东国大学 2003 年硕士学位论文,第 34 页。

② Oh Yong Jin, Kim En Hye:《IFRS 도입에따른사업결합과정의무형자산평가사례를통한이익변동성검토:국내통신기업을중심으로(透过事业结合过程中无形资产评估事例来看 IFRS 导入带来的利益变动:以国内通信企业为中心)》,《국제회계연구(国际会计研究)》2010 年 32 期,第 187 页。

③ Yim Seong Gyun:《무형자산의가치평가에관한연구:지적재산을중심으로(无形资产价值评价相关研究:以知识产权为中心)》,东国大学 2003 年硕士学位论文,第 34 页。

④ Ro Hyeong Sik:《경제기사야놀자——올해부터적용되는국제회계기준(IFRS)이뭘가요(什么是今年开始适用的国际会计标准)》,《조선일보(朝鲜日报)》2011 年 5 月 6 日第 B10 页。

评估方法的研究状况(如表 3-1-3)。

表 3-1-3　韩国文化产业无形资产评估研究状况

无形资产分类	说明	研究状况
文化产业相关技术	技术专利的转让或使用权,重置费用(不包含使用技巧传授以及相关管理咨询费用)	三种传统价值评估方法的修正公式(Park Jong O,1999);文化内容产业技术的定性评估(高晟壹,2004)
知识信息数据库	自动化电子数据库,为了对外销售而开发或作为对内机密使用	三种传统评估方法(Park Hyun Woo,2002;Yim Sung Gyun,2003)
内容版权	故事、图表、舞蹈等内容的使用权利	三种传统评估方法(Kim In-Sik,Kim Jongmin,2001;Yim Sung Gyun,2003),多数人投资评估系统(专利1020010072545),对故事的多数人定量评估(Jeong Jaehak,Eo Ji Hyeon,2010)
其他基于法律和民间的权利契约	除了与技术、内容和数据库相关的版权、专利以外的各种无形资产的使用权,如商标权、营业权、行业内不可侵契约等	三种传统评估方式(Yim Sung Gyun,2003)
其他	如组织文化、单位的社会名誉等	三种传统评估方式(Yim Sung Gyun,2003)

本章探讨的是可以单独交易的文化产业无形资产,重点讨论上述分类的前三类。虽然后两类"其他基于法律和民间的权利契约"和"其他"可做单独交易的对象,也是在文化企业中的要素,在其他产业中有较多讨论,但"其他"一类难以测定客观经济价值,又不属于知识产权范畴,为了缩小讨论的范围,将后两类排除。

传统价值评估方式——成本法、市场法、经济效益评估法——在五类无形资产中使用普遍,但前三类随着评估对象的类型不同,价值评估时的考虑因素呈现明显差异。目前,价值评估方法已经成熟。在学界有针对传统评估方法的修正公式,辅助性方法也比较齐全;市场中也存在权威的评估机构,可作担保贷款。

有关"知识信息数据库"和"内容版权"的价值评估考虑因素的探讨仍在进行。近年,韩国对"内容版权"公正市价评估方法的研究活跃,符合韩国政府试图振兴文化内容(Cultural Contents)的趋势。

2 文化产业无形资产评估的传统方法

由于企业财务会计的无形资产价值评估主要目的不在于价值的提升,某些学者因此指出此种评估是非常初级的,甚至是片面的。① 为了解决此项弱点,传统评估方法不断被修正。传统评估方法包括成本法、市场法以及经济效益评估法(或称收益法)。因评估对象特性迥异,考虑因素也截然不同,催生出各种各样的评估方法。传统评估方法历史悠久、操作简单、流程清晰,在文化产业无形资产评估中依然广泛使用。韩国一些学者为了服务于文化产业无形资产评估,有针对性地对三种传统评估方法进行了梳理。

2.1 成本法

成本法是根据开发内容、技术的过程中所消耗的费用来评估文化产业内容价值的方法,从开发总成本中减去价值贬值因素来获得结果。

2.1.1 成本法评估知识信息数据库②

出于特定目的或用途而开发的知识信息数据库,因独特性强,没有可替代参照物,难以使用重置成本评估。即便有类似的参照物,其效用可能低于评估对象,此时应考虑功能、技术、经济的衰退

---

① Yim Seong Gyun:《무형자산의 가치평가에 관한 연구:지적재산을 중심으로(无形资产价值评价相关研究:以知识产权为中心)》,东国大学 2003 年硕士学位论文,第 1 页。

② Park Hyun Woo:《지식정보콘텐츠 가치평가의 기법과 적용 가능성(知识信息内容价值评估的技法和适用可能性)》,《한국콘텐츠학회논문지(韩国内容学会论文志)》2002 年第 2 期第 3 卷,第 71、72 页。

程度来反映贬值因素①。

对从外部购买的知识信息数据库,可考虑使用历史成本调整评估法(Trended Historical Cost)和软件工程模型(Software Engineering Model)两种成本法。

历史成本调整评估法结合物价上涨率,将实际历史成本调整为发生价值评估时的经济价值。成本包括开发相关的时间和费用,但不包含运营费用。在数据库历史成本的记录收集困难时,常借助开发时间和人均人力费用来算定;或以开发时间乘日均开发费用获得历史成本,有时日均开发费用还会在佣金上附加针对佣金的税款、间接费用和其他相关费用。因技术更替迅速,对陈旧的或投入长时间来开发、修改的数据库而言,重置成本可能低于再生产成本,此时以重置成本的评估为宜。②

软件工程模型是为了预测软件开发时所投入的精力、时间和人力。评估时,主要测算使用的程序或系统、规模或功能性。用代码行(Code Line)③或功能点(Function Points)④测定上述三者。还要考虑其他投入要素,如程序语言、经验、课题参与组的素质、使用工具、编程方式、应用类型、时间限制、文本化程度、可信赖度等,从而做出完整价值评估。针对再生产费用的评估需要评估重置费用,评估者会对此投入要素采用不同假设。

2.1.2 成本法评估技术价值⑤

针对技术价值评估被修正的成本法公式有:

$TTPCt = \alpha \cdot (1+r)n \cdot (RDT) + \beta(OPt - RDT)$;

TTPCt:技术转移可能金额;

RDT:技术研发总费用;

---

① Park Hyun Woo:《지식정보콘텐츠가치평가의기법과적용가능성(知识信息内容价值评估的技法和适用可能性)》,《한국콘텐츠학회논문지(韩国内容学会论文志)》2002年第2期第3卷,第71页。

② 同上。

③ 代码行:为了解决某种问题而编写的代码中单一指令。

④ 功能点:依据功能评价软件的生产性的要素,软件的信息领域与复杂度的主观评价的系数测定实验来获得。

⑤ 高晟壹:《문화콘텐츠기술가치의영향요인과평가제도분석—전문가인식조사를중심으로식조사를중심으로(文化内容技术评价影响要因及评价制度分析——以调查专家认识为中心)》,韩国国民大学2004年博士学位论文,第39页。

OPt：直接参与市场而获得的机会收益；

α：同类技术开发时通常开发费用投入比率，需要鉴定并不能超过 1.0；

β：对技术权利者的技术商业化成功相应报酬费用，通过 β1（技术商业化成功可能概率）乘以 β2（对开发者或权利者的报酬率）来获得；

r：折现率（反映未来现金价值与当前现金价值差异的比率），以折现期间的平均国债补偿比率为准。

2.2 市场法

市场法是以类似或同等内容的产品市价为基准的评估方法。市场法的前提是有买卖过的参照对象；评估师能取得参照信息；参照对象的买卖双方是独立的相互无关的个体，因此市场法需要在资产买卖频繁的市场中使用。

2.2.1 市场法评估知识信息数据库[1]

市场法不适用于内部开发而不对外销售的数据库：(1) 这种个性化数据库一般不同于市场上的数据库，难以获得这类数据库的销售事例和相关信息；(2) 这类数据库的交易一般是在收购整体业务中发生，少有单独交易。但在实践中，市场法还是偶有可以使用的时候，最常见的方法有两种：市场交易法（Market Transaction Method）和市场重置成本法（Market Replacement Cost Method）。

市场交易法也称市场事例法，当获取具有可比性的交易事例时，将默认为价值评估标准。同时需要调整评估对象和参照事例间的差异，但如何调整和调整到何种程度还存在着难度、交易信息不足的情况，这种评估方法一般用于鉴定、判断对方所给出的价格是否妥当。

市场重置成本法可视为成本法与市场法的混合方式。[2] 如果

---

[1] Park Hyun Woo：《지식정보콘텐츠가치평가의기법과적용가능성(知识信息内容价值评估的技法和适用可能性)》，《한국콘텐츠학회논문지(韩国内容学会论文志)》2002 年第 2 期第 3 卷，第 73—74 页。

[2] Park Hyun Woo：《지식정보콘텐츠가치평가의기법과적용가능성(知识信息内容价值评估的技法和适用可能性)》，《한국콘텐츠학회논문지(韩国内容学会论文志)》2002 年第 2 期第 3 卷，第 73 页。

存在有意义的类似且可收购的其他数据库,它的收购或版权使用的成本可作为价值评估的推算。但当数据库涉及某种垄断权利时,这种方法可能会低估评估对象的价值。分析者可请数据库开发者写出类似数据库的开发假想方案,以供价值评估使用。

2.2.2　市场法评估技术价值

针对技术价值评估的被修正的市场法模型①:

技术转移可能金额 $TTPC_t = k \cdot \sum PT_{t-n}(1+r)^n$,$k$:技术发展指数,算定技术替代率、市场环境变化程度。

$t-n$:过去相同或类似技术的合同签约时间点;

r:未来价值系数或过去平均折现率;

n:从过去相同或类似技术的合同签约时间点一直到t(当前)时间点的期间;

$\sum PT_{t-n}(1+r)^n$:将过去相同或类似技术交易金额换算为当前价值的值。

2.3　经济效益评估法(收益法)

经济效益评估法是在资产寿命期内,估测将来可获取的收益来衡量其价值的评估法。这种评估法的逻辑是收益越高的资产价值越高,反之越低。另外,需把将来可获得的收益折算为当前经济价值。

2.3.1　经济效益评估法评估知识信息数据库②

无形资产评估的最常用的评估法是"现金流量折现法"(DCF: Discounted Cash Flow)和"无形资产评估提成率法"(Relief from Royalty),后者也可视为市场法的一种。

当无形资产有直接挂钩的收益现金流时,可用现金流量折现法评估无形资产。这种方法多用于通过销售本身或者通过版权创

---

①　高晟壹:《문화콘텐츠기술가치의영향요인과평가제도분석-전문가인식조사를중심으로(文化内容技术评价影响要因及评价制度分析——以调查专家认识为中心)》,韩国国民大学2004年博士学位论文,第40页。

②　Park Hyun Woo:《지식정보콘텐츠가치평가의기법과적용가능성(知识信息内容价值评估的技法和适用可能性)》,《한국콘텐츠학회논문지(韩国内容学会论文志)》2002年第2期第3卷,第72页。

造经济价值的软件和数据库的价值评估。用这种方法评估知识信息数据库,估测剩余经济寿命内的收入、支出、资本投资来获得评估结果,可见剩余经济寿命的预测是本评估方法的关键变量。部分国家的税法人为规定了资产寿命,但数据库的经济寿命会因法律规定而异。为推算知识信息数据库的经济寿命,分析者应考虑资产本身的寿命,维修或改善方式,资产的市场(客户和竞争者),资产的功能特性(客户需求满足度,对产业标准和限制的符合程度),资产的功能特性(速度、效率、编程语言、相关硬件、运营系统),类似资产的历史经济寿命等。

无形资产评估是推算拥有某项无形资产时需要支付的版权费的评估法。版权使用费率可以采用具有可比性的其他无形资产的版权使用费率,依靠经验性判断或者市场买卖记录中的使用费率。如果是销售的软件,只推算剩余经济寿命内的版权费用,且需折现。

2.3.2 经济效益评估法评估技术价值[①]

针对技术价值评估的被修正的经济效益评估法模型有:

① 技术(要素)价值 = 换算成当前价值的市场价值 × 技术贡献度

= 技术要素(TF) × 现金价值增加分量

= 技术要素贡献度 × 所增加的现金流的当前价值

② 技术转移可能金额 TTPC = TV × TTR

TV:技术价值

TTR:技术转移实现概率

其中技术转移实现概率以 $TTR = X_1 \times X_2 \times X_3 \times X_4 \times X_5$ 的公式算定。

X_1:技术落后概率,即类似替代技术出现概率

X_2:技术使用时技术上的障碍(生产、商业化上的障碍)

X_3:技术使用时市场上的障碍(市场环境、政策上的障碍)

X_4:额外的研究开发(设施、设备、素材)

---

① 高晟壹:《문화콘텐츠기술가치의영향요인과평가제도분석—전문가인식조사를중심으로(文化内容技术评价影响要因及评价制度分析——以调查专家认识为中心)》,韩国国民大学 2004 年博士学位论文,第 40 页。

X_5:完成技术转移因素(专利、知识产权、技术诀窍)

2.4 三种传统方法的局限——中韩游戏产业版权交易为例

韩国游戏多以版权交易的方式进入中国市场,自然伴随着无形资产的价值评估,评估方法多为选取三种传统方式之一。韩国开发商和中国发行商之间存在着明显的价值评估方法的偏好,过去韩国企业只做卖方,中国企业只做买方,但随着买方与卖方之间的立场变化,评估偏好容易改变,因此中国企业站在卖方立场与韩国企业站在买方立场时的价值评估方法的内容倾向不同。在对独立无形资产进行价值评估的案例稀缺的情况下,中韩游戏版权交易中可看出传统价值评估法在实际交易中的局限性。表 3-2-1 反映了 2002 年到 2004 年中国发行商和韩国开发商之间对游戏产品选取的价值评估方法的差异。

表 3-2-1 签约协商时双方采用的无形资产评估法(单位:个)[①]

		经济效益评估法	市场法	成本法	共计
中国发行商		10(66.7%)	4(26.7%)	1(6.7%)	15(100%)
韩国开发商		5(33.3%)	9(60.0%)	1(6.7%)	15(100%)
签约年度	2002	0	4	0	4
	2003	2	2	0	4
	2004	3	3	1	7

从表 3-2-1 中可见韩国游戏开发商明显偏好市场法,而中国发行商积极地使用经济效益评估法。2002 年双方都使用市场法后,2003—2004 年间产生偏好差异:这两年间的 5 次交易韩国开发商采用经济效益评估法,中国发行商也使用经济效益评估法;另外 5 次交易韩国开发商用市场法,中国发行商依然使用经济效益评估法,但这 5 次交易最终用市场法达成协议。向这些采用市场法的韩国开发商询问"为何使用市场法而没有选择经济效益评

---

① Nam Yeong Ho:《무형자산의가치평가와로열티실증분석:한·중온라인게임라이선스계약을대상으로(无形资产价值评估与版权使用费实证分析:针对中韩网络游戏版权契约)》,载 *Korean Accounting Journal* 2005 年第 14 期,第 86 页。

估法"时,四家企业回答"中韩间市场变数相差较大",三家企业回答"难以获得中国市场有关信息",一家企业回答"签约价会变低"。①

在韩国采用市场法而中国采用经济效益法时,交易最终采用市场法成交,证明某些学者对经济效益评估法的论断:该方法作为备选方法,一般辅助性地用于鉴定、判断对方所给出价格是否妥当。② 这是因为三种方法中非辅助性的方法只有市场法,然而在市场环境发生变化时,使用市场法得出的结果可能与公正市价不一致。对市场环境尤其是快速变化的文化产业而言,市场法也不是完美的价值评估方法。

从上述内容中可看出无形资产交易中三种传统价值评估方法的局限性。经济效益法在缺少市场信息时使用难度大,全面收集市场信息的难度也非常大,会过于倾向保守估计或乐观估计;市场法可能会依赖定价惯性;成本法因文化产业无形资产的投入和产出价值不等,难以测定公允市价,因而使用次数低。三种方法本身在无形资产评估时的局限,加上市场变化周期短和缺少市场交易信息,都说明了其他的文化产业无形资产评估方法——考虑文化产业特性和无形资产特性的其他评估方法——开发的必要性。

3 文化产业无形资产评估的最新尝试

文化产业被公布为韩国21世纪经济发展的主力后,文化产业无形资产评估多从政府补贴和民间投资的角度出发。当前,韩国政府倾向于将经济价值和非经济价值融合,民间企业的价值评估倾向于注重盈利性。受文化产业振兴政策带动,韩国学界相关研究将文化产业的振兴和可持续发展视为文化产业无形资产价值评估的最高目标。

---

① Nam Yeong Ho:《무형자산의가치평가와로열티실증분석:한・중온라인게임라이선스계약을대상으로(无形资产价值评估与版权使用费实证分析:针对中韩网络游戏版权契约)》,载《韩国会计学刊》2005年第14期,第87页。

② Kim In Sik, Kim Jong Min:《문화컨텐츠가치평가모형개발을위한연구(为文化内容价值评估模型开发的研究)》,《한국세무회계학회지(韩国税务会计学会志)》2001年第28期,第194页。

3.1 对文化产业技术的定性评价

1995年韩国科学技术院元光研（Won Kwang-Yeon）教授第一次提出文化技术（Culture Technology）的概念，用以描述那些促进文化艺术发展从而促使人们享有更高品质生活的新兴技术。其所谓"文化技术"可以理解为"用于电影、音乐、游戏等文化产品的策划、开发、生产、流通的技术"。[①] 由于文化产业技术属性近似"公共品"，相对其他产业技术而言，文化产业技术的收益率较低，而且收益的获取往往存在延后性。在没有政府支持的情况下，企业开发文化技术困难重重[②]。因此，对文化技术价值评估时，既要查看经济价值的评估，又要注重非经济价值的评估（给拥有者带来的收益性和给全社会带来的正外部性）。

韩国国民大学校高晟壹（Go Seung-1）教授以游戏产业的文化技术为例，列出了以下价值评估框架（见图3-3-1）。高晟壹认为文化技术评估有三个技术价值影响因素和两个技术价值测定因素。其中，三个技术价值影响因素是技术因素、市场因素、业务因素。三个技术价值影响因素为自变量，可以再细分为多个因素。两个技术价值测定因素是因变量，是收益性和技术扩散，受上述三个自变量的影响，但是收益性和技术扩散之间也存在着相关性。收益性代表着经济价值，技术扩散代表着作为公共品的非经济价值。

[①] WonKwangYeon：《디지털문화예술의발전에관하여（关于数码文化艺术的发展）》，문학과지성사（文学和知性社）1999年版，第164页。

[②] 高晟壹：《문화콘텐츠기술가치의영향요인과평가제도분석—전문가인식조사를중심으로（文化内容技术评价影响要因及评价制度分析——以调查专家认识为中心）》，韩国国民大学2004年博士学位论文，第118页。

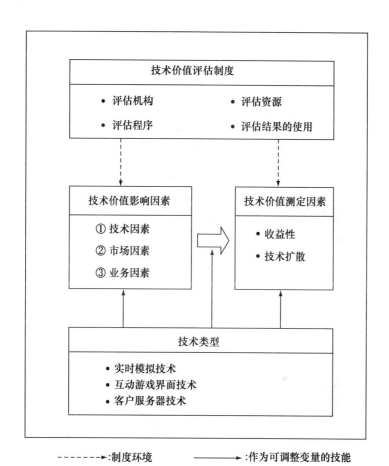

① 技术水平，技术革程度，文化产业技术适合度
② 使用者贡献度，销售额贡献度，投资持续性，额外费用
③ 经济寿命，对外竞争力，支付意愿金额，国家补贴妥当性

图 3-3-1 文化技术价值评估框架

收益性和技术扩散的大小反映技术价值评估的最终结果。结合专家评价做价值评估的方式在韩国是受认可的——譬如韩国技术保证基金等韩国重点技术评估机构结合专家评价做层次分析法——高晟壹采用统计的方式大量分析相关专家对技术价值的评

表 3-3-1　文化技术评估因变量与自变量释义①

变量	因素定义	释义
因变量	收益性	以竞争对手产品为参照对象评估使用该技术的产品和服务的收益率和投资回收状况
	技术扩散	技术扩散使用于新产品和新服务的可能性
自变量	技术因素 — 技术水平	与先进技术相比技术水平如何
	技术因素 — 技术革新性	技术的创意性多大
	技术因素 — 文化产业技术适合度	是否能满足文化产业中可识别的需求
	市场因素 — 使用者贡献度	技术使用促使的游戏使用者数量增减
	市场因素 — 销售额贡献度	技术使用促使的游戏销售额增减
	市场因素 — 投资的持续性	是否有了充分的投资支撑该项技术的开发
	市场因素 — 额外费用	技术在实际运用时的额外费用大小
	业务因素 — 经济寿命	更先进的技术预期出现的时间远近
	业务因素 — 对外竞争力	与先进技术相比是否具有竞争力
	业务因素 — 支付意愿金额	为版权使用愿意支付的费用
	业务因素 — 政府补贴	该技术的开发是否应有国家政府补贴

估标准。通过对韩国 162 名②相关专家对文化技术的认识调查,发现韩国专家普遍认为,影响收益性大小的主要因素是销售额贡献度和技术革新性,影响技术扩散的主要因素是销售额贡献度和文化技术适合度;至于影响两个因变量的次要因素,会随着技术类型的不同而有所差异(见表 3-3-2)。

---

①　高晟壹:《문화콘텐츠기술가치의영향요인과평가제도분석—전문가인식조사를중심으로(文化内容技术评价影响要因及评价制度分析——以调查专家认识为中心)》,韩国国民大学 2004 年博士学位论文,第 59、60 页。

②　学界专家 54 名和游戏开发公司技术开发师 108 名。

表 3-3-2　以游戏产业文化技术为例的收益性和技术扩散的主次要影响因素①

	收益性		技术扩散	
	主要因素	次要因素	主要因素	次要因素
实时模拟技术		经济寿命 投资的持续性 对外竞争力		投资持续性 额外费用 支付意愿金额 技术水平
互动游戏界面技术	销售额贡献度 技术革新性	经济寿命 政府补贴 文化产业技术适合度	销售额贡献度 文化产业技术适合度	政府补贴
客户服务器技术		使用者贡献度 政府补贴 投资的持续性		对外竞争力 投资的持续性

结合韩国技术交易所的定性评价方式和上述问卷调查统计结果,计算出对三个自变量进行评估时的权限分布(见表3-3-3)。虽然三个方面的因素都重要,但考虑到文化技术的公共品属性,应适当平衡经济价值和非经济价值,韩国专家将技术因素列于首位因素来思考。

表 3-3-3　三个技术价值影响因素权限分布

评估项目	权限分布
技术因素(技术的创意性,环境性,社会性,技术开发性)	36%
市场因素(市场环境因素,商品、产业特性,市场特性,竞争特性)	29%
业务因素 (战略因素,生产力,流通、营销能力,收益的属性,核心专业人力)	35%
共计	100%

---

① 高晟壹:《문화콘텐츠기술가치의영향요인과평가제도분석—전문가인식조사를중심으로(文化内容技术评价影响要因及评价制度分析——以调查专家认识为中心)》,韩国国民大学 2004 年博士学位论文,第 121 页。

3.2 以振兴支持为目的的韩国传统表演艺术价值评估

近年韩国表演艺术由于劳动成本提高而面临成本困境,政府用经济性或非经济性手段支持表演艺术所面临的市场及社会外部问题。市场上存在着无数个表演团体和表演节目,而政府和社会投资有限的经济、非经济资源,在支持前必然需要对这些节目内容进行价值评估以期有效运用税收和补贴。自 2005 年起,国家公共基金实行强化的内容考评审核:过去按领域分配名额发给补贴的方式已经变成按振兴目的集中支持,按照评估的成绩提供非经济手段间接支持,支持是否妥当则通过实行多面评估、合理查看其经济价值和非经济价值。多方评估系统是面向专家、行政人员、市民多方征求意见的价值评估系统,多方评估的满分为 100 分(见图 3-3-2)。

图 3-3-2 多面评估系统示意图①

由于表演艺术的发展具有延续性和长期性,表演艺术的公共支持从 2005 年起开始注重评估结果的循环,即根据前一年的评估成绩在第二年予以相应的加减分(表 3-3-4),以期优秀作品得到长期有效的培育。

---

① Jeong Hye Woen:《한국전통연극진흥정책연구(韩国传统表演振兴政策研究)》,韩国中央大学 2007 年博士学位论文,第 77 页。

表 3-3-4　加分标准①

评价分数	评估结果释义	第二年评估时加分
1 等级(90 分以上)	应积极支持的事业	+5 分
2 等级(80—89 分)	应支持的事业	+3 分
3 等级(70—79 分)	支持有一定的正当性	0 分
4 等级(60—69 分)	支持的必要性少	−3 分
5 等级(60 分以下)	无法支持	−5 分

3.3　作为投资对象的故事价值定量评估②

郑智赫(Jeong Jae-Hak)和吴智贤(Eo Ji-Hyun)以电影剧本作为研究对象,建立了故事性文化内容产品的商业价值评估模型,并使用多元线性回归模型(Two-Level Log-Linear Regression Model)进行故事的商业价值验证。

该评估模型上层结构的变量为:电影剧本故事为自变量,电影最终票房等经济收益数据与权威网站评分作为因变量,制作公司、导演、演员作为控制变量。下层结构的变量为:年龄在 20—29 岁的 20—30 个年轻人对各单位场景(scene)给出 1—5 分的评分。这些年轻人给出评分的对象是 2004 年到 2008 年间希捷(CJ)公司投资的 68 部电影。

统计所获得的结论为③:(1)电影高峰经验的最高值对消费者满足和电影的商业成功影响最大,存在着峰值效应(Peak Effect);(2)将电影故事分为三幕时,与前两幕相比第三幕的高峰评价对整体产品的正向影响最大(Regency Effect);(3)故事结构中第二幕到第三幕引人注目的巧妙转换对市场盈利起到重大作用。实验结果表明,对各单位场景感受的平均评价对电影的销售盈利估测将起不到有效的帮助,相比之下,只取电影最为高峰的场景感受度来分析会更加有用。上述实验模型与所得结论为电影脚本故事价

---

① 郑慧元(Jeong Hye Woen):《한국전통연극진흥정책연구(韩国传统表演振兴政策研究)》,韩国中央大学 2007 年博士学位论文,第 77 页。
② 同上书,第 78 页。
③ 同上书,第 84 页。

值评估提供了较为可靠的量化分析方式。

3.4 使用投资模型的数字内容价值评估①

大部分韩国申请专利的人所采用的价值评估模型也值得关注。发明专利使用的是投资模型的数字内容评价方法系统以及通过行业协会促销数字内容的方法系统,让网民成为评估方,向网民提供直接投资内容的机会,并在后期对投资收益进行分配。此系统在网民积极参与评估的同时,防止了误导性的评价,以分辨出有价值的内容。

这项专利的关键内容是"3R 投资服务系统":对评估方提供可投资的内容的鉴赏机会,评估方向内容投资意愿分(Rating),根据投资多少状况转换成分数对内容进行排名(Ranking),根据排名为投资的评估方提供"红利",为制作人提供奖金(Rewarding)(详见图 3-3-3)。

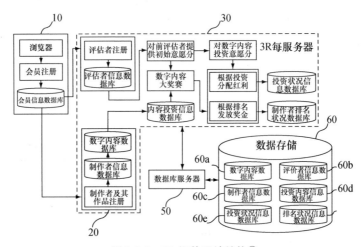

图 3-3-3　3R 评估系统结构②

---

① 郑盛学(Jeong Jae Hak),伊智慧(Eo Ji Hyeon):《스토리기반컨텐츠를위한시장성평가모형:영화시나리오시장성과예측을중심으로(故事基础内容商业性评估模型——以电影剧本市场成效预测为中心)》,《마케팅연구(营销研究)》2010 年第 25 期第 2 卷,第 84 页。

② 李硕(Lee SeokGoo):3R 평가시스템(3R 评估系统):韩国,专利号 1020010072545 [P],2001 年 11 月 21 日。

本系统提供大奖赛的奖金,根据投资意愿分配红利,且评估方可参与内容促销活动。

此模型可降低价值评估费用,直接反馈给内容制作者,增加民间投资。另外,数字化处理系统要求生产、投资、流通一体化和高效化,使市场上的内容生产变得更加繁荣。但此评估法的缺点是倾向于商业价值的评估,对长期投入或经济收益性低的公共品的价值评估的局限较大。

4 文化产业无形资产评估的主要启示

4.1 建立有原则的多元化评估体系

文化产业无形资产的种类繁多、特性各异,亟待细分研究。无形资产的特性差异主要在评估方式上做出反应,不能因"尺子短"而贬其长。总体而言,文化产业无形资产可以划分为两种:第一种为公共文化品或准公共文化品,第二种是私人文化品。对这两种无形资产应予以不同的评估框架。收益性低、正外部性强的公共文化品或准公共文化品属性的无形资产价值评估应兼顾经济价值和非经济价值。为了确保非经济价值的传承,对公共文化品属性的无形资产价值评估应由国家公共部门主导为宜。价值评估与国家对无形资产的支持之间建立直接的挂钩,消除重复评估的费用,减少国家行政成本。对私人文化品属性的无形资产评估可以调动民间机构展开价值评估,既能推动民间投资,又能提高其竞争的敏感度,也能节省政府价值评估的成本。

根据价值评估的目的不同,应使用不同的价值评估框架。如金英熙(Kim In-Sik)和金申珉(Kim Jong-min)所述,文化产业无形资产评估目的多元,决定了评估框架具有应变性的必然。随着评估目的的变化,定制并匹配或精或简的评估框架以减少评估的时间、经济成本并提高评估效率为宜,如是否算出一定的等级还是准确的货币数字;是否同时进行实际业务可行性分析来估测能否商业化;再如,虽然在无形资产的交易时需要准确的货币价值评估,但作为投资对象的无形产品在早期辨别优选投资对象时,准确的货币数值估测意义不大,划分价值等级和商业化难易评价会更有效,成本也更低。有时,根据需要还要查看业务实现可能性评估。过度专注准确的货币数值,不但增加评估成本,还会降低评估效率。因此,文化产业无形资产评估应把握权威、公正和透明的评估原则。

4.2 注重定性、定量研究以完善价值评估

文化产业无形资产的识别、操作历史较短,无论是相关交易事例还是市场环境分析,相对于有形资产和其他产业无形资产都是极其缺乏的,更少有公开发表的文献支持。传统评估方式往往因交易事例资料和市场环境信息不足导致无法操作或无可靠的公允市价。对此,需有创新可行的评估方式来辅助或代替传统评估方式。对文化产业无形资产的定性、定量评估将能扮演这一角色。

文化产品的审美感与商业成功休戚相关,也对心理学、社会学、人类学的研究结果依赖性较高。为了完善文化产业无形资产价值评估,应从科学管理意识出发,积累多领域的定性、定量研究结果,作为文化产业价值评估的基础,为价值评估提供比较可靠的标准。

郑盛学和伊智慧的电影剧本评估模型可作为创新评估方法的启示。韩国电影投资主要依靠导演、演员、编剧和制作人的过去成就,对电影故事性的保证基本上只有编剧的名气,没有将剧本故事的客观价值考虑进来,编剧需要听从制片商、导演的意见来"改进"剧本,故事情节或甚至原初的母题都很难保持原样,最终的定稿与初稿往往大相径庭。但被冷落的剧本故事却是电影走向成功的核心因素之一,也是电影制作公司无形资产中的关键。这种国内业界行态与国外从大量候选剧本层层入围最终选定的方式相比,方式不科学、消耗成本也高,且阻碍了许多优良的剧本故事被发掘和开发。

学界需对此讨论文化产品内容的商业性和价值评估问题。无形资产商业价值的研究虽重要,但并不意味着文化产业要盲目追求商业化。应具体确定在不伤害创作自由的前提下,圈定适用定性、定量评估的原则和范围。

4.3 提升市场信息透明度

由于资产的市场价值评估离不开市场的供需关系,且韩国文化产业价值评估中广泛通行的市场法和经济效益法需要充分可靠的市场参数,市场信息透明度成为价值评估质量是否稳定的关键。市场的信息透明度高意味着政府公共信息与企事业单位披露信息规范公正,尽可能多地反映客观真实情况;市场存在着有效、公开的获取信息的渠道。这是在合理的信息制度引导下,结合市场参与者一定的自律来实现的。

单位内财务报告质量关系到产业信息的畅通。从韩国引进 K-IFRS 的案例中可见,最新国际财务报告标准对文化产业无形资产评估起了积极作用,尤其在识别和评估方式采用的自由度上提供了比原先更宽泛的空间。

根据 IASB 近期针对全球 66 个国家和地区的会计准则制定者的一项调查,其中 95% 公开承诺要采用 IFRS 作为统一的全球会计准则;在超过 80% 的国家和地区中,占多数的上市公司都已采用了 IFRS。① 在会计标准国际统一化的潮流下,中国会计准则逐渐接近 IFRS。从文化产业发展的角度看,政府应采用帮助产业植入的财务报告标准,不仅要克服 IFRS 本身的缺陷,为整体国情考虑而做出一定的修正,而且要在文化产业相关领域为文化产业行业与无形资产特性做深入考虑,以建立有效的无形资产识别、评估框架。这些举措的正向积极作用有两点:第一,激励企业更加细致地识别无形资产,认识各项无形资产的价值,更主动地管理自身的无形资产;第二,企业内价值评估变得更清晰,而且能促使企业借助全球标准化的信息反应方式,有效地为国内外投资方提供投资依据,帮助投资者辨识"璞玉"以扩大投资。

市场信息适当透明化对评估框架的改变和提升,既是对市场状况的重新阐述,也是发现未琢之玉的机会。政府应在市场透明度上多下功夫。

与此同时,政府需努力建立针对性的公共信息渠道以确保基

---

① 于濛:《IASB 期待与中国深度合作》,《中国会计报》2013 年 6 月 21 日第 11 版。

本信息传播保持畅通。例如,韩国在中、美、日、英等国设立文化产业振兴院、电影振兴委员会等机构,兼办各种对外活动的同时发挥文化产业信息枢纽的角色,搜罗最基本的市场公共信息并提供给韩国企事业单位,以期文化资产、产品在当地市场中获得更高的价值评价。我国目前缺乏针对文化产业的信息疏通渠道,也没有使企业成为更新公共信息的激励因素,政府对产业信息的积累和及时更新的重视亟待提升。

对信息最为敏感的还是企事业单位,政府和产业内企事业单位应内外齐心,在不阻碍自身发展的前提之下,为可持续发展做打算,文化企业也需要一定的自律来协助增强市场透明度。

第四章 文化产业无形资产评估的台湾经验

随着知识经济时代的到来,我国台湾地区自2001年开始推动文化产业无形资产评估的建构,辅导政策、研究、执行计划甚多,目前已拟出无形资产评估的基本准则、体制框架、推广策略,但在实务状况方面步履蹒跚,许多问题仍待解决。

1 文化产业无形资产评估的发展现状

1.1 发展背景

随着教育程度提升、经济结构转型、传统制造业外移,以及科技产业的发展,"知识""创意"成了台湾地区在经济发展与国际市场上的优势。2000年台湾地区行政机构以知识经济为基础,提出了"Taiwan Double"的口号,希望十年内将台湾地区人均生产总值倍增。2002年的"挑战2008"与"两兆双星"计划,更将"文化创意产业"与"数字内容产业"①列入台湾地区的重要发展计划中,并选定了十三项在产值、营业额、就业人数等方面具有发展潜力的产业作为推动主轴。2009年台湾地区文化产业发动第二阶段的转型,以"创意英国"为口号摹本,提出《创意台湾——文化创意产业发展方案行动计划》(2009年至2013年),针对当时发展文化产业的优势与潜力、困境与产业需求,台湾行政机构提出推动策略,期盼达到"以台湾为基地,拓展华文市场,进军国际",台湾地区成为亚太文化产业汇流中心的愿景。②除政策积极推动外,民间也努力推行核心人才的培训与招募,诸如数字游戏、计算机动画、数字影音、行

---

① 台湾地区数字内容产业目前分出八大领域,其中"核心产业"(含产品与服务)包括数字游戏、计算机动画、数字学习、数字影音与应用、数字出版与典藏;"支持产业"为技术服务业,包括内容软件、行动应用服务及网络服务。
② 台湾地区行政机构"文化建设委员会":《创意台湾地区——文化创意产业发展方案行动计划2009—2012年》,2009年,第5—11页。

动应用、数字出版典藏等,并促进投资数字内容、软件及文化产业计划,为数字内容产业从业者提供健全的融资渠道,预计每增加一亿元(新台币,下同)投资额,可带动三亿元的数字产值。2006年至2008年目标为促成投资额达435亿元,创造2305亿元的产值。在当局、民间的努力下,台湾地区文化产业蓬勃发展,文化产业无形资产评估的需求与意识日渐强烈。

1.2 台湾地区文化产业无形资产评估政策

1.2.1 推动无形资产评估

为回应知识产权产业化和商业化下产生的授权、转让、作价入股、融资担保或法律诉讼等问题,台湾地区经济主管机构自2001年8月开始推动系列文化产业无形资产促进政策,修正"促进产业技术办法",对促成产业技术发展有关的知识创造、流通、加值予以奖励,知识产权鉴价亦纳入范围。2001年12月将"智慧财产技术服务"及"研发服务"纳入新兴重要政策,享受五年免税或股东投资抵减优惠,当局经济主管机构"工业局"所奖励的"智慧财产技术服务"亦包含知识产权鉴价和商品化服务[①]。2006年12月经济主管机构召开"建立台湾无形资产评价机制"座谈会,提出无形资产评估的重点工作,包括组织的设立、准则订定、评估师注册、应用推广和国际合作等五大项(见表4-1-1)。台湾地区并于2010年陆续颁布"文化创意产业发展""产业创新"相关条例,文化产业无形资产评估计划抽芽而生。2011年,财团法人信息工业策进会推动为期10个月的"促进无形资产流通运用之推广模式研析计划"[②]。该计划依循"产业创新条例"以知识产权作为研究对象,将美国、日本、韩国的知识财产流通机制,作为知识财产运用的参照。

---

① 冯震宇:《智慧资产鉴价之问题与挑战》,智权情报网—专区,http://www.api-pa.org.tw/Article/Article— ADAList.asp [2009, September 2]。

② 计划所称之无形资产,均系指"知识产权"。

表 4-1-1　台湾地区无形资产评价整体推动架构

目标	建立具公信力知识产权评价专业机制						
要素	公正客观	专业能力	道德行为	保密尽责	公开透明	熟识	降低信任风险
方法	评价人员、机构自律	评价准则与道德规范制定	评价人员、机构登录	建资料库	认证教育	推广应用	国际合作
工作内容	自律规定	准则制定	机构登录	资料库建立	资格条件订定	评价研讨会	引进国外案例
	他律规定	评价道德规范订定	管理制度建立	评价示范案例资料库建立	评价人、机构认证发照	评价融资推广活动	引进知识产权评价示范案例
	主管机关监督	实务引导编制	评价人与机构评鉴	资料库使用与管理	人员培训	评估应用指导	协助建立评价资料库
					教材编列		协助认证与教育训练
					教育训练		
民间组织	知识产权评价专业团体(协会) 知识产权评价技术学术研究团体						
当局	经济主管机构"工业局" 行政主管机构"金融管理委员会" 内政主管机构"社会司"						

数据来源：谢娟娟：《中小企业智慧财产权融资评价专业机制之探讨》，台湾大学2008年硕士学位论文，第133页。

1.2.2 无形资产评估机构

评估机构部分，为鼓励评估机构提升品质，台湾地区推动以下工作：第一，专案辅导：台湾技术交易整合服务中心的智能财产评价个案辅导,开展数字内容资产评价与投资服务;第二,无形资产融资后序机制:协助金融机构融资后处理事务,推动专利技术公司公开标售作业;第三,协助文化产业取得"研发贷款"及"中长期优惠贷款",经济主管机构"工业局"推动文化产业评价作业,提供报价报告,增加银行承担意愿;第四,建设知识财产评价咨询顾问资料库,聚集评价方法、产业技术、权力查核分析、产业分析及创业投资等领域的专家[①]。

1.2.3 无形资产评估人员

过去台湾地区并无专业团体提供专业课程训练,评价人员除了出外进修,大都靠自学、研究、实践和参加研讨会来提升能力。2004年为提升评估人员能力,经济主管机构"工业局"推动"台湾地区机制交易机制性计划"(TWTM),提供系统性的课程。2005年,台湾地区"工业技术研究院"(工研院)与美国国际性企业评价机构(International Association of Consultants, Valuators and Analysts,简称IACVA)合作,开办文化产业无形资产评价课程——"知识产权流通计划"[②],以双讲师教学、认证制度聚焦知识产权评价人才的培养。该培训并非零门槛,知识产权评估学员需具备会计学或法律背景、评价工作或企业评价的相关职业属性,属于专业培训。目前,台湾地区正努力将知识产权鉴价师制度法制化。

1.2.4 评估规范与体系

台湾地区近几十年来在美国的强大压力下,有关专利、商标、著作权、营业秘密、集成电路布局保护等知识产权各单独的条例或规定堪称完备,并针对无形资产的价值评估形成了一系列规范性文件。根据台湾地区财团法人"会计研究发展基金会"《财务会计准则公报》第一号,将无形资产认定为商誉、商标权、专利权、版权、特许权等。2007年12月26日评价准则委员会三度发布《评价准则一号公报》,自2008正式实施。该《公报》由一般准则、流程准则、报告准则及附则四个部分组成,公报前言在说明制定目的与架构内容中明确规定评价规范,分为准则与指引两个层级。准则层

---

① 郭年雄:《智慧财产权评价发展趋势》,《菁英季刊》2006年6月第2卷第2期,第52页。

② IACVA教学系统结合台湾地区讲师之实际案例。

级体现规范,包括总纲、道德准则、报告准则、流程准则及底稿准则等重大项目;指引层级则针对实务应用。此准则是企业外部评价人员执行评价的参考,企业内部人员亦可使用。

综观台湾地区知识产权评价体系,可发现该体系将评价人员与组织视为核心,提供公司、会计师、银行鉴价服务,并联合学术机构、主管机关、法院提供学理、管理和监督(参见图4-1-1)。

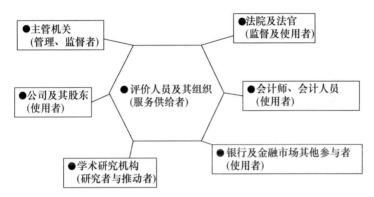

图4-1-1　台湾地区知识产权评价体系

2　文化产业无形资产评估的实践经验

2.1　研究状况

目前台湾地区关于无形资产和知识产权评估的研究论文共计264篇[①],对无形资产和知识产权有深入的探讨。张孟元、刘江彬认为"相同的知识与技术,于不同对象与目的,所达成的价值并不相同"。无形资产评估应朝向"该项无形资产运用或使用后所创造的价值"为评估依据。无形资产评估的第一步为考虑技术本质与实力的高低、知识理论强度与延展能力、创新与竞争力、互补性(辅助性)支持能力、风险、市场规模与结构、新市场接受度与能力、市场扩散能力以及岛内情况、相关条例或规定与技术策略等11个层面。再依据实际产业、技术与市场等因素,建立适合的评估理论基准,如:成本基准、市场基准、指标评估基准等相关规定或办法。本

---

① 资料来自台湾地区博硕士学位论文知识加值系统,ndltd.ncl.edu.tw。

节将依据这些参考维度作为进行无形资产评估的参考来源,再依据实际案例挑选合适的模式进行无形资产鉴价[①]。另外,周延鹏、李嘉孟、陈威霖、陈威融、林佳桦等亦提出许多评估无形资产的方法与观点(见表4-2-1)。从中可见,台湾地区对于技术(专利)鉴价的研究较成熟,且成本法、收入法、市场法在学界的认同度最高。

表4-2-1 台湾地区学者提出的文化产业无形资产评估方法

学者	提出方法	解释
周延鹏	成本法(Cost approach) 收入法(Income approach) 市场法(Market approach) 工业标准法(Industry standards) 等级/排序法(Rating/ranking) 经验法则(Rules of thumb) 蒙特卡罗法(Monte Carlo) 拍卖法(Auction)	
李嘉孟、陈威霖	经验法则(Rules of thumb) 净现值法(Net Present Value, NPV) 现金流量法(Discounted Cash Flow, DCF)	结论认为,在期权原理中,购买主张期权可以在一特定时间用一预定执行价(executive price)取得某一种股票的权利,因此期权的价值与专利技术的价值两者有相类似之处
陆佳莲	成本法(Cost approach) 收入法(Income approach)	提出利用期权定价模型中的Black-Scholes模型,从成本和收入方面计算技术及专利的经济价值,进而计算出技术移转价格,并和实际交易价格作比较

[①] 张孟元、刘江彬:《无形资产评估鉴价之理论与实务》,华泰文化事业公司,2005年1月。张孟元为行政当局信息室主任;刘江彬为政大智慧财产研究所所长。

(续表)

学者	提出方法	解释
陈威融	内部报酬率法(Internal Rate of Return) 净现值法(Net Present Value, NPU) 收入法(Income approach) 市场法(Market approach) 企业轮廓法(Global Business Profile Approach, GBPA)	
林佳桦	收入法(Income Approach) 成本法(Cost Approach) 市场比较法(Market Approach) 企业轮廓法(Global Business Profile Approach, GBPA)	

2.2 评估机构

台湾地区经济主管机构"工业局"于2002年成立台湾技术交易市场整合服务中心(TWTM)[①],委托财团法人技术研究院负责经营,提供鉴价服务。截至2002年,台湾技术贸易市场规模突破六百亿元新台币,技术转移服务产生约五十亿元新台币的市场规模。2006年3月,台湾技术交易整合服务中心公布知识产权技术服务机构整体状况,已登记的合格机构至少有17家知识产权价值评估服务机构,多属于中小企业规模,估计从业人员近百人,主要业务是提供增资及技术作价入股之用,但因评估报告使用人对于评估人员资格要求不明确,即使有也只是表述为"有关机关团体或专家",因此评估质量无法获得外界信服[②]。为解决此问题,台湾地区于2007年成立"评价准则委员会",通过委员组织与实施细则、遴选办法。委员包含学界与实务工作者(会计师工会全联会与无形资产暨企业评价协会)、使用者代表(中小企业信保基金)以及当局

---

① 陈峰富:《公司无形资产与鉴价研究机制(下)》,《司法季刊》2003年第1134期,第2页。

② 郭年雄:《智慧财产权评价发展趋势》,《菁英季刊》2006年6月第2卷第2期,第41页。

代表(经济主管机构工业局),该委员会制定系列评价准则。

台湾地区专业无形资产评估事务所有十多家,如"中华无形资产鉴价股份有限公司"、台湾地区鉴价股份有限公司、华渊鉴价股份有限公司、泛美鉴价股份有限公司等。另还有3800家综合性评估事务所也在从事无形资产评估工作,从业人员达6万多人,其中注册评估师2万多人。协会、学会非营利性质者如"中华无形资产鉴价协会""中华企业评价学会"。

2.3 评估实践状况

从实务角度出发,企业是以获取行政登记、资质、许可、证明等单方申请的小型评估为主,一般不涉及技术分析,层次较浅、难度和用途都不大,纯商业性的知识产权评估尚为罕见。[①] 关于台湾地区知识产权的评估方式,1989年由当局四主管机构共同颁布的"关于企业兼并的暂行办法"确定了三种评估方式。

评估方式上,虽然学界对文化产业无形资产的评估方式多有讨论,但是落实程度低,仍停留在传统的评估方式,台湾地区知识产权价值评估方法,系准用"资产评估准则——无形资产"第十三条规定:"无形资产的评估方法主要包括成本法、收益法和市场法,注册资产评估师应当根据无形资产的有关情况进行恰当选择。"[②] 整体来说,台湾地区评估尚处于研究阶段,实际评估方法、标准还未成熟,就"知识产权"方面的价值评估制度而言,当前评估主力为会计师事务所、无形资产评估公司等民间机构中的注册资产评估师,它们套用传统无形资产的评估方式,并无单独针对知识产权的价值评估体系量身打造出统一规范标准。例如,就"专利"而言,评估需要很深的技术背景和专利方面的专业知识,而绝大多数的会计师及资产评估师都对知识产权的本质内容不甚了解,只会简单地套用评估公式进行计算,依据通用会计准则评估出的结果,大都将无法反映专利的真实价值。虽说在一些主要城市已有类似技术

---

① 《知识产权评估》,《MBA智库百科》,http://wiki.mbalib.com/wiki/%E7%9F%A5%E8%AF%86%E4%BA%A7%E6%9D%83%E8%AF%84%E4%BC%B0,2009年1月7日。

② 《资产评估准则—无形资产》第十三条。

产权交易机构可供操作,然而仍未有具足够公信力的机构可进行知识产权的估价,许多相应的配套措施仍未完善。台湾"金服会"2013年12月配合"金管会"文化产业政策,朝向无形资产鉴价机构发展,解决创业者抵押、融资问题。因台湾"金服会"专做不良债权、不良资产的鉴价,对鉴价业务熟悉,2014年增加无形资产鉴价业务,协助文化企业取得银行融资,顺利发展文化产业,计划先建置影、视、音乐产业数据库及设计鉴价模型,接着用比较法鉴价。以电影业为例,鉴价时会参考过去卖座的几部电影,将剧本、演职人员队伍、拍摄成本、后续收益等进行比较,评估该部电影未来收益状况①。

2.4 无形资产融资

台湾地区自加入WTO后,资本、金融市场开始活跃,知识产权相关立法逐年与世界接轨,渐趋完善,近几年更成为全球专利申请最多的地区之一,甚至超越美国及欧盟。因此,岛内企业对知识产权于资本及金融领域的应用需求增加,知识产权作价入股及价值评估成为主要热点。现行知识产权融资处于倡导阶段,有"信保基金"与"工研院",一般银行内部尚未有专职人员从事相关业务。能向银行申请融资担保的公平的文化产业无形资产鉴价证明迫在眉睫。有鉴于此,台湾经济主管机构特别针对"台湾地区数字内容产业"(包含网络服务、动画、游戏、数字学习、电子商务、内容软件、数字出版、影音内容等八大类),完成"数字内容产业发展条例",希望借此引进无形资产鉴价人员评价系统,建立无形资产设质登记机制。在这一条例中,明确设定"质押登记"机制,制作电脑动画或数字游戏等业者有意拿创作内容去银行抵押贷款,只要业者与银行透过鉴价机制,达成资产协议内容,双方约定债权人可向"智慧财产局"办理质押登记。"数字内容产业发展条例"内容包括数字内容产业定义、资金协助、人才招聘与培育、数字内容典藏授权、专利保护与授权,以及相关的纠纷争议处理。台湾经济主管机构规定

---

① 创意发展部:《文创鉴价上线金融业乐观其成》,2014年2月18日,http://www.taipeicdd.org/(X(1)S(rbht3fg3caivyogjgaczbwoa))/HotNews.aspx?ID=ae2799e6-2d5d-4263-83a7-0ec635b8bb29。

技术可以作价入股,故拥有技术、专利者即可将其技术与专利予以财产化,借此获得合理价值与利润,并将之作为金融机构的融资担保品;然而技术入股或无形资产的真实价值,须经会计师验证,现行法令仍缺乏一套完善之作业准则,仍待完善。

另外,台湾地区于2003年由经济主管机构"中小企业处"召开"中小企业融资证券化会议"以顺应知识经济下的融资需求,引进"融资证券化"的概念,结合信用与保证机制,协助取得低利中期资金①。2005年更推动《促进中小企业财产资金融通计划》,建置知识产权资金媒合网络平台与案源甄选的相关服务机制,借由整合投资、融资、技术等资讯,协助有潜力的知识产权,向金融机构取得资金(关于知识产权融资定义范围见图4-2-1)。

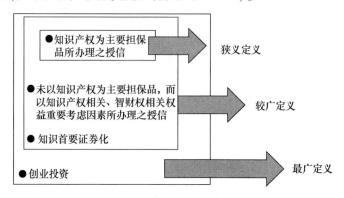

图 4-2-1　智慧财产权融资之定义

陈胜兴:《智慧财产权担保融资—银行鉴价制度之研究》,台湾科技大学2008年硕士学位论文,第8页。

其中"辅导协调计划"委托台湾地区"理科学学会"执行,提供知识产权诊断服务,针对企业需求、技术、市场评估提供建议,透过该计划解决银行征信、授信不足的问题,并提供融资管道,促进中小企业技术开发意愿。贷款以专利、新技术为主,贷款期限不得超过五年,宽限期限最多一年,利率为4%,每人贷款额度上限为6000万新台币,同时,此项贷款将由中小企业信用保证基金保证八成预支额度,并与经济主管机构工业局认定通过的知识产权服务机构

---

① 刘怀德:《台湾地区金融机构办理智慧财产权融资现况与未来发展方向》,台湾政治大学2004年硕士学位论文。

合作,提供评估,畅通融资①。

汇总数字内容及文化创意优惠贷款等有关知识产权融资保证办理情况(见表4-2-2)可以看出,融资的金额不过300万元新台币且辅导件数少,表明台湾地区知识产权融资还处于初步阶段。

表4-2-2 截至2006年信保基金办理知识产权融资情况

金额:新台币千元

年度	数字内容及文化产业优惠贷款		知识经济企业融资	
	件数	融资金额	件数	融资金额
2003	—			
2004	4	54000	11	85637
2005	37	404000	34	190292
Jan-Step	49	367710	34	245434
合计	90	825710	79	521363

年度	直接保证		台湾地区之外市场	
	件数	融资金额	件数	融资金额
2003	—		4	50110
2004	149	397245	3	102200
2005	117	357258	3	103856
Jan-Step	115	758289	2	15000
合计	381	1494829	12	271175

年度	数字内容及文化产业优惠贷款		知识经济企业融资	
	件数	融资金额	件数	融资金额
2003	10	112250	—	
2004	96	1430680		
2005	66	735300		
Jan-Step	34	513340	3	60000
合计	206	2791570	3	60000

吴莉芬:《论智慧财产权融资信用保证机制》,载《台湾金融财务季刊》第8辑第2期,第139—140页。

---

① 谷湘玲:《智慧财产权融资之探讨——论智慧财产权之鉴价与智慧财产权之证券化》,东海大学法律学系2003年硕士学位论文,第111页。

2.5 东森华荣传播公司版权融资案例

东森华荣传播公司于 2002 年因大额贷款到期,请求银行继续融资,当时经济形势低迷,银行为降低风险,要求该公司除既有担保外,增加其他担保物。于是,东森华荣提供拥有所有权四年以上的播映权,且具有可转让性的影片作为新增担保物,并由"中华无形资产公司"进行鉴价。"中华无形资产公司"表示,当时鉴价人员亲自到东森公司影片库进行盘点,检查每一影片的授权合约,评估影片价值,最后东森公司于 2002 年 8 月顺利取得 30 亿元新台币的连带资金。这显示银行仅接受可转让,并具有市场价值的财产权。无形资产协会理事吕东英指出,市场价值是决定能否融资的关键,它反映无形资产的现实回馈性。2003 年,东森公司再次委请"中华无形资产公司"对其包括戏剧、体育、综艺在内的庞大片库进行评鉴,鉴价结果显示该片库拥有 53.6 亿元新台币的价值,东森公司遂向台湾地区第一银行等十九家银行以前述片库为担保,申请融资,但效果不彰。第一银行表示,该片库价值受市场影响大,保值性堪忧,且若就片库强制执行,于债权向银行求偿时,能否顺利取得授权还是一大问题。由此可见,文化产业无形资产评估的合理性与合法性不能仅有评估机构本身,还须"立法机构"的参与。

台湾地区文化产业无形资产评估的结论与启示可以总结为以下几点:第一,评估计划启动甚早,于 2001 年便开始推动系列文化产业无形资产评估活动;第二,推动过程重视使用、监督、推动、立法等相关者纳入评估考虑,建构一套全面的评估机制;第三,台湾地区学界对文化产业无形资产评估讨论多,提出传统评估法之外的其他方式,但实际情况是市场法、成本法、收益法仍处在评估主导地位;第四,推动知识产权融资效果不彰,规模小,补助金额低;第五,银行对于知识产权质押融资的心态保守,还需进一步配套;第六,就保障及活化知识产权的资本投资的整体法律保护制度而言,相关的会计、财务、租税及交易的有关规定及条例并不完整,且配套措施仍待改善。

第二部分
文化产业无形资产评估的体系研究

第五章 文化产业无形资产的评估方法

1 文化产业无形资产评估的基本原则

1.1 评估的意义

本书所指的"评估"可理解为"评价",依据《国际商业词汇大全》(The International Glossary of Business Terms)解释,"评价"为"决定企业、权益、证券或无形资产价值之行为过程"。本章以评价方法为主,不详述价值内涵。无形资产价值评估意义是利用特定的价值评估方法来计算被评估的知识产权的价值,以便提供权利人或第三人参与(如作价入股、合资入股等)市场经济活动的根据。因此,评价是决定资产单一金额或一金额区间所反映其价值的行为或过程;所评估的资产为产生经济价值或商业价值的单一无形、有形资产或多项资产的资产组合[①],文化企业资产多为无形资产,表现为"创意"的无形性。

1.2 知识产权价值评估原则

对于无形资产的评估,多由"法律、商业模式、技术知识"等三个方面的资源组成,以价值与分析为基础、产业为单位,针对不同竞争形态、产业结构、产品及技术特性作分析。知识产权属无形资产的一种,故知识产权的评估原则与无形资产评估原则大抵相通,可套用资产评估原则。资产评估的原则是指为保证评估结果客观、公正、科学,规范评估行为的工作和业务准则。评估主体的工作原则主要为:

(1) 独立性原则:评估机构应是独立的社会公正性机构,评估工作不受任何外界干扰,不与评估业务的利益相联系,始终坚持第

[①] 谢娟娟:《中小企业智慧财产权融资评价专业机制之探讨》,台湾大学管理学院2008年硕士学位论文,第36页。

三方立场。

(2)客观性原则:评估工作要依据客观事实,以现实存在的资产为对象;评估指标的选取、测算和逻辑运用等必须建立在客观市场和现实数据基础上;评估结果反映资产的真实状况。

(3)科学性原则:排除主观臆断,依据资产评估理论,制订科学的评估方案,将评估目的、标准、方法有机地联系在一起。

(4)专业性原则:评估机构必须是拥有财务会计、工程技术、经济、市场、法律等多学科背景的专门人才,经过评估理论和其他专业培训,持证开展业务的专业性机构,实行公平竞争和行业自律性管理。因此,知识产权的价值评估原则,也应按照前述资产评估原则的大架构进行。

2 文化产业无形资产评估的主要方法

2.1 传统评估方法介绍

由于知识产权具有无体性、价值不易认定及权利存在不确定性风险等特性,其所涉及层面相当复杂。此外,知识产权的价值评估有不同的标准及计算方式。目前世界上所采用的知识产权主要分为传统评估方法和现代评估方法。如何利用适当的评估方法对知识产权进行价值评估,得到客观公正的评估结果是首要问题。以下针对目前知识产权价值的评估方法分别为成本法(Cost Method 或 Cost Approach)、市场法(Market Method 或 Market Approach)、收益法(Income Method 或 Income Approach),第三章已简略介绍这些评估法的基本概念,本章将更系统性地介绍各类方法的特性。在实务评估中为某种产业技术而个别使用的方法,还需要根据实际情况来运用。

2.1.1 成本法

成本法是以产业链上游的知识财产的"生产"或"产生"论知识产权的价值。成本法的基本概念是认为知识产权的价值可直接经由建构成本评估,其基本假设前提是"知识产权的开发成本或购置成本不得低于其所贡献的经济价值"(成本法评估公式见图5-2-1)。

$$\boxed{\text{适当市场价值} = \text{总开发费用} - \text{贬值因素}①}$$

$$\text{资产评估值} = \text{重置成本} - \text{实体性贬值} - \text{功能性贬值} - \text{经济性贬值}$$

图 5-2-1　成本法评估公式

无论文化企业向外购置或自行研发,评估(鉴价)时会把已发生的研发成本、预估的研发成本及相关费用视为计价参考标准。成本法要依据三个基本经济原则:第一,没有买主愿花费更多的总成本来创造一个具有同等效用与需求的知识产权;第二,供需变动将致使成本增减,直到不同种类的知识产权供需成本各自达到平衡为止;第三,外部因素造成的增益或损失须归诸知识产权。总的来说,成本法在估价的时候并不需要考虑到市场状况或其他因素,只需就其所投入的成本进行估算,属于评估法中较简单的方法。当成本法应用于知识产权价值评估时,评估重点应是强调其资产本身所投入的成本价值,而不是衡量其资产在未来所产生的收益(见表 5-2-1)。

表 5-2-1　成本法须考虑因素②

总开发费用		贬值因素		
直接投入费用	间接投入费用	物理折旧费用	功能上的折旧费用	经济折旧费用
包括投入开发的人员佣金,研究器材购买费用,原材料费,试制费用,其他费用	包括对研究器材的间接费用,行政人员、技能工人佣金,付给外部评估机构的评估费用,其他费用	指因腐朽衰退、一般损伤、偶发损伤、灾害发生的价值折扣	指因时代潮流环境的变化而发生的价值折扣	指周边经济环境衰退、萧条等外部经济环境的变化带来的价值折扣

---

① 金英熙(Kim In Sik),金申珉(Kim Jong Min):《문화컨텐츠가치평가모형개발을위한연구(为文化内容价值评估模型开发的研究)》,《한국세무회계학회지(韩国税务会计学会志)》2001 年 28 期,第 192 页。

② 同上。

此外,成本法又可再细分为以下两种:第一,历史成本法(Historical Cost),又称新替换成本法(Replacement Cost New),系将研发此技术的所有成本或费用的支出,依据账册所列予以汇整,其所衡量的重点在于公司企业于过去一定期间内所作研发的支出金额款项,将此投入金额支出采用资本化的会计处理后所得出的结果,即为估算的价值;第二,再生成本法(Reproduction Cost),由于历史成本法的计算必须凭借着账册所列之数据,难以周全,某些人仍会使用再生成本法。此法参照公司不经过授权而自行研发时,其所可能产生的成本。再生成本法立论于自行研发时可能产生的成本,此法常见于计算机软件。

使用成本法时须加计利息,亦即以所谓"将来值"(Future Value)换算成当时之价值,其公式为:$V_p = (1+i)^n \cdot C$,其中 V_p 为现值,C 为成本,i 为利率,n 为年数。换言之,即是在不采用新的知识产权前提下,欲使用原先的知识产权,使用相同的材料、设计、标准、布置及质量,在目前情况下制造同样的产品所需要支付的成本。

2.1.2 市场法

市场法的条件是必须宏观了解产业现状,再以横向、水平方式寻找相同或相近领域(也就是所谓"行情")最近交易市价为参考价值的基础,再予以评价。此评估方式一般在资产买卖频繁的市场中才能够使用(见表5-2-2)。

> 市场价值 = 交易事例价格 × 可变因素①

表 5-2-2　变量解释②

交易事例价格	可变因素
过去发生交易时的价格	事例与当前评估对象间的相似度综合以下因素决定:过去交易发生时间点、事例内容的市场性、价格水准、可使用期、市场占有率、代替内容的开发与否

---

① Kim In Sik, Kim Jong Min:《문화컨텐츠가치평가모형개발을위한연구(为文化内容价值评估模型开发的研究)》,《한국세무회계학회지(韩国税务会计学会志)》2001年28期,第193页。

② 同上注,第193页。

市场法将无形资产分为四个价值。这四个价值是:(1) 商业价值(Business Value),指市场结构与规模结构、预期市场与市场接受度、市场扩散力与促销力等指标;(2) 技术价值(Technology Value),指含产权条件、产品信用、有利条款结构及交互授权关系等指标;(3) 知识产权价值(IP Value),含技术创新及竞争力结构、技术支持与风险结构、技术实用性及科学引用能力等指标;(4) 市场价值(Market Value),指潜在和可行的经济回报。技术价值、商业价值与知识产权价值在整体市场的比例,乘以市场总值,即为该无形资产的市场价值。

经济学家偏好以市场法进行价值评估。因市场法的价值分类完全吻合经济学家对价值的定义,通常在授权交易时,利用市场调查,选择一个或数个性质相同、类似,具有相似获利能力的知识产权,将其与尚待评估的知识产权加以比较,由其成交价格与交易条件来进行比对,以估算资产价格市场法的逻辑出发点是:最近有类似买卖事例时,一般的卖家不会以低于类似买卖事例的价钱要价。

2.1.3 收益法

收益法的概念是以现值(Present Value)考虑知识产权未来的期望收入。此法系在多种变量下所产生的估价方法,透过预测资产在未来的经济寿命期间,于一定期间(每年或每月)可以获得的预期利益,再选择合适的折现率折现求值。其计算公式为:

$$P = \alpha \sum_{i=1}^{n} \frac{R_i}{(1+r)} = i$$

该公式中:P 为无形资产的价格;n 为资产预计使用年限,即有效使用年限;r 为折现率;R_i 为使用该资产后第 i 年带来的超额收益;α 为无形资产的分成率(见表5-2-3)①。

> 内容价值 = 未来现金流 × 派生价值贡献度②

---

① 刘晓静、姜忠辉:《无形资产评估方法的比较研究》,2009 年;殷蓉:《对无形资产评估问题的相关探讨》,2009 年;李春光:《无形资产评估方法的进一步探讨》,2005 年。

② 김인식·김종민:문화컨텐츠가치평가모형개발을위한연구(A Study on the Exploratory Analysis of Culture Content Valuation),『한국세무회계학회지』,한국세무회계학회, 2001, p194. Kim In-Sik, Kim Jong-min:《为文化内容价值评估模型开发的研究》,《韩国税务会计学会志》,2001 年第 28 卷,第 194 页。整理文章内容制表。

表 5-2-3　变量解释①

未来现金流	派生价值贡献度
合理推算评估对象的经济寿命,结合折现率推算出未来的现金流总量	使用该内容而派生出的现金流中内容本身的贡献程度

收入法可分为以下四种:

第一,将历史利润转化为资本,通过评估知识产权的相对优势得出一个倍数,用这个倍数去乘以历史利润的可保续值,得出知识产权的价值。尽管这种资本化的方法顾及了应加考虑因素,但缺点是只关注过去的收入能力,对未来几乎不加考虑。

第二,毛利润区分法,常用于商标及品牌的价值评估。此法根据营销成本进行调整后的销售价差,价差指的是品牌产品或专利产品与无品牌的产品或仿制产品之间的差价。此公式排除现金流,计算出价值,缺点是要找到一个专利产品的同类仿制品并确定差价非常困难。

第三,超额利润法,以纯有形资产目前的价值作为评估利润率的标准以吸引投资者向那些纯有形资产进行投资所需的利润,高于为吸引投资所需利润数的部分即可被看做是知识产权所能带来的额外收益。从理论上讲,这种方法以通过使用有形资产而产生的未来经济利润为基础,但它很难针对有形资产的其他用途进行调整。

第四,许可使用费替代法,指的是购买者为了一项相似的知识产权使用许可,能出多少钱,或者愿意出多少钱。将连续的许可费换算成资本,反映对这项资产进行投资的风险和利润之间的关系。

收益法以现值(Present Value)考虑知识产权将来的期望收入,是目前最广泛使用的评价方式。一般而言,收益法必须考虑的参数包括以下几点:(1) 由知识产权所衍生的未来收入,必须从公认的收入中,将无关此知识产权收入剔除;(2) 可获得收入的持续时间,即此知识产权可为所有人带来收入的时间;(3) 实现此收入所

---

① 김인식・김종민:문화컨텐츠가치평가모형개발을위한연구,"A Study on the Exploratory Analysis of Culture Content Valuation",『한국세무회계학회지』,한국세무회계학회,2001, p194. (Kim In-Sik, Kim Jong-min:《为文化内容价值评估模型开发的研究》,《韩国税务会计学会志》,2001 年第 28 卷,第 194 页。整理文章内容制表。

伴随风险。利用上述三项参数即可把知识产权的价值计算出来，然后再以现金流量折现法换算为现值。此外，收益法的计算方式又可再进一步细分为以下两种方法。

第一，直接计算法，系指知识产权能够直接地创造增益价格或节省成本，或是两者兼具，得以利用创造的现金流量来评估知识产权的价值。

第二，间接计算法，指间接由拥有此知识产权可节省的权利金，以此估算知识产权的价值。间接计算法利润比预期金额多。因经济利益来自所有资产的整合，故将文化企业的总资产扣除财务资产、有形资产与无形资产后的余额，间接地估算知识产权价值。

2.1.4　传统评估方法的优劣分析

针对上述三种评估方法，可做以下分析：

第一，关于成本法，优点在于简单易算，只需将所有固定人力成本、设备成本与管理费用成本纳入，即可简单算出此项无形资产的价值，或可说是无形资产的成本。缺点是无法将市场及竞争环境等因素纳入考虑，不够客观，仅为单方面参考定价。

第二，关于市场法，优点在于针对知识产权等无形资产的影响因素作全面性的考虑，从而趋近实际的市价，市场法的缺点在于若评估对象属新技术或新领域，则无可参酌的先前市场行情，故不易实行。因此，一般认为市场法的适用时机是在有效率的市场，市场有相类似权利金支付的参照，换言之，市场上须有足够定价信息（Market-derived Empirical Pricing Data）可供参酌。市场法在美国使用最多，成为企业知识产权价值评估中的优选方案。

第三，收益法优点在于将知识产权等无形资产所产生的有形收益直接量化，在专利作价投资和让与价格时有具体的评估标准，是目前业界较常使用的方法。但在遇到跨国经营的情况时，容易发生产品在甲地制造、乙地销售，却用到丙地总公司的知识产权，在计算收益时，会发生相关费用分摊至各国利润的困扰，影响到个别知识产权的评价结果。

综上所述，在传统评估方法中，成本法引用有形资产之成本评估概念，可较为轻易求得无形资产的市场价值，是最为单纯，且最容易进行估价的方法，被广为采用。然而，有些学者如 Gordon V.

Smith 与 Russell L. Parr 等则认为收益法才是最值得信赖的方法,因成本法无法完全表现出知识产权的实际价值,而在一个知识产权交易不活跃的市场下,市场法并不实用,因此利用授权契约取得的权利金加以折算现值的方法,才是普遍适用的方法。

2.2 现代评估方法

2.2.1 评等法

评等法,又称"科技因素法",英文为 Technology Factor。评等法是由美国陶氏化学公司(Dow Chemical)提出,最初仅为企业内部使用。评等法的概念在于进行知识产权(尤指专利而言)或技术资产的价值评估时,可参考竞争者的市价,但因技术特性没有办法取得可比较的清算价值或替换成本,必须把知识产权、竞争性知识产权及市场状况综合分析,将关键影响因素排序成一矩阵,再把两者结合,来作为计算权利金或收益的基础。

评等法可从企业国际化能力、领先能力、成长趋势,或者产品市场占有率、权利延伸潜力等各种外在因素加以计分。评等法的系统性有助于向投资人或股东说明该知识产权的价值,企业也可藉由评等结果对内部未来的研发作重点决策与管理,增加所拥有知识产权的未来价值及减少风险。

2.2.2 现金流量折现法

现金流量折现法,英文称为 Discounted Cash Flow Method,亦简称为 DCF Method。现金流量折现法的概念是考虑现金支付期间与到期即付的风险,把未来现金换算成现在的价值,换言之,现金流折现法是以合理的折现率将未来值换算成现值。现金流量法会预测未来所有的现金流量,再依据资产成本、投资、风险及配置,来评估未来的投资报酬率,超过的价值则按比例分配给买方及卖方,本法是收益法的进一步改良。

2.2.3 权利金节省法

权利金节省法,英文称为 Relief from Royalty Payment,本法由 Labrum & Frank 于 1991 年提出,概念是将拥有知识产权后所节省的权利金支出作为价值,又称作"间接收益法"。权利金节省法的内涵来自收益法,但采取间接方法来估价。

2.2.4 经验法

经验法则,英文称为 Rule of Thumb,是从现象中提取有效的简化方法,是由错误中发现问题与解决问题的方法,虽不精确,但可作为指导方针,背后的基础在于众多的买方与卖方的协商之下,总会有理性、可支撑的原则。经验法则的特色是卖方可直接计算买方想要获得的利益,而将收益直接按比例分割(例如3∶7等)。举例而言,一项产品的销售利润是由技术、营销管理及其他因素决定,而技术的贡献度若占该产品销售利润的30%时,则当该产品最终结算的总销售利润为1000万元时,那么该技术的价值就相当于300万元。

2.2.5 拍卖法

拍卖法,英文称为 Auctions,借由公开喊价的交易机制的买卖机会,以有效地形成完善的产业标准。换言之,拍卖法是利用正在进行中而尚未完成的交易报价作为价值评估基础。拍卖法如同执行一般的有形商品拍卖,若执行良好,可达到设立该知识产权的市场价格及活络知识产权的流通的目的。但拍卖法使用较少,因为其适用时机只有两种情况:一是企业进行业务调整或技术更替迅速,将不需使用的过去的技术或专利拍卖求现;二是企业面临破产倒闭,不得已将自己的技术或知识产权拿出来拍卖。此外,知识产权拍卖,尤其是专利的拍卖,与一般有形商品之拍卖的最大不同在于:

第一,买方仅须理解拍卖的专利为何,不须负担注意义务,反而是卖方须设法将买方的注意义务降到最低,或协助买方执行注意义务,吸引投标人,在双方的拔河中,申请专利范围是否作回避设计、能否利用排他权来阻止竞争对手,是否为前瞻性专利等都是焦点。

第二,卖方必须采取强势的谈判立场,以吸引买方,要在投标众多的情况下才能彰显价值。

2.2.6 期权法

期权法,英文称为 Option,概念来自"衍生性金融商品",原来期权执行的主要标的是股票、外汇、债券等金融资产,通称为财务期权(Financial Option)。意义在于:提供给持有人一种权利,在到期日时以事先约定好的价格买或卖一定数量标的资产。但此种选择不是义务,持有者可放弃该权利选择不履约买进或卖出行为,损失的只有一笔权利金,故有"下方风险有限,上方获利无穷"的特性。

就一般股票选择权而言,购买一看涨期权(Call Option)指日后可在一特定时间、用一定执行价格(Executive Price)取得某种股票之权利。而该看涨期权只有在特定时间、该股票之市价大于执行价时,理性的期权持有人才会执行此期权,反之则放弃执行之权利。换言之,将该股票期权用于购买或授权一项知识产权时,是在取得权利,这项权利是可让公司在特定时间内投入资金研发、生产或销售而获利的权利。也就是说,只有当该商品能在确保开发成功或是公司获利的情况之下,才会继续执行权利。

影响期权价值的因素有标的物价格、履约价格、期限长短、无风险利率与标的物价格的变动率等。因此,若一知识产权所衍生出的商品价格波动性大且价格昂贵,或是履约价格低、授权期间风险利率高,则此买权的价值相对高。

2.2.7 现代评估方法之优劣分析

针对上述六个现代评估方法,可做以下分析:

第一,关于评等法,优点在于该法有过滤潜在风险的机制,因为无论是它的计分系统、等级、或是加权的因素、决策,都经由专家系统性分析,进行过程中往往有公开测试、追踪,故评等法的评定结果有极高的可信度。评等法的缺点在于主观之等级决定与量化可能会有误导之嫌,且加权手段可能会模糊资产弱项。

第二,关于现金流量折现法,优点在于其精确性与关联性,可培养知识产权权利人对价值及风险的敏感度,若更深一层分析收入与现金流量表中的成分,则更能体现经验法则的数据合理性。其缺点在采用本法的计算过程中,对如何选择及分析各项经济指标与参数,如获利率、风险系数、景气循环、市场相关技术等,若未经专家指导审慎评估选取,恐难评估出该知识产权的真正价值。

第三,关于权利金节省法,因源于收益法,故优点及缺点同前述收益法,此处不再赘述。

第四,关于经验法,优点在直观性强、有逻辑性、简单性及普遍性,执行容易。缺点在利用经验法则来评估知识产权的价值时,无法针对各种不同产业或技术来比较其差异性与风险性,如产品的实施风险、投入与产出风险、市场风险、专利维护的风险等,或是对于技术上的区分无法进行客观比较。换言之,本法缺点是无法为知识产权的价值评估提供较客观的标准。

第五,关于拍卖法,优点在于容易引起竞价效应,若权利人所要拍卖的知识产权等无形资产确属为市场所认同,则有望获得理想的价格。缺点是对于投资人而言,可能发生因市场预期过高以至于过度竞标,而付出较高代价取得所需资产的情况。

第六,关于选择权法,优点在于符合商业行为中"决策之易变性",赋予企业决策者较大的弹性选择空间,因选择权法的评估模式是从市场经济面来作观察与统计,再得出知识产权的合理价格。缺点在于无法区隔出同一类专利间所存在的技术差异,评估结果无法反映同类专利的差异性。

第七,多元回归法,一个变量往往受多个变量的影响,多元回归法便是将多变量表现在模型中。多元回归的基本模型如下:

设所研究的对象为 Y 受多因素 x_1, x_2, x_3……影响,假定各个影响因素与 Y 的关系是线性的,则可建立多元线性回归模型:

$$Y = \beta + \beta_1 x_1 + B_2 x_2 + \cdots\cdots \beta_k x_k + \varepsilon$$

x_1, x_2, x_k 代表影响因素,通常是可以控制或预先给定的,被称为解释变量和自变量;ε 代表随机干扰因素对 y 的影响总和,被称为随机误差项;y 为研究对象,即预测目标,被称为解释变量或因变量。

第八,层次分析法(The Analytic Hierachy Process,AHP)是由运筹学家 T. L. Saaty 提出的一种将定性和定量结合的系统评价分析法,是用于结构复杂、相关因素高度关联、缺乏必要数据却要作决策的情况。层次分析法根据因素间的相关性和隶属关系,构成多层次的系统结构。

第九,德尔菲法,又称专家调查法,采匿名发表方式,向专家征询意见,专家间不能互相讨论,再经过反复征询、归纳、修改,汇总成一致看法,具有广泛的代表性,较为可靠。德尔菲法的缺点在于取样,也就是"专家"划分的标准可能因地、因时而异,且反复征询拉低了工作效率。

以上所述知识产权的价值评估方法重点整理如下(见表5-2-4),仅就常见及常用的方法予以列示,而实际上存在的评估方式应不仅限于此。无论采用何种评估方法,都要定期再评估该知识产权资产是否还确实存在并时时关注其现行市价、剩余寿命、权利金率变动及移转价格等最新状态,确保不与现状脱节。

表 5-2-4　各评价方法比较表

方法		价值取向	优点与缺点
传统评估方法	成本法	以产业链上游的知识财产"生产"或"产生"为价值	优:简单易算 缺:无法将市场及竞争环境等因素纳入
	市场法	以"行情"市价为价值 商业价值 技术价值 知识产权价值 市场价值	优:全面考虑 缺:若评估对象属新技术或新领域则不易施行
	收益法	以现值(Present Value)考虑未来之期望收入的价值	优:有形收益直接量化纳入 缺:遇公司为跨国经营的情况则不易施行
现代评估方法	评等法	以知识产权和竞争性知识产权及其市场状况为价值	优:过滤潜在风险的机制 缺:量化可能会有误导之嫌,且加权手段可能会模糊掉资产弱项问题
	现金流量折现法	未来的现金换算成现在的价值	优:精确性与关联性 缺:若未经专家指导审慎评估选取,恐难以评估出该知识产权之真正价值
	权利金节省法	为拥有知识产权后所节省的权利金支出即视为其价值	优:有形收益直接量化纳入 缺:遇公司为跨国经营的情况则不易施行
	经验法则	从现象中萃取有效的简化方法,并换算价值	优:简单性以及普遍性 缺:无法针对各种不同产业或技术来比较其差异性与风险性

(续表)

方法		价值取向	优点与缺点
现代评估方法	拍卖法	以尚未完成之交易报价作为价值评估基础	优:可望获得理想的价格 缺:市场预期过高以至于过度竞标
	选择权法	选择后所获得的利益	优:符合商业行为中"决策之易变性" 缺:无法反映同类专利的差异性
	多元回归法	综合多变量,预测结果	优:综合文化产品的定性因素,客观 缺:数据收集困难
	层次分析法	因素进行层次化分析	优:定性与定量分析
	德尔菲法(专家调查法)	多次反复调查专家意见	优:专业客观 缺:取样问题、效率低

3 文化产业无形资产评估的方法适用

3.1 国际上文化产业无形资产评估方法适用

各国使用文化产业无形资产的评估方法多为传统成本法、市场法、收益法,依文化产业无形资产标的的类型,适用方式也不同(见表 5-3-1)。

表 5-3-1 不同标的之评估方法建议[①]

无形资产类别	最佳评价方法	次佳评价方法	不适合的评价方法
专利与专门技术	收益法	市场法	成本法
商标与品牌	收益法	市场法	成本法
著作权	收益法	市场法	成本法

---

① 评估专利、商标、著作权以收益法为佳,次为市场法,不建议使用成本法。

(续表)

无形资产类别	最佳评价方法	次佳评价方法	不适合的评价方法
产品软件	收益法	市场法	成本法
通路、人力、内控程序	成本法	收益法	市场法
管理信息系统	成本法	市场法	收益法
顾客关系	收益法	成本法	市场法
特许权	收益法	市场法	成本法
商誉	市场(剩余)法	收益法	无

资料来源：Valuation of IP and IA-G. V. Smith&R. L. Parr；D&T，2005年。

3.2 韩国文化产业无形资产评估方法适用

在韩国公布文化产业成为21世纪经济发展的主力后，文化产业无形资产的价值评估多从政府补贴和民间投资的角度出发。当前韩国政府的价值评估融合经济价值和非经济价值的理论，例如上一章所提到的学者高晟壹的文化产业技术价值评估框架兼顾收益性和技术扩散，这两种属性分别代表经济价值和公共价值。2011年，韩国企业财务会计停止使用K-GAAP标准，上市企业全面采用结合韩国国情的国际标准K-IFRS[①]。此财务报告标准的变化对无形资产评估方式的使用影响较大（见表5-3-2）。可以看出，韩国国家无形资产分成五大类[②]：有关营销的无形资产，有关客户的无形资产，有关艺术的无形资产，基于契约的无形资产，基于技术的无形资产。方法上采成本法、市场法、收益法前面已说明，此处不再赘述。

---

① Ro Hyeong Sik：《경제기사야놀자——올해부터적용되는국제회계기준（IFRS）이뭔가요(什么是今年开始适用的国际会计标准)》，《조선일보(朝鲜日报)》2011年5月6日，第B10页。

② Oh Yong Jin，Kim En Hye：《IFRS 도입에따른사업결합과정의무형자산평가사례를통한이익변동성검토：국내통신기업을중심으로(透过事业结合过程中无形资产评估事例来看IFRS 导入带来的利益变动：以国内通信企业为中心)》，《국제회계연구(国际会计研究)》2010年第32期，第189页。

表 5-3-2　K-IFRS 标准对无形资产种类表述①

名称	K-IFRS
具体种类	A. 根据《国际会计标准》第 1038 号:品牌名称,题号及出版标题,计算机软件,执照和经销权,著作权,专利权,其他产业财产权,用役运营权,技法、方式、模型、设计及试制品,在开发中的无形资产
具体种类	B. 根据《国际会计标准》1103 号:登录商标,商户名,服务标志,团体标志及认证标志,交易标志(独特的颜色、模样或包装设计),报纸题号,网址名,非竞争协议,客户名单,订单余额,生产余额,客户契约及有关客户关系,非契约客户关系,执照,版权费及不可侵约定,广告、建设、经营、用役或供给契约,租赁约定,建筑许可,经销权协议,运营权及放送权,管理用役契约,雇佣契约,有关试掘、水、伐木及路线的使用权利,专利技术,计算机软件和屏蔽作品(Mask Work),包含相关记录簿的数据库,秘密公式、工程及调理法等交易上的机密,其他有关艺术的无形资产

3.3　我国台湾地区文化产业无形资产评估方法适用

一般而言,台湾地区文化产业无形资产鉴价时机,可分为七种,每种运用时机评估目的都不同(详见表 5-3-3)②。

表 5-3-3　鉴价目的与时机

运用时机	运用目的
交易	授权谈判权利金计算 定义技术交易参考价格
作价入股	作为公司资本之知识产权估算依据
诉讼纠纷	假扣押金额计算 侵权赔偿估算
企业并购	知识产权价值估算
评价/资产重估	知识产权价值重估
策略管理	知识产权稽核
担保融资	担保品估算

资料来源:"经济主管机构工业局台湾技术交易市场整合服务中心",2005 年,第 8 页。

---

① Oh Yong Jin, Kim En Hye:《IFRS 도입에따른사업결합과정의무형자산평가사례를통한이익변동성검토:국내통신기업을중심으로(透过事业结合过程中无形资产评估事例来看 IFRS 导入带来的利益变动:以国内通信企业为中心)》,《국제회계연구(国际会计研究)》2010 年第 32 期,第 189 页。

② 刘怀德:《金融机构办理知识产权融资现况与未来发展》,台湾大学 2004 年硕士学位论文,第 46 页。

台湾地区有关条例明确规定了知识产权作为企业无形资产评估时应采取的流程。台湾地区无形资产评估流程分为七个步骤（见图5-3-1）：第一步，定义与厘清欲鉴价之无形资产；第二步，叙明鉴价之目的，及决定所选用之评价基础（Basis of Valuation）；第三步，选择评价方法（Methodology of Valuation）；第四步，搜集信息；第五步，进行鉴价之计算；第六步，验证鉴价计算结果与决定鉴价之价格；第七步，制作评价报告书。

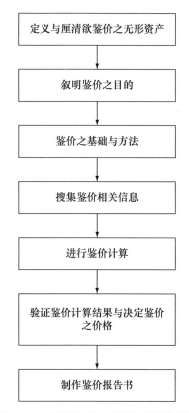

图 5-3-1　台湾地区无形资产评估流程图
资料来源：经济主管机构中小企业处"2004年度中小企业法规调适项目研究计划"，中小企业无形资产融资担保规范之项目研究，期中报告。

台湾地区《商业会计处理准则》第19条已将无形资产之科目分类、评价作了规定，整理如表（5-3-4）。评价方式不外乎从实耗成本、当期费用和合理经济效益来估计；对于无法合理估计之无形资产,应定期评估①。

表 5-3-4　台湾地区文化产业无形资产核算准则

类型	评价方式
商标权	按未摊销成本为之
专利权	按未摊销成本为之
著作权	按未摊销成本为之
计算机软件	对于购买或开发以供出售、出租或以其他方式营销之电脑软件,其评价,按未摊销之购入成本或自建立技术可行性至完成产品母版所发生之成本为之。但在建立技术可行性以前所发生之成本,应作为研究发展费用
商誉	其减损测试应每年为之,已认列之商誉减损损失不得回转
自行发展之无形资产	自行发展之无形资产,其属不能明确辨认者,不得列记为资产
研究支出与发展支出	除受委托研究,其成本依契约可全数收回者外,须于发生当期以费用列账
	发展支出符合相关条件者②,得予资本化;资本化之金额,不得超过预计未来可回收净收益之现值,即未来预期之收入减除再发生之研究发展费用、生产成本及销售管理费用后之现值

---

① 购入之商誉、商标权、专利权、著作权、特许权及其他等无形资产,应以实际成本为取得成本。无形资产以自行发展取得者,仅得以申请登记之成本作为取得成本,其发生之研究支出及发展支出,应作为当期费用。但当局主管机关另有规定者,不在此限。无形资产之经济效益期限可合理估计者,应按照效益存续期限摊销;商誉及其他经济效益期限无法合理估计之无形资产,应定期评估其价值,如有减损,损失应予认列。商业创业期间发生之费用,应作为当期费用。前项所称创业期间,指商业自开始筹备至所计划之主要营业活动开始且产生重要收入前所涵盖之期间。详见《台湾地区商业会计》相关条例第 50 条。

② (一)完成该无形资产已达技术可行性。(二)商业意图完成该无形资产,并加以使用或出售。(三)商业有能力使用或出售该无形资产。(四)无形资产本身或其产出,已有明确市场;该无形资产系供内部使用者,应已具有用性。(五)商业具充足之技术、财务及其他资源,以完成此项发展计划并使用或出售该无形资产。(六)于发展期间归属于无形资产之支出,能可靠衡量。无形资产,应注明评价基础;其经济效益期限可合理估计者,应于效用存续期限内,以合理而有系统之方法分期摊销;其摊销期限及计算方法,应予注明。无明确经济效益期限之无形资产,不得摊销。

3.4 我国文化产业无形资产评估方法

我国的文化产业无形资产评估采成本法、市场法、收益法。张静静以"企业活动"分析方法的适用性[①]。因知识产权价值受企业管理决策影响大,如战略联盟、知识产权贸易等,在使用现金流折现法对文化企业进行评估时,可扩展收益现值,思路是将知识产权的动态现金流折现值计作静态现金流折现值与主动管理的期权价值之和,如此可充分反映知识产权的收益特性,并将知识产权的主观管理价值透过期权方法予以动态体现。

文化产业无形资产评估必须以文化企业的营利模式为基础,了解文化企业运作无形资产的方法,才能适切地将评估法运用于实际。不同类型的文化产品,评估侧重点不同(见表 5-3-5)。一般来说,传统的三种评估法在出版企业皆可使用,影视企业在使用成本法时可参见《电影企业会计核算办法》,但这仅符合会计学上的账面价值,但无法体现市场价值,尤其是版权使用产生的利润。此外,采取收益法时需将评估人所具备专业知识和风险对折现率的影响纳入考虑;演艺企业部分,市场法因案例过少,不宜使用;动漫企业部分,市场法需分析作品的创意性、艺术性、技术能力,而收益法需考虑市占率。

表 5-3-5　我国文化企业无形资产评估方法

	出版企业	影视企业	演艺企业	动漫企业
权利	版权 商标权	版权 衍生品开发权		
成本法	1. 销售、滞销状况 2. 定价与变现率 3. 合同 4. 风险 5. 版权状况 6. 目的、发行前景	1. 存货价值评估 2. 外购剧本	1. 音乐著作权价值 2. 音乐创作成本 3. 外购版权成本 4. 市场评估成本 5. 税务成本 6. 营销成本[②]	

---

① 张静静:《文化创意产业的知识产权价值评估研究》,经济科学出版社 2011 年版。

② 营销成本对数字音乐尤其重要,如广告、宣传、展览等。

（续表）

	出版企业	影视企业	演艺企业	动漫企业
收益法	1. 现金流折现法 2. 编、印、发、供 3. 资本结构 4. 营运状况 5. 历史业绩 6. 发展前景 7. 区域经济	1. 收益预测 2. 企业制作能力：企业品牌、资金规模、剧本储备、签约艺人、管理人员 3. 销售能力：宏观经济环境、行业发展趋势、院线放映能力、电视台资源、信息网络平台 4. 消费者研究 5. 资金跨期现象① 6. 风险评估：政策、盗版、经济周期、市场竞争、人才管理、收入波动等	1. 营利模式：产业链研究 2. 收益来源：单曲销售模式、增值服务模式、终端设备预置模式②、免费模式 3. 收益预测 4. 收益期确定：音乐质量、播放期权	1. 播放权收益 2. 图书音像发行收入 3. 市场：国内、海外 4. 效益期权确定 5. 折现率
市场法	1. 上市公司比较法 2. 出版物种类 3. 企业资产规模 4. 销售区域 5. 价值比率：市净率、市盈率 6. 公司能力：营利能力、营运能力、偿债能力、成长能力	1. 市盈率(PE) 2. 市净率(PB) 3. 市销率(PS) 4. 制作能力 5. 资金规模 6. 人才储备 7. 剧本量 8. 拍片数		1. 可比产品：营利能力、增长属性、风险、文化、区域经济、消费趋势 2. 价值比率 3. 调整可比产品与评估产品之差异

---

① 拍摄到实现收入需要一年以上的周期，导致存货与应收账款周转慢。
② 在MP3等播放终端预放歌曲。

第六章 文化产业无形资产的交易模式

文化产业无形资产的交易模式主要有六种,分别为基金化交易、信贷化交易、证券化(份额化)交易、期货化交易、众筹化交易、物权化交易。本章将详述各种交易模式之内涵、交易方式以及交易现况。

1 基金化交易模式

1.1 定义与类型

1.1.1 定义

文化产业无形资产的基金化交易体现在艺术作品中,可理解为艺术品基金化,指将众多投资者的基金集中并通过艺术品投资组合,尽可能控制风险,增加收益。

1.1.2 基金化交易模式类型

艺术品基金模式分为三种,即投资型艺术基金、融资型艺术基金、复合型艺术基金。

1. 投资型艺术基金。

即通过信托、银行理财或私募计划募集资金后,由投资顾问提出建议,根据合同约定,直接投资于艺术品且产品的还款来自于出售投资的艺术品,产品以浮动收益为主。一般艺术品私募基金以投资型为主。

2. 融资型艺术基金。

即通过信托、银行理财或私募计划募集资金后,由投资顾问提出建议,根据合同约定,投资艺术品或艺术品权益,而信托产品的还款来源是该信托计划合作方的回购款,产品以固定收益为主。融资型艺术基金类似于"艺术银行",艺术银行分为两种。第一种以银行为主体,将艺术品作为投资理财的工具,即前述的融资型艺术基金;第二种为以政府为主体的艺术银行,以艺术价值为前提,通过租借作品的方式,此部分会在 6.5 艺术银行模式详述。

融资型产品还有如下特点:(1) 抵质押担保措施相对较为充分,除艺术品质押外还有房产或土地的抵押,且抵押率较低;(2) 投资期限较短(一般为 2 年内);(3) 实际用途非艺术品,如购买 A 公司所持有的艺术品的权益,到期后由 A 公司回购,实际用途为补充 A 公司的流动资金(或是支持 A 公司的文化产业投资等);(4) 融资产品的规模一般较大[①]。举例而言,中信信托发行的中信钰道翡翠投资基金集合资金信托系列,其投资顾问东方金钰有限公司可能是其产品的主要退出渠道,信托资金所买来的翡翠原石等,可能作为东方金钰有限公司的生产原料,由东方金钰有限公司购入,且发行规模较大。

3. 复合型艺术基金。

具前述两类的特征,即产品资金投资于艺术品,退出渠道是通过出售艺术品,但投资顾问或其他合作机构也承诺回购,且为保证回购行为的切实履行,也提供一定的抵质押物或其他担保措施,但抵质押担保措施并不充足。产品收益以浮动收益为主。复合型汲取了投资型和融资型的优点,而复合型产品接受度也越来越大。艺术品信托中如中信信托的龙藏 1 号、长安信托的艺术品投资基金集合资金信托计划等均归类为复合型艺术品信托。另外,民生银行的"非凡理财—艺术品投资计划"1 号产品也属于该类复合型产品。

1.2 基金化交易发展背景

艺术品基金交易之发展可追溯至英国铁路养老基金会(British Rail Pensions Fund)。1970 年年中,英国铁路养老基金会将每年可支配的 5% 流动资金(约 5000 万英镑)投资于艺术品。构想来自统计学专家列文(Lewin),他根据英国 20 世纪上半叶的通膨发展与艺术品市场的交易情况的数据,建议英国铁路养老基金会拨出 3% 的流动基金,以 25 年为期,进行艺术品投资,属投资型艺术基金。

---

① 傅瑜、傅乐:《我国艺术品调查研究》,《上海金融》2012 年第 6 期。

英国养老基金会的艺术投资组织坚持三位一体原则,经营团队、投资专家、基金会运作投资。由经营团队和专家针对收购作品、价格进行详尽的研究。从1971年开始,基金会先后收购2400件各类作品,投资额达4000万英镑。基金会直接委托各大贸易商购买,不通过艺术品拍卖公司(佳士得或苏富比)。1989年春季,该基金会所持有的希伯来版古老《圣经》拍出破200万英镑的高价,其后的中国唐三彩、古罗马玻璃油灯更是拍出415万英镑、260万英镑的价格。

中国最早进入国内艺术品基金领域的是私募基金和银行理财产品。2007年民生银行首次发行"艺术品投资计划1号",正式宣告艺术品基金的诞生。此后,多家信托公司开始成立艺术品基金。艺术品基金以银行、信托、私募基金为主流,但从目前情况来看,80%以上都是以信托产品的形式推出①。

1.3 基金化交易方式与现况

艺术品基金交易的认购存续期为5年,最少认购一份,每份额度100万元,机构300万元,在基本存续期内,信托享有人的本息,即被担保三年期基准利率基本回报+3.75%的优先回报+超额部分30%分成的超额回报权益②。另外,艺术品基金透过强制性的回购条款实现清算。

艺术品基金的盈利模式有两种,分别是投资收益获得型和融资收益获得型。就目前国际性艺术投资基金会而言,以美国艺术基金(American Art Fund)和中国投资基金(China Investment Fund)为主力,基金会以10年一期的方式每年向投资人收取总投资额2%的费用,如年收入超过6%,再从超额利润获取20%的分红③。目前,艺术基金的发展还处于起步阶段,以"募资"为重点,停留在"预期层面",基金运用的实践较少。

---

① 傅瑜、傅乐:《我国艺术品调查研究》,《上海金融》2012年第6期。
② 万涛、马春园:《艺术品金融化潮涌,龙藏1号试探冲基金化操作》,《21世纪经济报》2011年8月19日。
③ 马健:《一个基金投资艺术的神话——从英国铁路养老基金会看当代艺术投资基金》,《中外文化交流》2008年第1期,第24页。

1.4 基金化交易问题

目前国内艺术品基金投资存在三大问题,即鉴定问题、评估问题和保管问题。首先,关于鉴定问题,没有权威的艺术品鉴定评估机构,专家一般以个人身份参加鉴定。其次是评估问题,目前国内没有权威的评估机构,一般只用过往的拍卖纪录参考评估,即使是同一艺术家不同时期的作品,价差也会在几倍甚至几十倍,所以一味参考过往历史拍卖纪录意义不大。最后是保管问题。国内权威的保管机构是国营的博物馆和美术馆(多为国营事业单位),非营利性的机构性质使这些机构一般不愿意接受被保管品。银行的保险箱是较好的保管场所,但是银行保险箱并不保湿、保温,且大小受限,不适合艺术品保管。目前艺术品基金的保管场所为民营美术馆或博物馆,这些保管地点的硬件设施较好,也可投保财产险,但潜在风险高。由于上述问题,目前我国艺术品基金很难标准化和金融化,国内真正投资型艺术品基金较少。

2 众筹化交易模式

2.1 众筹化定义

众筹(Crowdfunding),即大众筹资或群众筹资。莫里克(Mollick)对众筹给出的定义是"融资者借助于互联网上的融资平台,为其项目向广泛的投资者融资,每位投资者通过少量的投资金额从融资者那里获得实物(例如预计产出的产品)或股权回报(而当前国内股权回报是违法行为)"[1]。众筹起先是一种融资方式,在西方相当一部分众筹活动中,投资者不仅为项目进行融资,还可以积极参与项目实施。众筹在中国成为对开发阶段产品的以团购或预购为主的融资方式。当前,众筹是附带投资目的的购买行为,参与者的目标往往是多重的。新兴生产主体常通过众筹获

---

[1] 肖本华:《美国众筹融资模式的发展及其对我国的启示》,《南方金融》2013年第1期,第52—56页。

得外部资源,如此既可以在技术和管理上获得帮助,同时还能使产品更好地适应市场的需要。

2.2 众筹化发展背景

国际金融危机平息后,美国国内资金不充足加上金融监管力度的加强,美国中小企业,特别是新生企业融资越来越困难。为解决资金问题,美国市场急需新的融资方式。与个性化、定制化文化趋势接轨,以创造知识产权为主的新生企业开始运用营销费用低廉的网络方式聚集资源并进行宣传,增加生产者—消费者间的互动。众筹平台较早的成功案例有美国网站kickstarter[1]。目前,全球众筹市场正在高速发展。根据Massolution公司的研究报告,2007年全球不足100个众筹融资平台,到2012年上半年则有450多个;2009年全球众筹融资额仅5.3亿美元,2011年则快速上升至15亿美元[2]。在中国,号称"中国kickstarter"的"点名时间"在2011年7月上线,成为上线最早的中文众筹平台。随后,众筹网、品秀、中国梦网等众筹平台相继问世。这些众筹平台为出版业、影视业等文化产业融资带来了新的曙光[3]。

2.3 众筹化交易方式

一项众筹由发起人、支持者和众筹平台三个主体构成。发起人一般是拥有创意点子但缺乏资金、经营能力和销售经验的人。支持人由对发起人的故事和回报感兴趣的大众组成。众筹平台在发起人和支持人之间扮演中介角色,提供网络平台服务。以下是以Kickstarter为例的众筹业务流程(详见图6-2-1)。

---

[1] 肖本华:《美国众筹融资模式的发展及其对我国的启示》,《南方金融》2013年第1期,第52—56页。
[2] 同上。
[3] 谢蔺地:《"众筹出版"带来出版业新曙光》,《深圳商报》2013年10月18日第C01版。

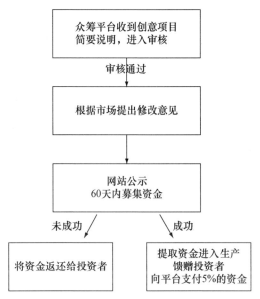

图 6-2-1　Kickstarter 业务流程示意图

众筹融资平台在收到创意项目简要说明后,平台工作人员会按照指南对项目是否适合该平台进行评估。如果项目通过评估,众筹平台将要求项目发起人进一步完善项目介绍以适应市场需求。发起人完成修改后,该项目在 Kickstarter 网站上向众多潜在投资者展示并募集资金,募集期限不得超过规定天数(Kickstarter 一般规定为 60 天)。若在规定期限内完成募集目标,融资者可以提取资金,但需要通过 Amazon 支付系统向 Kickstarter 支付手续费。投资者在项目实施后,可从发起人那里获得 T 恤衫、明信片、CD 等产品馈赠。若没有按期完成融资目标,融资者不仅无法提取资金,还必须返还给投资者。由于众筹在中国目前没有以获得股权作为回报的形式,众筹在本质上属于一种文化产品实现经济价值的交易,此种模式承诺只要一定人员支付足够的费用,创作者就同意提供内容产品,扭转了版权生成后制作方须投入大量资金用于营销环节并艰辛地进行版权保护的局面,有效克服了文化产业中搭便车的现象①。

2.4 众筹化交易现况与问题

ArtistShare 作为全球首个专门从事音乐产业的众筹网站,拥有格莱美奖(Grammy Awards)6 次获奖和 18 次提名记录。可以说,良好的众筹平台对文化产业从业人员的创业孵化和充实创意内容等业务环节影响深远。目前,中国拥有多个品质与数量兼有保证的众筹平台。与邻国韩国相比,中国国内的众筹平台已成熟。其中,一些规模较大的众筹网站,如中国梦网,专门设有影视和设计等项目专栏,为文化产业的发展起到较大的推动作用。动画电影《大鱼·海棠》在一个半月内通过众筹融资达 158 万元②。当然,目前专门为文化产业建立的众筹网站——如支持音乐项目的乐童音乐、虾米网——仍处在发展阶段,亟待政府、社会的关注和资源的合理投入。

为了通过众筹让更多小企业、艺术家或个人对公众展示他们的创意,争取大家的关注和支持,众筹融资平台亟待解决下列问题:

第一,众筹监督的规范化。

法律上须建立标准,明确区分众筹与"非法集资"的界限,对稳定、健康发展的众筹平台应予以更大的发展空间。目前,国内众筹市场缺乏成型的监管规范③,国内众筹资金的运营主要靠运营者的自觉与良心,缺少公共部门的监督和资金合理使用的行业标准。保证众筹的诚信度,是众筹有效支持中小文化企业起步发展的前提。政府和学界需要在设计出合理的规范来保持众筹低门槛、多样性、注重创意的优势的同时,监督众筹资金的使用,防止众筹资金的肆意滥用。

第二,文化产业众筹的多样化。

与美国相比,中国从众筹融资平台获得帮助的文化产业项目主

---

① 肖本华:《美国众筹融资模式的发展及其对我国的启示》,《南方金融》2013 年第 1 期,第 52—56 页。
② 李云帆:《"众筹"落地中国法律风险待解》,《中华工商时报》2013 年 9 月 11 日第 5 版。
③ 同上。

要集中在微电影和音乐领域,众筹融资模式支持者的参与方式也趋于单一,发起方难以从融资平台上获得专业管理、经营经验上的帮助。而且,通过众筹获得相关股权被视为非法集资。由此可见,众筹融资模式在行业的多样化和参与目的的多样化上困难重重。

第三,众筹观念的普及化。

众筹是生产方和消费者双方互惠的交易模式,被誉为互联网金融的第三波热潮①。众筹观念的普及化同时也是相互信赖、彼此诚信的商业文化的普及化。目前,国内众筹文化比较接近天使投资观念,作为交易模式的众筹尚未得到较好的普及。

哈尔·瓦里安(Hal Varian)认为,众筹非常适合那些运营知识产权的行业②。鉴于美国的成功经验,众筹可以连接文化产品的创作者和消费者,这意味着文化产品不再需要通过中介公司进入市场,这样文化项目的进入门槛更低,生产速度更快,更适应文化产业快速变化的趋势。因此,有关部门应以文化产业和金融产业可持续融合发展为核心,对众筹融资模式进行大力推广。

3 证券化交易模式

3.1 证券化定义

文化产业无形资产证券化模式又称份额化交易模式,应该遵循资产证券化的概念、本质和交易模式。证券化(Securitization)是通过创造一种金融工具,把其他金融资产组合起来,销售给投资者的一个过程。证券化是一种金融创新,是将传统金融资产重新组合起来,以满足企业多样化的融资需求。证券化是结构化融资(Structured Finance)的一种。被誉为"证券之父"的耶鲁大学教授弗兰克·法博齐(Frank J. Fabozzi)认为,"资产证券化可以被广泛地定义为一个过程,通过这个过程把具有共同特征的贷款、消费者分期付款合同、应

---

① 汤浔芳:《众筹兴起互联网金融第三波热潮》,《21世纪经济报道》2013年12月2日,第19页。
② 肖本华:《美国众筹融资模式的发展及其对我国的启示》,《南方金融》2013年1期,第52—56页。

收账款或其他不流动的资产包装成可以市场化的、具有投资特征的带息证券"。① 资产证券化的特征可以归纳为以下几点：第一，资产证券化的结果是提供了一系列的带息证券。第二，这种证券的偿付，是以特定资产或资产组合未来能够产生的现金流为基础的。只要能够在未来产生可预测现金流的资产，就能够实施证券化。第三，这种融资形式不经过商业银行，是一种直接融资②。

3.2　证券化发展背景

资产证券化(Asset Securitization)最早由美国投资银行家刘易斯·兰妮埃瑞(Lewis S. Ranieri)于1977年提出。③ 美国证券交易委员会将资产证券化定义为构造一种证券，"这种证券受到来自一组应收账款或其他金融资产构成的资产池所提供的现金流的支持，并通过特定条款确保规定时间内将现金流折现所有权。证券也可以是能够通过服务条款或者合适的分配程序给证券持有人提供收入的具有资产支持的证券"。中国文化产品证券化交易业务于上海起步，主要以艺术品为交易对象，自2009年开始，上海文化产权交易所已完成交易300宗。继之而起的深圳文化产权交易所、天津文化艺术品交易所，皆开始以证券化方式进行艺术品交易。

3.3　证券化交易方式

3.3.1　证券化交易步骤

资产证券化的流程，通常来说主要涉及以下九个步骤：第一步，发起人(Originator)明确将要实施证券化的资产，或将相似的资产包建成资产池；第二步，设立"特别目的载体(Special Purpose Vehicle, SPV)"，作为证券发行机构；第三步，发起人将资产或资产池转让给"特别目的载体"，这种转让必须构成"真实出售(True

---

① Anand K. Bhattaharya and Frank J. Fabozzi, Asset-Backed Securities, Frank J. Fabozzi Associates.
② 直接融资，是指储蓄者和借款者通过金融市场实现风险和收益的部分或全部匹配的融资过程。
③ Leon T. Kendall and Michael J. Fishman, *A Primer on Securitization*, Massachusetts, The MIT Press, p. 31.

Sale)"；第四步，发起人或者第三方对"特别目的载体"的资产或资产池进行"信用增级(Credit Enhancement)"；第五步，由中立的信用评级机构对"特别目的载体"拟发行的证券进行"信用评级"；第六步，"特别目的载体"以特定的资产或资产池为基础，发行证券；第七步，"特别目的载体"以证券发行收入为基础，向发起人支付资产转让的款项；第八步，由"特别目的载体"或其他机构作为服务商(Servicer)，对资产或资产池进行日常管理，获得资产或资产池产生的现金流收入；第九步，"特别目的载体"以上述现金流收入为基础，向持有证券的投资者还本付息(所有流程详见图 6-3-1)。

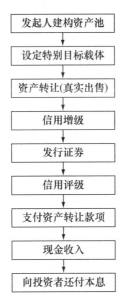

图 6-3-1　资产证券化流程图

3.3.2　交易参与者

"发起人"是证券化资产的持有人，为通过证券化获得融资，发起人需要确认证券化资产，并将证券化资产转移给"特别目的载体"。一旦转移行为构成了真实出售，该资产就从发起人的资产负债表中转出，该资产的信用状况同发起人的信用便不再具有任何联系。即使发起人破产，发起人的债权人也不能对该资产提出任何追索权。这种真实出售构成的风险隔离被称为破产隔离(Bankruptcy Remote)。由于发起人对证券化资产相当熟悉，因此发起人在资产证券化过程中还充当"服务商"的角色,即对证券化资产进行日常管理,以收取该资产在未来形成的现金流收入。发起人在履行服务商角色时,将获得一定的服务费收入作为报酬。

如果证券化资产是债权,那么该债权的"原始债权人(Obligator)"也是资产证券化流程的参与者之一。原始债务人应该按照债务合同的规定,按时向服务商还本付息。原始债务人偿还的金额将用来对证券投资人还本付息。

"特别目的载体"是资产证券化过程中最重要的参与者,一方面接受从发起人让渡的资产,另一方面以这些资产未来产生的现金流为基础发行带息证券。"特别目的载体"可以采取公司、信托或合伙的组织形式。当采取信托形式的时候,"特别目的载体"也是一个"受托人(Trustee)"。

在发行证券的过程中,"承销商(Underwriter)"的作用非常重要。承销商是证券发行和销售的专业机构,例如投资银行或证券公司,帮助"特别目的载体"在资本市场上发行证券,并按照募集的金额收取一定比例的服务费。

"投资者(Investor)"是证券的购买者,在资产证券化的过程中,事实上是投资者向发起人提供了资金融通。投资者包括机构投资者和个人投资者。机构投资者一般包括商业银行、保险公司、养老基金、对冲基金。

在资本市场上发行的证券,一般都需要专业的"信用评级机构"提供相应的信用评级。为了帮助投资者在选择资产组合时更准确地判断,信用评级机构本着独立和客观的原则,给出特定证券的信用评级。而证券的信用评级将决定证券的融资成本。信用评级越高,融资成本越低。为了降低融资成本,"特别目的载体"需要提高证券化资产的信用等级,需要进行信用增级。发起人自己采取的信用增级措施被称为"内部信用增级",而外部信用增级是由"信用增级机构"来实现的。信用增级机构包括商业银行和保险公司等机构。

3.4 文化产业无形资产证券化交易的现况与问题

3.4.1 天津文交所艺术品份额化交易案例

天津文交所将艺术品"份额化"是金融改革的创新实践,将艺术品标的物切割成若干份 1 元的等额单位,使用不限制参与人数、集合定价、T+0 式连续交易等交易模式。天津文交所所交易的《黄河咆哮》和《燕塞秋》作为第一批份额化交易,在市场上创造了连续暴涨的奇迹,两幅作品申购价格分别为 600 万元和 500 万元,拆分为 600 份份额和 500 份份额,并以 1 万元的份额价发行。前 15 个交易日,作品连续 10 天出现 15% 的涨停,作品市值达 1.03 亿元和 8535 万元①。

3.4.2 艺术品份额化模式之问题

天津文交所卷起国内"财富效应"的大浪,投资者蜂拥而入,各地争相模仿,相继出现的湖南文交所、汉唐交易所、成都文交所等机构,纷纷以"天津模式"份额化方式作为艺术品交易模式。份额化(证券化)交易方式衍生出很多问题。第一是法律问题,根据相关证券法规定,向不特定对象发行证券或向特定对象发行累计超过 200 人的情况,视为公开发行,必须特别规定所有权。份额化交易模式以"量大"为盈利基础,忽略份额化后的权益分配,并在二级市场完全开放,造成艺术品的权益持有人数远大于法定人数,涉嫌违法。因此,天津文交所在交易齐白石《花卉草虫》时被天津市文物局紧急叫停。第二是信息不对称问题,艺术市场有别于股票市场,行情不仅取决于投资者,更受制于历史环境、社会认知等因素的影响,在交易环节中,投资者和交易者存在信息不对称问题,使炒作空间、哄抬价格的可能性大增,令人质疑其公正性。第三是价格与价值间的相等性问题,目前,国内还没有艺术品鉴定的权威机构,艺术品的真伪与价值评估体制尚未健全。在缺乏第三方独立评估的情况下,艺术品价格缺乏严格把关,易造成"泡沫化"现象,并产生价值清算与价格剥离的情况。第四是退市机制问题,文交所虽已约定以收购形式退市,即在单个账户收购金额达 67% 时,便强制要约收购,该账户也有义务收购其他份额,但此种机制忽略了艺术品价格过高时的收购风险。为了免除风险,许多投资人都会刻意将占比控制在 67% 以下,间接导致交易的不良发展。文交所成了一个违背市场规律、恶意炒作艺术品价值的"黑机构",被业界

---

① 张锐:《文化产权交易所的野蛮生长与纠错矫偏》,《东北财经大学》2012 年第 4 期,第 65 页。

有识之士视为艺术市场的大毒瘤。

3.4.3 艺术品份额化模式之现况

2011年,《国务院关于清理整顿各类交易场所切实防范金融风险的决定》出台,规定任何交易场所"不得将任何权益拆分为均等份额公开发行;不得集中竞价、做市商交易"。此《决定》敲下了艺术品份额化交易模式的丧钟。2012年,由中宣部等5个部门出台了《加强文化产权交易和艺术品交易管理的意见》,加强了文化产权交易和艺术品交易的管理,提出"总量控制、合理布局、依法规范、健康有序"的文交所设立原则,要求新的文交所的成立必须由省级人民政府批准,但批准前还要征求文化部、广电总局、新闻出版总署(现国家新闻出版广电总局)的意见,并经中央文化体制改革工作领导小组办公室和清理整顿各类交易场所部际联席会议认可。目前,全国文交所的清理整顿工作基本完成,政府重点支持上海和深圳两地的文交所作为试点。

4 期货化交易模式

4.1 期货化定义

期货是与现货相对的概念,是正在生产或即将进入生产的存续于未来的商品。期货交易,是指采用公开的集中交易方式或者国务院期货监督管理机构批准的其他方式进行的以期货合约或者期权合约为交易标的的交易活动。根据《期货交易管理条例》规定,期货合约是指"期货交易场所统一制定的、规定在将来某一特定的时间和地点交割一定数量标的物的标准化合约。期货合约包括商品期货合约和金融期货合约及其他期货合约"①。

文化产品的期货化指文化产品成为期货合约的标的物。因此,文化产品期货交易指"在期货交易场所统一制定的、规定在将来某一特定的时间和地点交割一定单位数量文化产品的标准化合约"。文化产品的期货合约属于商品期货合约,而全球文化产品中最早被期货化的是艺术品。

---

① 根据《国务院关于修改〈期货交易管理条例〉的决定》,新修订的《期货交易管理条例》自2012年12月1日起施行。

因期货市场具有高风险高回报的特性,个人期货投资是最后几个能以小博大的领域之一。因此,在期货市场,参与者纷纷攘攘。当然,这并不意味着期货交易的意义只有投机,从根本上期货交易属于投资行为,也是一个风险管理工具[①]。恰当监督条件下的文化产品期货化交易,足以通过期货市场的价格发现功能和套期保值功能,给文化产业输入新血液。期货化交易模式不仅给不想收藏或永久占有文化产品的投资者敞开了投资渠道,而且还对文化产品的创作者予以基本的经济保障,保证了文化产业走向可持续的发展道路。

4.2 期货化发展背景

其实,艺术品作为期货化代表的历史并不长。印度投资者很早就认识到艺术品可以作投资产品,但长期以来一直缺乏信用体系来追踪艺术市场的价格走势。后来问世的美国梅摩指数的 All Art Index、英国 Art Market Research 等各种艺术指数,不仅可帮助查询艺术家的市场行情,还可反映艺术市场的整体状态,为艺术品期货化交易模式的实施奠定了基础。

2008 年席卷全球的信用危机令多数固定资产和股票的价值遭到严重损失,而艺术品的市场价格却呈现陡坡上升趋势。2008 年 10 月 10 日,历史悠久的市场预测平台 Intrade.com[②] 实验性地根据梅摩艺术指数列出了现金价值清算期货,成为全球历史上首次启动的艺术品期货投资。[③] 这次期货化的初衷是控制艺术品收藏带来的风险并减少保险、保管费等收藏艺术品的成本,从而连接艺术品收藏家和战略性投资者两个不同圈子。[④] 2009 年 1 月 7 日,梅摩艺术指数成功转换成实际的价格数字,大大增加了操作期货交易的可行性。2010 年,电影票房期货化的趋势出现。2010 年 4 月,美

---

① 华强:《期货市场是一种风险管理工具》,《证券时报》2001 年 8 月 21 日第 9 版。
② 即 www.intrade.com,为 1999 年成立于爱尔兰(Ireland)的商业组织,是一个市场预测的平台,其团队有约 80 年的市场预测经验,可提供会员交易最新颖、透明的市场,领域涵盖政治、金融、流动和相似的活动期货(current and similar event futures)。
③ Park Seon Mee:《예술품도선물거래된다(艺术品可做期货交易)》,《아시아경제(亚洲经济)》2008 年 10 月 9 日,http://www.asiae.co.kr/news/view.htm? idxno=2008100914231222512。
④ 同上。

国期货交易委员会批准通过趋势交易所和坎特交易所提交的电影票房期货交易所的申请,但由于这个电影期货化的尝试争议性太大,不到 1 年便被金融监管改革法案叫停。①

4.3 期货化交易方式

文化产品期货交易方式与其他期货合约一样,通过开户审核后的投资者缴纳开户保证金,在法定期货交易所依次做开仓、持仓、平仓或实物交割来完成交易。交易过程中需要缴纳期货手续费,但和股票交易不同,期货交易没有印花税、过户费等其他费用。

4.4 期货化交易现况与问题

文化产品通过期货化交易可以在当前实现未来价值,可以令消费者以他们可承受的金额购买想要的产品,并给文化产品的创作方提供控制风险的避风港。文化产品期货合约促使文化产品市场供给与需求合理交接,促使文化产品合理分配。但国内目前还未能形成正规的文化产品期货市场。虽然有些机构,如九歌艺术品交易所,尝试建立远期现货合约交易模式,但本质上还是现货交易。中国影都电视作品交易中明显出现了奇异的"期货现象"②,但并不属于真正的期货合约行为。电影《大唐玄机图》在开拍前尝试签订以其未来经济收益为标的物的合约,③而这更加接近份额化,不能称为期货合约。

目前,国内文化产品期货市场迟迟未建立的原因有三。第一,缺乏权威市场指数。全球六大艺术指数有一个共通的问题,只能反映一部分市场,采样不够全面、客观。摩帝富艺术顾问股份有限公司副总裁黄文叡认为,艺术指数的目的是建立一项以全球艺术市场为指标的交易指数,而不是一项投资者炒作的指标,但技术层面的困难的确很难克服。第二,艺术品或其他文化产品的期货合约标准。期货合约是通过标准合约和法定非营利性交易所进行的

---

① 石任之:《中国电影期货试水》,《大众电影》2011 年第 14 期,第 43 页。
② 周星:《电视期货艺术价值评判的退却》,《北京日报》2002 年 1 月 13 日,第 5 版。
③ 石任之:《中国电影期货试水》,《大众电影》2011 年第 14 期,第 43 页。

合约,这是上述国内交易例子不属于正规期货合约的直接原因。第三,缺乏权威的、非营利的交易平台。根据《期货交易管理条例》规定,期货合约和交易必须通过法定非营利性平台来操作完成。文化产品期货市场的历史本身不长,在监督管理体制的建立上少有可借鉴的经验,建立权威的非营利性文化产品交易平台势在必行。

期货市场本质上是希望搭建一个控制风险的生产方和规避市场投机、合理收买的买方之间的桥梁。为建立完善、权威的市场指数和合理的标准合约,对以无形资产为核心价值的文化产品而言,完善价值评估是亟待重点突破的难关。

5 信贷化交易模式

5.1 信贷化定义

文化产业无形资产信贷化是文化产业无形资产进入信用贷款体系内实现其货币价值的交易模式。区别于根据过去信用状况和有形资产状况提供贷款的个人信贷,文化产业的信贷化以知识产权为主的无形资产作为质押保证或质押担保,是一种符合中国国情的文化企业贷款融资模式。根据相关研究,文化产业无形资产信贷化的理想模式是由贷款企业、担保机构、商业银行、再担保机构和政府等五个部门及其相关机构的共同参与才能完成的。[①]

5.2 信贷化发展背景

中国文化产业的经营大多以中小企业,甚至是微型企业和个人工作室为主。这些企业多缺乏流动资金且没有充足的有形资产做商业银行贷款的担保或抵押。部分商业银行尝试了文化产业信贷模式的探索,如交通银行北京分行的"智融通"系列,还有北京银行的"创意贷"知识产权质押贷款系列。

[①] 向勇、杨玉娟:《我国文化企业版权质押融资模式研究》,《福建论坛(人文社会科学版)》2013年第2期,第17—25页。

5.3 信贷化交易方式

目前国内文化产业无形资产的信贷化主要是版权质押,已实施的版权质押贷款业务可分类为两种模式[①]:版权质押保证贷款和版权质押担保贷款。前者是国内文化产业无形资产信贷化案例中占多数的模式,是以版权质押与法人代表的个人无限连带责任共同担保的结合融资模式。后者是以第三方合作担保机构的连带责任保证结合版权质押的模式。这些版权质押贷款多以一年为期,只有以固定资产抵押作为附带条件的贷款是为期三年。一般采取项目贷款的监管方式,银行与律师事务所、评估机构合作开展业务。

5.4 交易现况与问题

版权质押是无形资产信贷化的重要突破,多数文化企业通过版权质押获得信贷融资。目前,无形资产的信贷化主要以版权质押来完成,但多数无形资产的价值评估、处置和变现还有很大障碍,商誉和相关技术专利也得不到充分的价值认可,文化产业信贷化模式依然困难。此外,与国外相比,国内文化产业无形资产的信贷化须结合其他保证担保,公司法人代表或相关人承担无限连带责任。国内还缺乏评估机制和保险机制去分散商业银行所面临的风险,我国针对文化企业的版权质押贷款业务的担保体系尚不健全[②],亟待吸入中介业和保险业进行后续建设并完善市场体系。从宏观层面上看,急需推进相关法律法规建设,法律应认可知识产权的质押物效用填补,并加强知识产权的保护。与此同时,政府应通过和商业银行的积极沟通,缓和国内银行普遍重视不动产担保的倾向,促使创新担保方式,针对以知识产权为主要资产的新兴文化产业单位全方位开展政策性担保业务,实现符合时代需求的业务转型。与此同时,我国尚未建立统一的版权动态信息数据库和简易便捷的登记、查询系统,各地知识产权部门要进一步发挥文化产

[①] 向勇、杨玉娟:《我国文化企业版权质押融资模式研究》,《福建论坛(人文社会科学版)》2013年第2期,第17—25页。

[②] 同上。

权交易所的平台功能①,在社会无形资产处置与变现问题上予以相应的回应。

6　物权化交易模式

6.1　物权化定义

文化产业中的物权化交易模式,即以版权(著作权)为主的客体,透过版权操作获利的交易模式。此模式具代表性的有"艺术授权模式""全版权模式""Hulu + Netflix 模式""艺术银行模式"等。

6.2　艺术授权模式

艺术授权模式是艺术作品拥有者将其所拥有的各种权利授权给想要使用该艺术作品进行复制、衍生生产、再制、销售等商业应用的产业②。随着机械复制技术和数字技术的发展,高仿美术作品的质量不断提高,按照真迹的原尺寸、原色进行复制,从纸张的选用到颜色的调配,都力求和原作保持一致的高仿技术已逐渐被国内的印刷公司掌握,如日本二玄社、深圳雅昌文化集团、北京百雅轩艺术机构和台湾艺奇(Artkey)公司的艺术授权和艺术复制业务。艺术被广泛运用,如书画复制品在专业领域可用于图书馆、档案馆、纪念馆、博物馆、美术馆等为陈列或者保存版本的需要,复制本馆收藏作品,以供艺术家、艺术院校学生、艺术机构研究和教学需要;而非专业领域则可复制著名美术作品用于星级宾馆、饭店、会所、家庭等场所的空间陈设。

艺术授权以艺术作品知识产权的外围经营为核心,防止艺术创作不当的复制与使用。艺术授权的运作模式是将所拥有、代理的艺术品以合同的方式授权给使用者,被授权者按规定从事经营

---

①　北京已搭建文化金融中介服务平台,即依托北京产权交易所文化产权交易中心、北京东方雍和国际版权交易中心,与各金融机构联合,推动创新和开发适合文化产业特点的金融服务产品和服务模式,这是在传统金融机构之外开设准金融服务的一次尝试。

②　台湾地区"国际技术授权主管总会中华分会"、文化艺术基金会:《艺术授权手册规划计划—期末总结报告书》,2007 年 5 月 15 日,第 3 页。

活动,并向授权者支付相应的版税(权利金);同时授权者收到版税后将按比例回馈给艺术家(具体关系详见图6-6-1)。

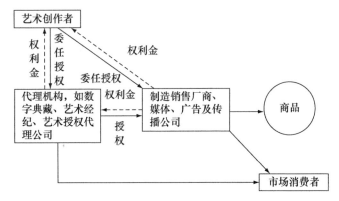

图 6-6-1　艺术授权关系
资料来源:台湾地区"艺术基金会",2007年。

艺术授权的前提是遵守法律规定,以艺术作品的财产权利为标的,艺术家在自己的作品上可占有、使用、收益以及处分的绝对的、排他的一种权利处置方式。艺术授权体现在"著作权"(版权),我国《著作权法》第10条规定:著作财产权主要包括复制、发行、出租、展览、表演、放映、广播、信息网络传播、摄制、改编、翻译、汇编、许可他人使用或者转让他人并获得报酬等权利[①]。换言之,艺术授权是在法律基础上,以权利转让与权利经营作为收益的行业。以著名艺术授权机构 Artkey 为例,该公司将艺术授权业务流程分为三个环节:上游的资料收集与数字化;中游的品牌塑造与授权;下游的贩卖、权利金回馈和营销咨询。

艺术授权存在以下问题:第一,当前艺术品作为市场主体,作品原件的交易平台多,但关于知识产权交易平台明显不足,虽有公司提供此方面的服务,但数量少。第二,版权意识过低,缩减艺术授权的市场规模,大部分的买家没有"作品所有权"和"著作财产权"的概念,认为购买艺术作品,即拥有了作品的散布、重置、出租等权,导致"授权"的概念和模式难以推展。第三,权利救济的效率低,当侵权发生时,许多企业会消极回避司法救济,以减少

---

① 赵书波:《艺术授权在中国》,《文化产业评论》2012年第1期,第153页。

高昂的诉讼费,导致侵权情况越演越烈,减弱了艺术授权的社会说服力。

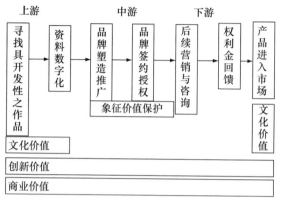

图 6-6-2 艺术授权流程与价值实现

6.3 全版权模式

"全版权"是指一个产品的所有著作权(原始作品及各种衍生品)从网上的电子著作权到线下的出版权、游戏的改编权等,最典型的是盛大文学的版权操作模式,运作包含版权的生产和分销两部分。盛大文学版权的内容大都是在网站上完成的,产生原始的著作权。至于版权的分销,则是与其他内容生产商协作完成的,盛大文学将内容作为第一手的开发对象。2012 年,共有 160 万名作家在盛大文学平台上写作,每天有 8000 万字的创作量。分销部分,盛大文学在著作权分销上成绩亮眼,2011 年共出售作品 651 部、2012 年旗下文学网站售出百部小说的影视著作权,例如《步步惊心》《裸婚时代》《我是特种兵》等脍炙人口的作品。总体来看,盛大文学先以平台掌握大部分内容资源,减少外购著作权的开支,再从众多文学作品中选具有商业前景的内容进行分销。

6.4 Hulu + Netflix 模式

网络视频的营运模式大致分为 UGC(用户生成内容)、P2P 模式、Hulu(正版视频)、Netflix(流媒体播放服务商)等四种类型。乐视网"Hulu + Netflix"商业模式的特点在于建构"著作权资料库",并透过多渠道分销,充分实现著作权的资产价值。乐视网是一家提供网络视频和正版影视著作权网络发行服务的民营公司,以优秀的正版视频、高质量的内容吸引用户,避免了影视纠纷和法律风险,结合了广告收入(Hulu 模式)和用户直接付费埋单(Netflix 模式)。乐视网将网站分为免费但质量低的"乐视网络电视"和付费但质量高的"TV"服务,同时利用独家网络影视著作权资源,为合作方提供著作权分销服务。由此,乐视网形成网站和终端两大服务体系和视频广告、收费视频、著作权分销、高清播放机销售等四项主营业务。

6.5 雍和园国际版权交易中心物权化交易案例

2006 年出台的《北京市促进文化创意产业发展的若干政策》,赋予中国国际版权交易中心新的历史重任。2009 年 1 月,国家版权局正式将中关村科技园雍和园规划为国家版权贸易基地,发展高新技术产业和文化产业,着力打造数字内容、版权交易和艺术品交易。同年,雍和园国际版权交易中心联合中国版权保护中心、上海文化产权交易所、深圳文化产权交易所、广东省南方文化产权交易所发起成立了"全国版权交易共同市场"[1]。2011 年 6 月,文化部发布《2010 中国艺术品市场年度报告》,首度引入"艺术品授权"一词。该报告显示,以 2010 年国内艺术品拍卖总成交金额 589 亿元推算,中国艺术授权总值可达 1800 亿元,而 2013 年中国艺术授权和衍生品实际交易额仅为 60 亿元[2],表明其中的发展潜力巨大。根据国际授权协会(LIMA)官方数据显示,2012 年艺术授权的权利金额共计 1.32 亿美元,授权产品零售额达 390 亿美元,整体规模成长 3.1%[3],显示国际艺术授权业的迅猛发展。

6.6 艺术银行模式

在基金交易模式中已介绍第一种艺术银行的概念,本段介绍

---

[1] 习牧歌:《雍和园:文化和科技融合的璀璨华章》,《中关村》2013 年 7 月 31 日。
[2] 中华人民共和国文化部网站 http://www.ccnt.gov.cn/。
[3] LIMA,*Licensig Industry Sales Jump Marketing First Gain in Five Year*, 2012/6/19, http://www.licensin_g.org/news/updates/licensing-istryss_ump5-_markingfirst-gaininfive-years。

第二种艺术银行操作模式。艺术银行即以政府提供资金或政策保障的非政府文化艺术机构购买艺术家作品,再将作品转租或销售给企业、政府单位或私用于陈列和收藏等,从而获得运转资金的非营利性艺术机构。此种操作模式源自加拿大,目前盛行于日本、韩国、澳大利亚和我国台湾地区,其中,澳大利亚堪称艺术银行的标杆。澳大利亚于1980年开办艺术银行,以富有潜力的年轻艺术家为宗旨,实行一系列艺术品出租计划,将国内艺术作品收购下来,再向本国大众出租。同理,2013年台湾当局文化机构着手艺术银行计划,以"只租不卖"为原则,透过公开征件的方式操作和取得艺术作品的物权、著作权和展览权[①],来扶持知名度低的青年艺术家。

艺术银行以艺术价值为前提推广艺术作品,不仅提升了大众的审美能力,更促进了当代艺术的发展。在艺术银行的运作中,政府机构的角色是把双刃剑,以台湾为例,艺术银行是台湾推动艺术品交易的努力,但也引来不少批评,认为当局介入艺术银行的运作过多,艺术银行成为一种近似文化补助政策状态的公开征件,只能在官方空间出租与陈列[②]。此外,艺术银行需要足够的客源、公开稳定的展览渠道、补助和合同规范与咨询服务。

7 问题与建议

7.1 融资困难

中国多数企业在没有产权变动的情况下评估其无形资产的价值并加以公布,但评估后的知识产权价值可能因其他外力因素产生变动,如此评估会产生价值失真的问题。对金融机构而言,拥有知识产权的企业与融资机构存在信息不对称的问题,金融机构对知识产权不甚熟悉,产权有价感弱,容易对评价机构的评价报告产生怀疑,加之评估业缺乏有保证机制的第三方,使知识产权的融资

[①] 章忠信:《成立艺术银行的一些思维》2012年8月22日,http://www.copyright-note.org/crnote/bbs.php?board=9&act=read&id=95。
[②] 李政勇:《你满意吗?对艺术银行届满周年的提问和省思》,2014年5月15日,http://www.cnyes.com/fashion/Content/20140515/KIVFD9FYYDY3.shtml。

滞碍难行。

7.2 文化企业的知识产权产业链不完整

我国文化企业还处于探索阶段,知识产权的管理还未成熟,从内容创意到图书、音像、食品、服装、玩具等衍生品开发还存在许多断层。尤其是版权(著作权)产业链问题甚大,且多数出版企业的著作权营运意识较弱,产业链被局限在"编、印、发"等环节,缺乏数字著作权和出版后续开发等经营意识①。

7.3 交易模式单一

知识产权交易模式虽多,但受体制、法律等外部限制,实际交易模式仍采取"一对一"或"一次性买断"的方式,不仅效率低,且买断型利益分配机制造成使用成本过高,形成"上游权益无法保证、下游履约风险变高"的被动局面。

7.4 交易模式的主要问题

根据前文所述,文化产业无形资产交易模式仍有许多问题待改进,这些问题具体表现在交易方式、交易配套和推广营销等环节(见表6-7-1)。

表6-7-1　文化产业无形资产交易模式的主要问题

文化产业无形资产交易模式	问题
基金化交易	(1) 鉴定 (2) 评估 (3) 保管
信贷化交易	(1) 商誉和相关技术专利得不到充分的价值认可 (2) 内部缺乏评估机制和保险分散机制 (3) 商业银行面临的风险

---

① 王家新、刘萍:《文化企业资产评估研究》,中国财政经济出版社2013年版,第79—80页。

(续表)

文化产业无形资产交易模式	问题
证券化(份额化)	(1) 法律问题 (2) 信息不对称问题
期货化交易	(1) 缺乏权威市场指数 (2) 缺乏艺术品或其他文化产品的期货合约标准 (3) 缺乏权威的、非营利性交易平台
众筹化交易	(1) 众筹监督缺乏规范 (2) 文化产业内众筹过于单一 (3) 普及化不足
物权化交易	(1) 交易平台明显不足 (2) 版权意识过低 (3) 权利救济的效率低

第七章 文化产业无形资产的价值属性

本章以探讨文化产业无形资产价值属性为核心,目的如下:第一,传统的文化产业无形资产价值评估以估算货币价值为主要目的,而少有追加文化价值属性的尝试;第二,若缺乏定性的研究,就不能称得上对无形资产的准确认识,还会导致无形资产的权利人隔离于正确管理和提升的思路;第三,企业价值创造的核心是从价值发现到价值匹配,再到价值获取,当前中国文化产业整体上处于价值发现阶段,为实现价值匹配和获取亟待进一步认识价值属性;第四,文化产品的价值是否可以预期?是否可以评估?为解决以上问题,本章从宏观到微观的角度,查看文化产业无形资产的价值属性,通过引出"冰山模型""价值补丁包"和"文化标准品"等概念,探讨文化产业无形资产价值评估中应予以重视的价值属性。

1 文化产业无形资产的宏观价值属性

1.1 经济价值与非经济价值

从宏观价值属性上讲起,所有无形资产的价值都由经济价值和非经济价值两个部分构成(见表7-1-1)。经济价值则主要有市场价值和税收价值,非经济价值即文化价值,这种正外部性具有准公共价值性而成为人们"搭便车"的诱因。

表7-1-1 文化产业无形资产宏观价值属性分类

属性分类	指标名称	指标解释
经济价值(商业价值)	市场价值	从生产方的角度出发考虑,决定在市场中能否生产出利润的属性
	税收价值	从政府看待资产的角度出发,决定多大程度上贡献税收源增加的属性
非经济价值(文化价值)	准公共价值	发散的外部性可正可负。具有正外部性的无形资产即一定程度上具有准公共品的属性,可以为扩大整体社会的"福利三角形"起作用

无形资产通过管理提升的一系列操作以转换、让渡或交易的方式来实现其经济价值,而其文化价值往往是通过扩散才能实现价值最大化,例如一项技术专利,当被社会各界所用时,实现其价值的可能性就更大。此时,我们可以认为这种无形资产具有准公共品属性。文化产业无形资产往往具有以艺术性为代表的准公共价值。

布鲁诺·弗雷(Bruno Frey)提到"非使用者受益"(Non-User Benefit)来归纳艺术品的三种正外部性,分别是存在价值(Existence Value):个人即便不参与艺术活动,只要艺术存在便能受益;选择价值(Option Value):个人即便当前不参与文化活动,以后可能参加文化活动的事实本身可以使其受益;遗赠价值(Bequest Value):个人即便当前不参与艺术事件,艺术在今世的发展可以给后代留下文化遗产[①]。这一论断对文化产业无形资产价值的描述也依然受用。与此同时,这也清晰地描绘了文化产业成为主力经济增长点的重要原因之一。然而,文化产品的艺术性不存在"好"或"坏"的区分,这与其他公共品相比时,构成重要差异。

税收价值一直是各地讨论的主题。从政府角度来看,市场价值大小和文化价值的趋向决定了税收价值的大小。文化产业无形资产本身有较强的外部性,恰当运用能够增加税收源,而且人们通过增加的税收能够再次获益。文化产业的发展具有公共性特征,具有双重收益、循环收益的作用。

从微观角度出发,文化产业体现了在地文化消费能力(包括审美情趣、艺术偏好、艺术公赏力[②])和社会公共价值;从宏观角度来看,推进文化产业的发展需要尽可能减少无形资产价值实现过程中经济价值和文化价值之间可能发生的冲突,需考虑长期来看的福利三角形最大化。因此,文化产品开发目的与其他行业相比存

---

① Bruno Frey, *Art & Cultural Policy: Analysis & Cultural Policy* Berlin: Springer-Verlag Berlin HeidelbergGmbH & Co. K, 2003, p.5.
② 这是王一川教授提出的概念,我认为可以使用。艺术公赏力是艺术的可供公众鉴赏的品质和相应的公众能力,其实质在于如何通过富于感染力的象征符号系统去建立共同体内外诸种关系得以和谐的机制,包括可信度、可赏质、辨识力、鉴赏力和公共性等五要素及相应的五原则。参见王一川:《论艺术公赏力——艺术学与美学的一个新关键词》,《当代文坛》2009 年第 4 期。

在表述的差异——经济学描绘企业的目的为"利润最大化",而在文化产业范畴内,文化产品开发目的是"利润满意化",是兼顾经济价值和非经济价值的表述,是可持续发展的精神性体现。

1.2 冰山模型和价值补丁包

冰山模型最早用于人力资源胜任力研究,本书用来分析文化产业无形资产的价值属性(图7-1-1)。冰山模型形象地说明了成功的文化产品背后的无形资产价值对产业运营的影响。虽然水面底下的体积使人无法完成测算与预测系统的统计工作,但它确实暗示了整个冰山体中大比例的内隐价值的存在。

图7-1-1 冰山模型示意图

百度百科:冰山模型 baike.baidu.com/link? url=2-yah MIE83 VOA 1Z07xd。

文化产品背后看不见的、内隐的无形资产便是"价值补丁包"(Value Update Package,VUP)。为使文化产品得到良好的开发,以及价值达到满意化,资质好的文化企业在产品开发与营销过程中对文化产品的发行广告(包含公共关系与排队、求情等)、政府的补贴、税收返还、政策扶持以及其他社会资源的运用便成为基本手段,而且还会用品牌价值的积累、以往成就、个人资质等为当期新产品投入一部分价值,即"价值补丁包"来弥补预期的价值结构缺陷,与文化产品本体一起形成新的价值体,满足消费者的期望。由此推论,文化产品静态价值以外的"价值补丁包"的充分程度决定着价格与利润的满意度。以利润满意化作终极目标的文化产品或文化项目产品组合 P 可做以下解释：

$$P = SCC + VUP \tag{1}$$

（注：SCC 为静态价值，VUP 为价值补丁包，可理解为 Σp）

借用量子物理世界的位置与动量测不准原理(Uncertainly Principles，又译为不确定性原理)，联系经济变量之间的复杂关系及统计学的成就，我们可以认为单一产品的价值所处的位置与动量(比喻)不能做绝对值的预估，只能做概率建议(甚至不应该为特定产品做出特定的价格建议)，文化产品也不例外，而且为观测水面以下的大量面积，不同于传统会计方式的无形资产评估方法的创新成为当今亟待解决的问题。

2　文化产业无形资产的微观价值属性

为进一步识别和管理文化产业无形资产，需要先理解文化产业无形资产的宏观价值属性。弥补产品价值结构缺陷的行为和行为途径的总和即"价值补丁包"，这与知识产权这一法律界定的无形资产一起构成价值总和。知识产权与其他非文化产业行业构成差异，也与其他文化产品构成主要差异。为了微观观察文化产业价值属性，我们需要关注相关的知识产权。因为文化产业项目和文化产品价值与非文化产业及其价值的区别在于前者是以知识产权为主的无形资产。

2.1　知识产权及其静态价值属性

冰山的水面以下包含多种无形资产，知识产权属于其中之一，而它又不同于其他无形资产，是目前在法律认定的框架内受保护的重要资产。约翰·霍金斯在《创意经济》一书中，把创意产业界定为其产品都在"知识产权法"的保护范围内的经济部门。如此的知识产权资产往往被描绘为文化产业的无形资产。虽然文化产业无形资产不只是知识产权，但我们可以通过知识产权所受的法律保护来防止"搭便车"行为，防止其价值滥用，于是我们不可否认当前知识产权占据了文化产业无形资产的较大比重，是无形资产价值评估中的重点研究对象。文化产业知识产权包括公司的名牌产品、专利原型、研发战略和许可协议。价值评估咨询公司创始合伙人 Kelvin King 认为"世界上许多实力最强的大公司都把智力资本作为重要资产,因这是世界顶级大公司占领市场、保持盈利的基础,也是并购的关键目标"。

如同其他的无形资产一样,知识产权往往同时具备经济价值和非经济价值。而我们在这里主要讨论作为消费对象的文化产品所拥有知识产权。文化产业相关知识产权与其他产业的知识产权相比,主要差异在于是否能够而且在多大程度上能够用于实现以艺术性作为代表的内容价值,这同时是文化产业知识产权的静态价值。从布鲁诺·弗雷论述的文化艺术发展价值来看,某知识产权在文化产业中具有外部性的体现是服务于文化、艺术商品的发展。我们往往目睹具有外部性的资产在相对稀缺时通过授权让渡、交易的方式实现货币价值,即经济价值。

静态价值是在市场有需求时才存在的,包含存在价值、选择价值和遗赠价值,文化产品的文化属性决定了其相关无形资产价值评估的滞后性,即便当前市场无法认知其价值,它依然具有价值。这是我们呈现文化产品静态价值时需要价值补丁包来支撑的原因。静态价值通过价值补丁包搞活来自其本质属性的差异性,增加其在市场中的稀缺性,通过准确适用于有潜在需求的市场来提升效用。

2.2 文化标准品与三维价值

上文简单论述了知识产权的静态价值结合价值补丁包实现经济价值的过程,通过这一过程列出了文化产业无形资产演变为产品时几个重要的价值维度,即艺术性、差异性与符合目的的准确性。艺术性是内容价值,也是审美价值,包括基本美学元素的浓度与结构及一般综合效用。差异性构成传统稀缺性,也称为"新颖性""创造性"等属性。服务目的的准确性即生产方提供的服务与市场预期的重合度。

因此,具备差异性、艺术性和服务目的的准确性三大特性的无形资产转换为文化品时成为有效的文化产品(Effective Cultural

Products,含文化服务),也可以说是"文化标准品"(Standard Cultural Commodities,SCC)(见图7-2-1)。成型的"文化标准品"除了上述三大特性以外,还包括两种潜在价值,即衍生品开发价值和增值预期价值。

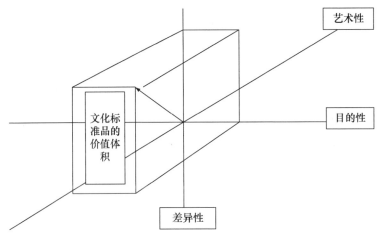

图 7-2-1　标准文化品价值体积图

如图7-2-1所示,从三维全象限进行分析,某文化产品落到某个象限就决定了它的价值定位。文化产品设计与规划事先必须预估未来产品可能的位置与位移,从而做到产品价值体积的最大化。

2.3　文化产品价值的五元分析

在宏观层次上,文化产业无形资产的价值属性分为两种。那么,文化产品的价值构成可以分为两部分:基本价值部分(满足人类的基本文化需求,具有连续性或线性,价值容易预测,产品容易设计,属于"公共价值"或"事业价值")、不确定性价值部分(满足变化中的群体心理与个体心理,表现出波动性、随机性,价值难于预测,产品难于储备及事先设计,属于"经济价值"或"商业价值")。从统计学角度出发,充分发育的市场在一个时点上或许能满足发散的需求并取得利润,但也可能需要一定的时间跨度(而不是现存市场)才可能销出所有产品,即评价的滞后性。而这个时间跨度可能是10年到20年,足以令企业破产,或被新进入者所清洗。因此,文化产品价值评估提出了特殊的概念,同一个文化商品也具有类似于量子力学的"波粒二象性",兼具粒子的特性与波的特性。因此,文化产业无形资产的价值评估要留有余地,要足够重视例外因素,要给出足够大的标准差。

作为对前述假设的补救,特别需要指出的是三维的价值判断有时将丢失部分价值,必须加一个时间变量t。从短期看,时间t要求快速反应和准确的市场调研;从中长期看,t必须适时。时间错位的文化产品价值无从实现。时间价值t的地位非常特殊,也非常重要。可以把文化产业无形资产价值形象地比喻为时间的函数:

$$P = f(t)$$

如果以波粒二象性来分析,则P、t之间的关系不能简单地理解为线性,而是不同时点上文化需求的随机分布状态。从历史角度讲,是从已经实现的需求和产品来反推发生的时间。价值是时间的函数,但不是时间序列的奴隶。这构成了价值预测的困难。我们或许能够估准静态价值(基本价值),但是却无法精确计算未来价值与增值。

研究一国文化产业的竞争力(实际上是研究全国文化产业的资源价值)必然涉及本国文化资源与主流意识形态的结合问题。在本章中,我们将个别文化企业的微观价值与国家整体文化资源价值统一起来思考,使单个的文化产品在价值实现上作出两个选择:在空间网格上由市场细分实现价值(找准细分市场 segment,简写 S,这个问题在前述供需描述方面已经提到);在社会属性上要添加一个政治价值影响变量 PO。PO 虽然是外生变量,但也不可否认是时代的选择,具有本区域国民的可接受性与潜在需求,但过度强化可能边际效用与边际价值递减(造成审美疲劳等)。从营销的角度看,适度适用政治价值"补丁",往往更安全,但"适度"又带来了价值的不确定性,以及主流意识形态与创作者的多向互动。总结以上思路,可理出以下公式:

$$P = \{SPP, t, VUP, PO\}$$

这个公式将是本次价值分析的焦点思考,但是否是一个价值评估模型(文化产品价值评估模型)的雏形还要在调研中检验(Kelvin King 指出商业价值评估的黄金法则是:不应抽象地描述某个物品的价值,而应该描述:在特定时间、特定地点、特定环境里的价值,重点解决"针对谁"和"什么目的"之类的问题)。

3 文化产业无形资产的价值实现

3.1 文化产业项目与文化产品的关系

以"利润满意化"作终极目标的文化产品或文化项目产品组合 P,同时也是项目的资源总量。文化产业项目中产品价值总和的因变量一般不是单一产品,而很可能是多个衍生产品的组合,一个项目可能生成单一产品、若干产品或成产品线(Array of Products and Services)以及产品组合(Portofolio of Products and Services),产品可以简化为 P_1、P_2、P_3……P_n,产品以外的剩余资源为 S,则有:

$$P = \{P_{1-n}, S\}$$

暂不以 S 作为分析重点,文化产业项目可以理解为文化产品的集合,分析文化产业项目最后要落实到分析文化产品上,分析文化产品是分析文化产业项目的根本。由此可以证明,文化产业项目价值评估与文化产品价值评估在原理与实践上并无实质性的不同。因而,抓住文化产品的价值评估就把握了文化产业项目与产品价值评估体系的核心与本质。

3.2 文化产品项目的价值评估

一般认为,价值是凝结在商品中无差别的人类劳动。但进一步研究表明,价值的特性并不单向地取决于商品中的人类劳动,甚至认为劳动本身并不能创造价值,而是生命创造了价值。事物价值产生的过程,实际上就是生命的需求产生的过程,劳动在其过程中促使原有价值的适当匹配和被获取;价值消耗的过程,就是生命体生理消耗的过程,即价值实现的过程。鉴于价值对于生命的基础需求性,价格的变化也不能视为价值的变化,因为价值是由生命对事物的需求产生的,这就是"价值量的稳定性第一定律"。为了这样的静态价值有效地实现为货币价值,我们应梳理理论中各属性价值的具体实现方式,从理想模式出发,落实到现实实践中去,从文化产品价值属性的评估进一步思考文化项目评估中的具体细节。用"价值补丁包"支撑来实现静态价值的货币价值的兑现,需要强有力的企业运营后盾,并有提高业务可行性的因素。例如为实现艺术性要有完整呈现产品艺术性的技术等须考虑的可行性因素。

表 7-3-1　产品三大特性在项目中的体现

艺术性	差异性	服务目的的准确性
1. 内容的风格、题材、质量上的艺术性 2. 现实中能否完整呈现其艺术性	1. 内容的独特性、创新性 2. 内容在特定市场环境中的稀缺程度,受品牌影响、发行渠道和传播媒介的影响 3. 通过价值补丁包增加差异性	1. 内容的社会性 2. 细分市场,准确选定受众范围 3. 企业雄厚的运营能力后盾,包括财务管理、资源保证、管理体系、生产开发上的运营

项目的评估开始于艺术性、差异性和服务目的的准确性的实现因素,实现从文化标准品三大价值属性过渡到文化创意价值评估的通用基础评价指标体系(表 7-3-2)。

表 7-3-2　文化产业无形资产价值评估的通用评价指标

指标类别	指标名称
市场价值	受众范围
	传播媒介
	发行渠道
	品牌影响
内容价值	内容风格
	内容题材
	内容质量
	实现技术
企业价值	财务管理
	资源保证
	管理体系
	生产开发

现实中的文化产品是文化标准品或多或少发生象限的位移,

对于具有不确定因素的产品市场价值而言,在信息不对称的情况之下优先考虑已知的价值属性,争取确保产品价值体积是有效控制风险的良好决策,即在评估实践中价值属性的考虑是以已知信息为主,合理推论为辅,对于完全没有信息的指标可暂时放下来并应该致力于收集有效信息。

目前以文化项目和产品价值属性为基础的通用基础评价指标体系正过渡到细分化的指标体系,本书实践案例提供了有效的评估标准,如世界文化遗产可持续发展模式与评估体系研究中通用指标被细分为更多项的体系指标(如图 7-3-1)。

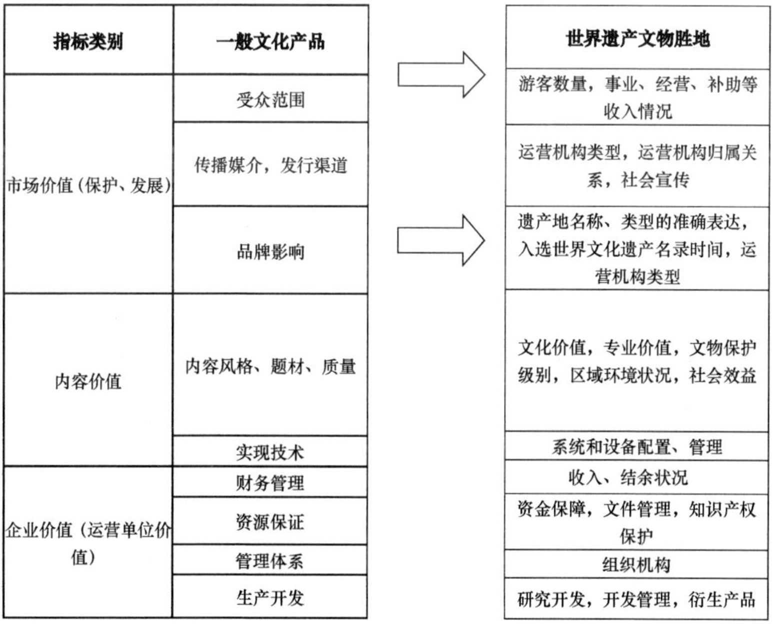

指标类别	一般文化产品		世界遗产文物胜地
市场价值(保护、发展)	受众范围	⇒	游客数量,事业、经营、补助等收入情况
	传播媒介,发行渠道		运营机构类型,运营机构归属关系,社会宣传
	品牌影响	⇒	遗产地名称、类型的准确表达,入选世界文化遗产名录时间,运营机构类型
内容价值	内容风格、题材、质量		文化价值,专业价值,文物保护级别,区域环境状况,社会效益
	实现技术		系统和设备配置、管理
企业价值(运营单位价值)	财务管理		收入、结余状况
	资源保证		资金保障,文件管理,知识产权保护
	管理体系		组织机构
	生产开发		研究开发,开发管理,衍生产品

图 7-3-1　通用指标过渡到细分化指标

根据不同的文化产业无形资产评估对象,这些指标还可以进一步细化。比如为了评估世界文化遗产价值,我们可以再次过渡为具体价值评估体系指标,总结出世界文化遗产价值评估指标体系(如表 7-3-3)。

表 7-3-3　世界文化遗产价值评估的指标体系

指标类别	指标名称	指标要素
一、遗产地信息	1. 基本信息	遗产地名称
		遗产地类型
		入选世界文化遗产名录时间
		遗产地面积
		遗产地所在区域
		运营机构类型
		运营机构归属关系
	2. 价值类型	文化价值
		专业价值
		文物保护级别
	3. 区域环境	自然环境
		旅游环境
		社会经济
		遗产聚集
二、保护能力指标	1. 组织机构	内部组织架构及人员配置
		外部相关管理机构
		外部合作机构
	2. 管理文件	文件制定
		文件管理
		文件执行
	3. 技术保障	系统或设备配置
		系统或设备管理
	4. 研究开发	研发能力
		研发计划
		研发实施
	5. 社会宣传	宣传活动或项目
	6. 资金保障	运营成本（需求）
		资金来源（供给）
三、发展性指标	1. 游客数量	区域内游客数量
		遗产地游客数量
	2. 产品形态	直接产品
		衍生产品
		授权产品
		配套服务
		项目开发
		新建设施

（续表）

指标类别	指标名称	指标要素
三、发展性指标	3. 组织机构	部门设置及人员配备
	4. 开发管理	经营计划
		实施情况
		知识产权保护
	5. 开发投入	产权保护类支出
		产品开发类支出
		宣传推广类支出
		产品销售类支出
		其他经营性支出
	6. 收入	事业收入
		经营收入
		财政收入
		财政补助收入
		上级补助收入
		其他收入
	7. 结余	事业结余
		经营结余
	8. 社会效益	遗产地对所在区域的社会贡献

第八章 文化产业无形资产的评估体系

本章所介绍的指标体系为文化产业与金融实现良好对接提供专业性服务,结合文化产业无形资产的价值属性开发系统而提出针对性的指标体系。其中,通用基础评价指标已运用于北京大学文化产业研究院协同有关企事业单位研发的专业化、信息化和智能化的北京文化创意企业价值评估服务平台(以下简称评估平台)。

评估平台价值评估指标体系的开发目的在于创意价值的预估,打通制约企业、政府、金融机构、投资商投融资的障碍,系统性地解决文化产业无形资产评估难问题,管理和提升无形资产的综合价值,推动文化产业的可持续性发展。评估平台为文化企事业单位发展提供更有效的依据和渠道,帮助开发富有潜在价值的无形资产,为金融机构提供更好的评估依据,促使产业融资突破评估瓶颈,同时弥补缺漏。

1 评估指标体系的开发背景

2011年党的十七届六中全会和2013年党的十八届三中全会召开,提出"现代文化强国"的战略目标,指出要发挥文化市场的决定性作用,深化文化体制改革,形成科学合理的绩效评价机制,积极推动文化产业的快速发展,到2020年全面建成小康社会时,文化产业成为国民经济支柱性产业。由此可看出文化产业已然成为国家战略,承担推动产业结构调整、经济发展转型的历史使命。

当前,我国文化产业面临的问题是文化产业的增长速度与居民文化消费及其潜力有巨大的落差。根本原因是文化产业资金投入、出口创汇以及文化消费能力不足。中国文化产业在整体上缺乏规模,资本投入不足长期制约我国文化产业发展。我国文化建设的主体是长期意识形态色彩较强的事业单位或转企改制后的国有文化企业,依赖国家的单一投入;经过文化体制改革十余年的探索,建立了合理有效的文化产业投融资机制。文化企业资产以无形资产为主,缺乏可用于银行贷款担保的固定资产,很难达到银行的贷款条件,而对于银行等金融机构而言,为文化企业或者文化项目提供贷款是全新的业务领域,缺乏可依据的经验和风险评估体系。我国文化企业多为小微企业,若一味盲目地向小微企业发放贷款,会增加银行成本,不符合商业银行追求利润的初衷。因此,创新文化产品的评价标准,开展文化产品的价值评估,对于解决文化产业价值评估问题、推动文化产业投融资业务的健康发展,就显得非常重要了。

2 价值评估的静态指标体系

2.1 背景与意义

文化产品价值评估是文化产业知识产权交易的基础,很多新人与新作品、新产品之所以进入不了文化市场,是因为缺乏客观、中立、有效的第三方价值评估机构,导致它们不能准确、及时地推进新创意的文化产品进入交易平台、走向文化市场,从而实现价值转换。根据国家统计局2012年7月发布的《文化及相关产业分类》,对文化产业进行系统分类,建立相对科学的价值评估的标准与程序,对进入或未进入市场流通领域的文化产品的价值进行评估,建立新成果价值评估、发布、发行的直接渠道,对优化中小文化企业、微型文化企业与文化个体经营者的发展环境十分重要。为了更好地开展专业化、集中化的文化产业无形资产评估服务,创建文化创意企业价值评估的相关平台就显得非常重要。

2.2 创意价值评估平台的功能

创意价值评估平台具有以下功能:
第一,平台不做作品真伪的鉴定,而侧重作品与产品创意的新颖性(与传统比较的差异性)、功用的准确性与美学价值的鉴定。
第二,平台对文化创意新作品、新产品、新方案、新规划等的特性进行整体与细节描述,对作品与新产品进行展示、公开。

第三,依靠科学的价值评估模型和统计分析原则、权威的专家团队和公众评判,客观、公正地评估文化创意产品的价值。

第四,推出文化产业领域的新人、新作品、新产品、新创意、新规划、新技术和新的经营管理模式,建立具有国家影响的文化创意作品和新产品信息发布与评估平台,参与(或组织)艺术类、创意类奖项的评审。

第五,作为观察创意进步、进行创意创新研究与教学的窗口。

2.3 预估品的选取对象

对于创作者的年龄、资历、教育背景、专业与地域等,评估平台不作限定。

列入本平台预估品的选取对象,可以是新创作尚未公开的作品(新产品),也可以是已经公开展示或应用过的作品(产品),或价值已经评估过的作品(产品)(预估品的选取对象见表8-2-1)。

表8-2-1 评估平台预估品的选取对象表

序号	行业分类	文化产品
1	策划方案类	节庆策划方案;开幕式策划方案;展览策划方案;会议策划方案;旅游项目策划方案;娱乐项目策划方案;传统文化保护与开发策划方案;网络文化项目策划;体育赛事活动策划方案;教育培训方案等
2	广告创意类	LOGO文案;广告内容创意文案;广告投放渠道与广告绩效提升策划方案;广告新技术应用方案;广告新媒体开发方案等
3	文学作品与影视、戏剧、美术创作文本类	小说、诗歌、小品、词曲、影视剧、戏剧脚本、舞美设计与美术作品等;广播、电视频道的策划等
4	工艺品与时装设计类	手工艺品设计;家具设计;珠宝设计;时装设计;工业包装设计等

(续表)

序号	行业分类	文化产品
5	建筑、装修设计方案	文化地产开发方案;住宅小区规划;室内装潢设计等
6	区域文化产业发展规划类	区域文化产业发展战略;区域历史与自然文化资源保护与开发规划;区域文化产业链规划;文化产业园区规划方案;区域文化产业集聚区规划;文化一条街规划;区域文化市场规划;区域品牌文化产品创建规划等
7	文化企业管理类	文化企业管理新理念;文化企业管理新技术;文化企业跨行业、跨区域与跨国发展战略;文化企业产品开发计划新产品策略;文化企业市场营销策划;文化企业品牌建设方案;文化企业投融资策略等
8	公共文化服务类	公共文化服务规划;公共文化服务的艺术品;公园、绿地、植物园、动物园和其他文化公园与休闲地带规划与创意;群众文化活动项目;广场演出;公共场所电子显示屏策划等

对于金融机构推出的文化服务产品,本评估平台也进行追踪、评估,并发表综合评价意见。

2.4 价值评估的静态指标体系

评估平台将评估对象与平台里的样本参照物的特征进行比较,根据需要可选取多个样本,得出初步分析结果(见表8-2-2)。

表8-2-2 评估平台文化产品创意新颖性(差异性)分析结果表

参照系	正差异性(进步因素)		负差异性(不足之处)	
	分级	得分	分级	得分
与参照物(1)优势特征比较	显著	+3	不足	−1
	明显	+2	显著不足	−2
	近似	+1		

(续表)

参照系	正差异性(进步因素)		负差异性(不足之处)	
	分级	得分	分级	得分
与参照物(2)优势特征比较	显著	+3	不足	-1
	明显	+2	显著不足	-2
	近似	+1		
与参照物(3)优势特征比较	显著	+3	不足	-1
	明显	+2	显著不足	-2
	近似	+1		
与参照物(4)优势特征比较	显著	+3	不足	-1
	明显	+2	显著不足	-2
	近似	+1		
与参照物(5)优势特征比较	显著	+3	不足	-1
	明显	+2	显著不足	-2
	近似	+1		
与参照物(6)优势特征比较	显著	+3	不足	-1
	明显	+2	显著不足	-2
	近似	+1		
平均得分				
总分(得失分相加)				
创意价值定级	+3	+2	+1	-1	-2
当前推荐价格（市价参考）				
未来升值的可能性（收藏价值）				

创意目的的准确度分析是创意价值分析的重要组成部分。《创意准确度分析结果表》用于测量创意的精确性(见表8-2-3)。

表 8-2-3　评估平台文化产品创意目的的准确度分析结果表①

创意表达与服务目的的一致性	得分
高度一致、创意明晰	+3
基本一致、创意明晰	+2
基本一致、创意基本明晰	+1
创意与服务目的各自独立	0
创意与服务目的相悖离	-1

1. 大众评判员的认识与作者的创意目的全部是一致的,便被认为是"创意明晰";

2. 如果评判员之间的认识有分歧,但 6 个及以上的判定是肯定的,则被认为是"基本明晰";

3. 如果其中有 6 个以上的大众评判员阅读的结果与创意者本人本欲表达的意思或服务目的关系不大,则被认为是"各自独立的";

4. 如果其中有 6 个以上的大众评判员认为创意有损于服务目的,则被认为是"悖离的"。

比较研究发现,文化产品创意的艺术性分析结果如下(见表 8-2-4):

表 8-2-4　评估平台文化产品的艺术性分析结果表

序号	艺术性指标	指标构成	评价等级	得分
1	艺术形象	鲜明性	鲜明	+2
			普通	+1
		典型性	典型	+2
			普通	+1
2	艺术情节	生动性	生动	+2
			一般	+1
		曲折性	曲折	+2
			普通	+1

---

①　"创意明晰"指普通大众能理解作品或新产品的含义,由 10 位随机抽取的互不相识的各自独立的大众评判员阅读作品与新产品并写出对创意的认识,这些评判员事先并不进行创意目的与表意的告知。然后由研究人员拿出创意者本人的表意与创作目的与大众阅读体验进行对照,检查大众评判员的阅读结论与作品(新产品)创意本意的差异性。

(续表)

序号	艺术性指标	指标构成	评价等级	得分
3	艺术结构	严谨性	严谨	+1
			松散	0
		完整性	完整	+1
			不完整	0
4	艺术语言	准确性	准确	+1
			不准确	0
		鲜明性	鲜明	+1
			不鲜明	0
5	艺术手法	精当性	精当	+1
			不精当	0
		多样性	多样	+2
			单一	+1
6	艺术表现	地域特色及民族性	鲜明	+1
			不鲜明	0
		独创性	独创	+2
			略有创新	+1
			雷同	0

　　文化产品的艺术性分析是对一部艺术作品艺术价值的标准化的衡量，主要是指在艺术处理、艺术表现方面所达到的完美程度。一般包括：艺术形象的鲜明具体性和典型性；艺术情节的生动性和曲折性；艺术结构的严谨性和完整性；艺术语言的准确性和鲜明性；艺术手法的精当性和多样性；艺术表现的民族性和独创性等。各门艺术的艺术性表现是不同的：在造型艺术中，艺术性主要表现在通过线条、色彩、光线效果、布局和对比度等表现艺术家审美意境所达到的程度；在音乐艺术中，艺术性则主要体现为一系列乐音所构成的旋律、节奏在抒发音乐情思时所具有的表现力。艺术性有高低之分、程度之差、雅俗之别。艺术品的艺术性愈高，其感染力就愈强，也就愈能发挥艺术的社会作用。

　　文化产品的艺术性分析需要专家的意见，专家必须具有一定的职称与专业地位。通过德尔菲法，由5位以上相应行业的专家对作品(新产品)的艺术性作出结论并评分，然后根据得分的均数作出艺术性等级定位。艺术性等级根据《文化产品的艺术性分析结果表》得分统计进行定位,共分四级(见表8-2-5)。

表8-2-5 评估平台文化产品艺术性评估等级表

得分	等级
15—18 分	高艺术性
10—14 分	较高艺术性
5—9 分	艺术水平中等
0—4 分	艺术性不足

3 价值评估的通用指标体系

3.1 开发背景

目前,我国各地都建立起不同形式的文化产业投融资服务平台,如各地方产权交易所、地方园区的服务平台以及专门的创投基金和银行信贷业务等。这些投融资平台在一定程度上起到了扶持和推动文化产业发展的作用,但不能从真正意义上解决文化企业投融资难的问题。因此,为了让金融更好地支持文化产业发展,应该研发更有效的、更有针对性的评估工具和方法,为文化产业投融资提供更专业的评估服务。针对文化企业文化产品价值评估难的问题,文化产业评估指标体系将提供系统有效的评估工具,便于金融机构、担保机构、证券机构对其进行更准确的评估。体系的建立将有助于文化企业更好地认清自身发展的优劣势,有助于文化企业融资、贷款,推动其发展。

文化企业将通过评估平台得到信息、咨询、相关服务等,并有望得到金融投融资、上市的支持。通过评估平台,企业将对其本身、企业产品、项目价值有客观的评价,以便于企业更好地制定发展规划。

3.2 服务对象与服务内容

根据北京市文化创意产业相关分类,评估平台针对文艺演出类、广播影视类、动漫网游类、设计服务类、古玩艺术类、文化旅游类、广告产业类、文化会展类等文化产业九大行业开展评估业务。

评估平台的具体服务对象是所有文化创意产业的组织及个体,包括政府、投资机构、投资个人、产权拥有者、产品拥有者以及项目拥有者等。平台为这些行业和行业中的主体提供文化创意项目的价值评估、信息与咨询、交易辅助(项目推荐等)、项目承接等服务。

3.3　体系内容

评估平台的评估指标设计是建立在对文化产业大量研究基础之上的,通过探寻文化产业中各大行业的产业共性,运用"文化标准品"价值属性分类设计出三级指标体系。通过指标设计,使文化项目的内在价值可以被识别和评估。评估平台的指标体系依据行业共性和指标特性,分设三个等级指标。其中,一级指标3个,二级指标12个,三级指标52个(见表8-3-1)。

表8-3-1　价值评估指标体系结构表

指标类别 (一级指标)	指标名称 (二级指标)	指标属性 (三级指标)				指标作用
市场价值	受众范围	覆盖率	转化率	影响力	主导性	针对特定的项目和产品,市场价值既决定了投资收益和回报,也为产品开发和项目实施确定了目标和方向
	传播媒介				持续性	
	发行渠道					
	品牌影响					
内容价值	内容风格	独特性	创新性	艺术性	专业性	在市场价值目标明确和准确的前提下,适合受众群体消费需求且具有差异化特征的内容产品可为市场价值的实现提供载体和保障
	内容题材				社会性	
	内容质量					
	实现技术					
企业价值	财务管理	完备性	执行性	有效性		企业的资源保障、基础设施(组织机构、管理制度等)和运营能力(包括团队及核心技术)是实现内容价值、市场价值的重要基础,企业价值必须与市场目标、产品目标相匹配
	资源保证					
	管理体系					
	生产开发					

三级指标属性的具体释义如下(见表8-3-2):

表 8-3-2 价值评估指标释义表

指标类别(一级)	指标名称(二级)	指标属性(三级)/释义					指标说明
		覆盖率	转化率	影响力	主导性	持续性	
市场价值	受众范围	评估对象或其产品的覆盖能力，以比率或市场整个比率中的市场覆盖比例，以此判定评估对象市场受众是否广泛	预估和辨别评估对象或其产品覆盖市场比率中的转化能力，是衡量评估对象市场价值转化的重要依据	通过评估对象或其产品的市场转化能力，判定评估对象的市场效应	综合评估对象或其产品市场占有能力、市场转化影响力，评测出市场主导估对象的市场主导能力	针对评估对象或其产品的市场适应力的市场认可度，判定对象的市场可持续性	针对特定的项目和产品，市场价值既决定了投资收益和回报，也为产品开发和项目实施确定了目标和方向
	传播媒介	评估对象或其产品所采取的宣传渠道的市场覆盖范围，是判定评估市场覆盖速率的标尺之一	宣传渠道推广是前提，能否产生效应、能否产生转化价值需要判定	通过判别评估对象或其产品宣传采用的工具、渠道及效率等，辨别其影响力	所采取的传播媒介的市场占有率、传播效率等决定了传播的市场主导性	传播投放的延续性和范围更广	
	发行渠道	评估对象或其产品推广渠道的宽度和广度	评估对象或其产品发行或推出后，收到实际效果、普及程度、实际购买力等	通过渠道发行推出后，评估其产品的市场影响效果	衡量发行渠道所产生的市场效果，从纵向和横向两个维度判定其市场主导能力	发行渠道的持续运营占用能力，以及渠道产生的传播效力的延续性	
	品牌影响	评估对象或其产品的品牌影响范围或市场影响规模	评估对象品牌在成功转化价值中的能力	评估对象或其将产生已产生的市场影响效应	对品牌效应所带来的市场主导能力的评估	品牌效应的延续性或影响力强度	

（续表）

指标类别（一级）	指标名称（二级）	指标属性（三级）/释义					指标说明
		独特性	创新性	艺术性	专业性	社会性	
内容价值	内容风格	评估对象或其产品内容或风格的独特性	评估对象或其产品的内容或风格的独一无二性	评估对象或其产品的内容或风格的艺术水准，符合受众需求	评估对象或其产品的内容或风格的行业专业价值高	评估对象或其产品的内容或风格符合市场受众需求	在市场价值目标明确和准确实现的前提下，适合群体消费需求且具有差异化特征的内容产品可为市场价值的实现提供载体和保障
	内容题材	评估对象或其产品内容创意的独特性	评估对象或其产品内容创意的独一无二性	评估对象或其产品内容创意体现艺术特色，符合受众需求	评估对象或其产品内容创意的专业水准高	评估对象或其产品内容创意体现市场受众需求	
	内容质量	评估对象或其产品内容质量或水平的出类拔萃	评估对象或其产品内容质量或水平的出类拔萃	评估对象或其产品内容质量的艺术含量更高，能够满足市场受众的需要	评估对象或其产品内容质量的专业性强	评估对象或其产品内容质量体现市场受众需要	
	实现技术	采用或研发了独特的生产或营销技术	创新研发和采用了新的生产或营销技术	创新研发和采用了新的生产或营销技术的实用性更强	创新研发和采用了新的生产或营销技术的专业性更强	采用或研发了实用技术并符合社会生产力的发展规律	

（续表）

指标类别（一级）	指标名称（二级）	指标属性（三级）/释义			指标说明
		完备性	执行性	有效性	
企业价值	财务管理	财务管理规章制度、规划、人员、物资配备完整度高	财务管理规章制度、计划、人员、物资配备完成度高	财务机构或部门运作水平高	
	资源保证	资源的相应部门或机构的规章制度、计划、人员和物资配备整合度高	资源的相应部门或机构的规章制度、计划、人员和物资配备等得到有效落实	项目运作资源需求得到了有效保障	企业的资源保障、基础设施和运营能力是实现内容价值、市场价值的重要基础，企业价值必须与市场目标、产品目标相匹配
	管理体系	管理体系配备资源健全	管理规章、计划等得到有效落实	企业或项目管理健全	
	生产开发	生产管理部门的资源配备完善	生产计划、人员、制度等得到了有效落实	企业或项目生产运作良好	

表 8-3-3　价值评估指标评测依据表

指标类别	指标名称	覆盖率	转化率	影响力	主导性	持续性	评分标准
				单项评分			
市场价值	受众范围	A. 范围较大 B. 范围一般 C. 范围偏小	A. 转化较高 B. 转化一般 C. 转化偏低	A. 影响较大 B. 影响一般 C. 影响较低	A. 主导市场明确 B. 主导市场基本清晰 C. 市场无主导性	A. 受众市场十分稳定 B. 受众市场基本稳定 C. 受众市场不稳定	评估人员根据A、B、C对应的分值进行打分，A、B、C对应分值如下：A = 4 − 5 分（不含 4 分）；B = 3 − 4 分（不含 3 分）；C 为 3 以下，满分为 5 分，打分保留小数点后一位。
	传播媒介	A. 综合利用 B. 利用一般 C. 利用不足	A. 效果显著 B. 效果一般 C. 效果偏低	A. 实力发达 B. 实力一般 C. 实力偏弱	A. 主导媒介明确 B. 主导媒介基本界定 C. 媒介无主导性	A. 媒介资源十分稳定 B. 媒介资源基本稳定 C. 媒介资源不稳定	
	发行渠道	A. 渠道较广 B. 渠道一般 C. 渠道偏窄	A. 转化较高 B. 转化一般 C. 转化偏低	A. 渠道发达 B. 渠道一般 C. 渠道偏弱	A. 主导渠道明确 B. 主导渠道基本确定 C. 渠道无主导性	A. 渠道资源十分稳定 B. 渠道资源基本稳定 C. 渠道资源不稳定	
	品牌影响	A. 影响面广 B. 影响一般 C. 影响面小	A. 效果显著 B. 效果一般 C. 效果偏低	A. 竞争较强 B. 竞争一般 C. 竞争偏弱	A. 主导品牌较多 B. 主导品牌一般 C. 主导品牌较少	A. 品牌知名度高 B. 品牌知名度一般 C. 品牌知名度较低	

（续表）

指标类别	指标名称	单项评分				评分标准
		独特性	创新性	艺术性	社会性	
内容价值	内容风格	A. 风格独特 B. 风格鲜明 C. 风格一般	A. 与众不同 B. 特色明显 C. 一般水平	A. 感染力较强 B. 感染力一般 C. 感染力偏弱	A. 符合市场需要 B. 贴近市场需要 C. 与市场需要不符	评估人员根据A、B、C对应的分值进行打分，A、B、C对应分值如下：A＝4－5分（不含4分）；B＝3－4分（不含3分）；C为3以下，满分为5分，打分保留小数点后一位。
	内容题材	A. 题材独特 B. 题材新颖 C. 题材一般	A. 独出心裁 B. 特色明显 C. 一般水平	A. 文化性较强 B. 文化性一般 C. 文化性偏弱	A. 符合市场需要 B. 贴近市场需要 C. 与市场需要不符	
	内容质量	A. 特色显著 B. 特色明显 C. 质量一般	A. 独具创意 B. 创意显著 C. 一般水平	A. 文化特色显著 B. 文化特色显著 C. 文化特色偏弱	A. 符合产业发展需求 B. 贴近产业发展需求 C. 与产业发展需求不符	
	实现技术	A. 技术特色明显 B. 技术特色一般 C. 技术特色偏弱	A. 自主创新技术 B. 引用先进技术 C. 采用一般技术	A. 技术应用灵活 B. 技术应用得当 C. 技术应用不当	A. 高于社会平均水平 B. 贴近社会平均水平 C. 低于社会平均水平	

(续表)

指标类别	指标名称	单项评分			评分标准
		完备性	执行性	有效性	
运营能力	财务管理	A.规章、机构设置完备 B.规章、机构设置基本完备 C.规章、机构设置不足	A.计划执行、监督较好 B.计划执行、监督基本满足要求 C.计划执行、监督满足不了要求	A.能够完成预期目标 B.基本完成预期目标 C.不能完成预期目标	评估人员根据A、B、C对应的分值进行打分,A、B、C对应分值如下:A=4-5分(不含4分);B=3-4分(不含3分);C为3以下,满分为5分,打分保留小数点后一位。
	资源保证	A.资源保证完备 B.资源保证基本完备 C.资源保证不足	A.资源配置完备 B.资源配置基本满足要求 C.资源配置不足	A.资源提供达到预期目标 B.资源提供基本满足要求 C.资源提供没达到预期目标	
	管理体系	A.规章、机构设置完备 B.规章、机构设置基本完备 C.规章、机构设置不足	A.计划执行、监督较好 B.计划执行、监督基本满足要求 C.计划执行、监督满足不了要求	A.能够完成预期目标 B.基本完成预期目标 C.不能完成预期目标	
	生产开发	A.规章、机构设置完备 B.规章、机构设置基本完备 C.规章、机构设置不足	A.计划执行、监督较好 B.计划执行、监督基本满足要求 C.计划执行、监督满足不了要求	A.能够完成预期目标 B.基本完成预期目标 C.不能完成预期目标	

3.4 体系指标测评

依据《价值评估指标体系结构表》(见表 8-3-1)、《价值评估指标释义表》(见表 8-3-2)以及《价值评估指标评测依据表》(见表 8-3-3),由评估技术人员进行专业评估和打分,得出指标体系中第三级指标评分,并填入《价值评估指标体系评测表》(见表 8-3-4)。基于评估平台评估软件设计,评估信息填报以及指标体系将通过软件实现。

表 8-3-4 价值评估指标体系评测表

项目编号						
项目名称						
企业名称						
评估组长						
		评分记录				
指标类别	指标名称	单项评分				
		覆盖率	转化率	影响力	主导性	持续性
市场价值	受众范围					
	传播媒介					
	发行渠道					
	品牌影响					
指标类别	指标名称	单项评分				
		独特性	创新性	艺术性	专业性	社会性
内容价值	内容风格					
	内容题材					
	内容质量					
	实现技术					
指标类别	指标名称	单项评分				
		完备性		执行性		有效性
运营能力	财务管理					
	资源保证					
	管理体系					
	生产开发					
填制人						
填制时间						

3.5 综合评测

评估平台的评测体系设定总评分值为 5 分,依据各级指标在项目整体评测体系中的重要程度和参考价值意义的不同,分别赋予各级指标不同的权重(见表 8-3-5)。此权重基于文化产业九大行业的产业共性设定,暂未考虑具体行业的权重比例,经过折合权重,计算得出项目综合评价表(见表 8-3-6)。经过评估专家评测后的指标评分,将有评估软件自动参照设定后权重参数进行计算,得出项目总评结果。

表 8-3-5 价值评估指标体系评测权重系数表

指标类别	权重系数	指标名称	权重系数	指标属性	权重系数
市场价值	0.4	受众范围	0.3	覆盖率	0.15
		传播媒介	0.2	转化率	0.2
		发行渠道	0.2	影响力	0.2
		品牌影响	0.3	主导性	0.15
				持续性	0.3
内容价值	0.4	内容风格	0.2	独特性	0.15
		内容题材	0.2	创新性	0.2
		内容质量	0.3	艺术性	0.15
		实现技术	0.3	专业性	0.2
				社会性	0.3
运营能力	0.2	财务管理	0.25	完备性	0.3
		资源保证	0.3	执行性	0.3
		管理体系	0.2	有效性	0.4
		生产开发	0.25		

表 8-3-6 价值评估平台指标体系综合评测表

项目编号	
项目名称	
企业名称	
评估组长	

评分记录

价值维度	指标名称	一次加权 （三级指标）	二次加权 （二级指标）	项目总评分 （三次加权）
市场价值	受众范围	分值＊权重	一次加权后的 分值＊权重	
	传播媒介			
	发行渠道			
	品牌影响			
内容价值	内容风格			
	内容题材			
	内容质量			
	实现技术			
运营能力	财务管理			
	资源保证			
	管理体系			
	生产开发			
填制人				
填制时间				

综合评测结果得分，将依据综合评测判定表得出结论。综合评测总分大于或等于 3 分，结论为通过；综合评测总分小于 3 分，结论为未通过（见表 8-3-7）。值得注意的是，指标系统将着重参考单项得分，在项目评测过程中，将着重参考"市场价值"项评分，若该项评分小于 2 分，则该项目不具有评测意义，可以终止评测。

表 8-3-7　价值评估指标体系综合判定表

项目	评测依据	评测结论
1	项目总评分≥3 分	通过
2	项目总评分＜3 分	未通过

注：项目评测过程中，着重参考"市场价值"项评分，若该项评分＜2 分，则该项目不具有评测意义，可以终止评测；若该项评分≥2 分，则该项目具有评测价值，理应继续。

3.6　建立自动化评估平台

北京文化创意企业投融资价值评估服务平台采用上述的评估指标体系和相关测评表，正在开展项目价值评估、业务管理、计划管理、信息查询、咨询策划等与文化产业无形资产评估有关的服务。在专家静态评估的基础上，评估平台正在筹建基于大数据和云计算的自动化评估系统（见图 8-3-1）。

图 8-3-1　北京文化创意企业价值评估服务平台门户网站

评估工具、信息服务和业务支撑是整体系统的功能架构设计的重要目标，也是整个评估平台建设的重要工作内容和建设成果的重要体现。对应于系统建设目标,评估平台系统软件的主要功能包括信息提供、业务管理和价值评估三大板块,分别服务于文化企业与评估机构的业务部门以及评估部门,针对企业信息、项目信息、产品信息以及评估工作信息等整体评估相关信息,提供从采集输入、审核把关到评估分析的全过程、全系统、一站式的业务支撑、信息管理和数据支持能力(见图8-3-2)。

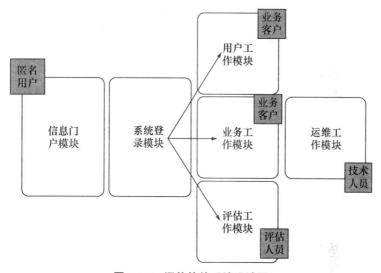

图 8-3-2　评估软件系统设计图

评估平台价值评估功能为实际的价值评估提供了信息处理工具以及相关的信息记录和编辑管理能力,主要包括对应于各个评估环节的信息生成、记录管理以及报告编制和相关各环节的审批、评定功能等,评估业务用户可根据自己的项目角色点击相应的菜单项进行相关的信息处理工作。

第三部分
文化产业无形资产评估的实务研究

第九章 世界文化遗产地可持续价值评估的案例分析

根据第七章文化产业无形资产价值评估通用指标体系，可开展某些个性化的价值评估服务，甚至针对一些公共文化资源开展价值评估。本章以研究中国世界文化遗产价值评估作为案例验证，着力从世界文化遗产地可持续发展的总体要求出发，通过分析中国经济、居民消费结构及水平的发展变化，评价中国政府相关政策法规，来证明中国对世界文化遗产保护的供给能力；通过梳理世界文化遗产地保护、经营、管理现状，总结世界文化遗产地的总体年度需求；建立若干评估指标，分析中国世界文化遗产地对遗产所在区域的综合贡献，最终得出中国世界文化遗产地可持续发展模式与评价体系。

1 案例基本情况

1.1 案例简述

本章研究对象为截至 2011 年 6 月第 35 届世界遗产委员会会议以及之前，被列入世界遗产清单的中国的世界文化遗产、文化和自然双重遗产，共 33 处。根据文化遗产的本体特性及形式的不同，中国世界文化遗产可以分为古文化遗址、古建筑群、园林、古墓葬、石窟寺、历史文化名城村镇、山岳等七大类别，主要分布在黄河及长江流域中下游人口密集地区。

1.2 案例评估目的

中国世界文化遗产目前分布在 21 个省、自治区和直辖市，并且正在向数量更多、分布更广泛的态势发展，中国将成为保护世界级文化遗产最多的国家，这种态势说明世界文化遗产的总体保护应该成为国家的战略责任。而本章对"世界文化遗产地可持续发展模式及评估体系"的研究，将对这种态势的可持续发展机制做出总结与建议。

1.3 评估的意义与作用

第一,从管理文化遗产的中央政府主管部门的角度:通过对遗产地运营、管理及模式的分析,设置评估指标体系,提炼中国世界文化遗产经营模式,将为政府在制定可持续政策、编制发展规划、确定资金额度、监测和把握发展方向等方面的工作提供科学依据。

第二,从遗产所在区域的地方政府主管机构的角度:分析发展环境、研究持续发展模式、探讨文化遗产地对当地经济社会的促进作用等,对于促进区域经济社会文化的协调发展具有现实的指导作用。

第三,从文化遗产地管理运营机构的角度:分析遗产地运营机构的保护措施,明确遗产保护方向和开发运营的关键点,选择最佳运营模式,建立持续保护和利用的机制,对于运营机构承担保护责任具有现实意义。

第四,从世界文化遗产研究者的角度:将为遗产地研究提供发展模式和指标体系方面的成果,并可以经济与管理方面的指标体系为平台,进一步做监测和发展模式研究。

第五,世界文化遗产价值评估的主要目的:通过指标体系的建构,探讨采取什么样的办法和机制,能够在保证世界遗产价值得到有效保护的前提下,使世界文化遗产地持续发展、永续保存。

2 评估思路及方法

2.1 概念解释

2.1.1 世界文化遗产的概念

世界文化遗产是与当代社会发展、社会价值和社会需求相关的过程的产物,在联合国《保护世界文化和自然遗产公约》中被定义为以下几点:

(1)文物:从历史、艺术或科学角度看具有突出普遍价值的建筑物、碑雕和碑画、具有考古性质成分或结构、铭文、窟洞以及联合体;

(2) 建筑群：从历史、艺术或科学角度看在建筑式样、分布均匀或与环境景色结合方面具有突出的普遍价值的单立或连接的建筑群；

(3) 遗址：从历史、审美、人种学或人类学角度看具有突出的普遍价值的人类工程或自然与人联合工程以及考古地址等地方。

世界文化遗产地是指世界文化遗产赖以生存的物质空间载体，本章在研究中参考了世界文化遗产申报文本中划定的保护区范围，主要包括核心区和缓冲区。

2.1.2 可持续发展的概念

世界环境与发展委员会对可持续发展的定义为："既满足当代人的需求，又不损害子孙后代满足其需求能力的发展"，该可持续发展体现了以下原则：

第一，公平性原则：包括代内公平、代际公平和公平分配有限资源；

第二，持续性原则：表示人类的经济和社会发展不能超越资源和环境的承载能力；

第三，共同性原则：指由于地球的整体性和相互相关性，某个国家不可能独立实现其本国的可持续发展，可持续发展是全球发展的总目标。

可持续发展的核心是发展，做到经济、社会、环境的共同发展、协同发展。发展不是无所节制的，而是有条件的，要做到发展方式的可持续性。世界文化遗产作为人类的共同财富，其发展需要强调"代际均等性"，即后代有权利享受与当代同样的真实完整的遗产，当代人有责任、有义务完好地把遗产保护和传承下去。对于当代人来说，上到国家及相关管理部门下至地方政府机构，在保存好珍贵遗产资源的同时，必须协调好遗产地的保护与开发，协调好与涉及遗产地各方利益之间的关系，对于导致遗产本体价值破坏的过度性开发，应给予有效控制，不得以牺牲一方权利（尤其是遗产地原住民的利益）换取一方或多方的效益，违背"代内均等性"原则。

2.2 评估思路

本章通过问题界定和文献综述，设定研究思路和研究大纲，通过深入研究得出世界文化遗产可持续发展的模式总结。通过实地调研及案例验证分析,参照文化产业价值评估指标体系,组织相关专家对该体系进行论证,最终得出可操作、实用的评估体系。世界文化遗产价值评估指标体系的建构采取了宏观与微观相结合、典型调查与综合论证相结合、国内实证与国际对比相结合、定性与定量相结合的方法进行。获取数据并进行分析的方式主要是通过实地调研与评估、监测系统来进行。调研的对象主要由遗产属地主管领导、遗产保护管理机构负责人、游客、当地居民、研究机构人员等构成。

2.3 研究结构的思路描述

根据第七章"世界文化遗产价值评估的指标体系",评估可分为基本信息、保护能力、发展开发等三大指标和细部要素,本章各择其部分要素,以此为基础,针对世界文化遗产地经营、管理及与政府的关系,遗产地对遗产所在区域经济拉动作用及贡献进行评估。文化遗产地及其所在区域两者的互动关系对文化遗产保护的影响等三个主要方面,借分析中国经济的飞速增长、居民消费的增长及消费结构的变化来证明中国对世界遗产保护的供给能力,以及对国家出台的相关政策的评价。通过对于中国遗产地管理、经营、开发等状况的分析,总结世界遗产地的总体年度需求,得出中国世界文化遗产地可持续发展模式与评价体系(见图9-2-1)。

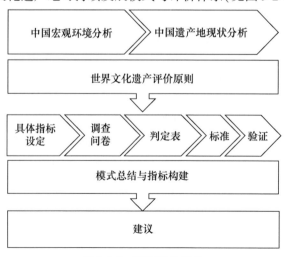

图 9-2-1　研究整体结构

3 世界文化遗产的中国环境

3.1 世界文化遗产地所在区域的社会经济情况分析

"十一五"期间,我国经济和社会发展取得巨大成就。国内生产总值达到397983亿元,扣除价格因素,比2005年增长69.9%,年均实际增长11.2%,远高于同期世界经济年均增速,成为仅次于美国的世界第二大经济体。中国世界文化遗产所在区域的27个地区(含县级市)经济发展迅速,其中25个地区的GDP年增速高于全国平均水平,占遗产地所在区域的92.59%,为区域世界文化遗产的保护与发展营造了良好经济环境。同时,各个遗产所在区域财政一般性预算收入也在逐年增长,说明各区域政府有足够能力从根本上满足区域世界文化遗产保护发展的客观需求。

另外,从我国世界文化遗产所在区域的经济发展结构来看,有12个地区(占44.44%)工业产业发达,传统支柱性产业能够为区域遗产发展提供有效的经济供给;有11个地区(占40.74%)三大产业呈均衡状态发展,不仅工业基础较好,而且服务业也相对发达,形成良性循环;4个地区(占14.81)第三产业服务业发展较为突出,区域遗产的发展具备良好的产业服务环境。这说明中国世界文化遗产地所在区域的产业结构趋于优化,能够为遗产的可持续发展提供均衡的条件。

3.2 世界文化遗产地所在区域消费能力分析

中国世界文化遗产所在区域消费能力呈现两种趋势(见表9-3-1):一种是遗产地处在省会一级城市,其城镇化率相对较高,区域消费能力较强,能够有效地供给遗产的可持续发展,也从一定程度上说明地区经济社会发展对于世界遗产的"依赖性"较弱;另一种是遗产地处在三线及三线以下城市,城镇化率大部分偏低,区域消费能力相对有限,世界文化遗产吸引力对于区域经济社会发展的贡献作用较大,对地方经济社会发展的带动效力显著(见表9-3-2)。

表 9-3-1 世界文化遗产地所在区域经济、社会及环境发展情况表

序号	遗产地名称	城市名称	经济发展					社会民生				资源环境	
			区域生产总值		区域财政一般预算收入		期末社会消费品零售总额（亿元）	三大产业结构	城镇及农村居民收入情况				森林覆盖率（%）	城市绿地率（%）/人均面积（㎡）
			期末总值（亿元）	年增速（%）	期末收入（亿元）	年增速（%）			城镇可支配收入（元）	年增速（%）	农村纯收入（元）	年增速（%）		
1	周口店遗址	北京	13777.9	11.4	2353.9		4470	0.9:24.1:75	29073	9.2	13262	9	37	45
2	颐和园													
3	天坛													
4	明清皇宫（北京故宫）													
5	长城（以北京段为主）													
6	明清皇家陵寝（北京十三陵）													
7	秦始皇陵及兵马俑坑	西安	3241.49	14.5	241.8	27	1611	4.3:43.5:52.2	22244	17.3	7750	23.5	45	31.97
8	大足石刻	重庆	7800	14.9	1018.39	30	2880.1	8.7:55.2:36.1	17532	11.3	5200	13.1	37	39.80/11.69 ㎡
9	西湖	杭州	5945.82	12.4	671.34	21.8	2146.08	3.5:47.8:48.7	30035	12.6	13186	11.5	64.56	
10	苏州古典园林	苏州	9168.9	13.9	900.55	20.9		1.7:57.7:40.6	29219	12.4	14657	11.8	23.5	
11	河南登封天地之中历史建筑群	郑州	4000	13	386.8	28.1	1678	3.1:56.7:40.2	18897	10.4	9225	13.6	25.68	10.5 ㎡

第九章　世界文化遗产地可持续价值评估的案例分析

(续表)

序号	遗产地名称	城市名称	经济发展						社会民生				资源环境	
			区域生产总值		区域财政一般预算收入		期末社会消费品零售总额(亿元)	三大产业结构	城镇及农村居民收入情况				森林覆盖率(%)	城市绿地率(%)/人均面积(m²)
			期末总值(亿元)	年增速(%)	期末收入(亿元)	年增速(%)			城镇可支配收入(元)	年增速(%)	农村纯收入(元)	年增速(%)		
12	龙门石窟	洛阳	2321.2	14.6	142	18.1	808.8	8.1:60.1:31.8	17639		5680		45	
13	曲阜孔庙、孔府、孔林	曲阜	235.29	13.4	10.77	13.1	92.23	10.3:40.5:49.2	14011		7402			24.2
14	布达拉宫(大昭寺、罗布尔卡)	拉萨	182	16	15	36	88.8	4.9:30.3:64.8	16323	11.61	5000	15.79	18.3	
15	开平碉楼与古村落	江门	1570.42	13	104.29	24	655.86	7.5:55.5:37	21153	10.4	8589	9.98		11 m²
16	庐山	九江	1032	13.7	116.7	24	284.1	9.5:56.2:34.3	15764	12.6	5588	11.3	54.7	
17	泰山	泰安	2000	14.5	116.9	23.5	687.4	9.5:53.5:37	19800	13.9	7592	13	36.9	
18	承德避暑山庄及周围寺庙	承德	880.5	14	54.84	8.1	303.02	15.8:51.0:33.2	13212	12.2	4382	11.2	55.8	42.6
19	云冈石窟	大同	694.3	10	2.0615	17.5	345.3	5.1:48.8:46.1	16103		4063		20.11	37.46/7.72 m²
20	安阳殷墟	安阳	1311.3	14.3	65	30.9	87.6	12.1:61.7:26.2	16394	13.2	6359	14.6	29.1	
21	敦煌莫高窟	酒泉	405	14.6	16.68	21	375	13.4:51.9:34.7	5852	10	2715	10	30.24	10.3 m²
22	武当山古建筑群	十堰	630	12.5	30	32.3	45.5	12.1:46.2:41.7	12400	12.1	3400	11.3	53	
23	丽江古城	丽江	143.59	13.6	16.46			18.1:38.3:43.6	15521	8.6	3410	13.3	66.2	

(续表)

序号	遗产地名称	城市名称	区域生产总值		区域财政一般预算收入		期末社会消费品零售总额（亿元）	三大产业结构	城镇及农村居民收入情况				资源环境	
			期末总值（亿元）	年增速（%）	期末收入（亿元）	年增速（%）			城镇可支配收入（元）	年增速（%）	农村纯收入（元）	年增速（%）	森林覆盖率（%）	城市绿地率（%）/人均面积（m²）
24	平遥古城	晋中	636.8	12	64.8	27.5		8.5:54.9:36.6	14628		5194		37.98	9.84 m²
25	五台山	忻州	435.4	13.2	42.34	26.2	169.8	10.8:44.8:44.4	13683	14.3	3445.7	12.3	14.3	
26	皖南古村落（以西递宏村为代表）	黄山	309.3	11.8	43.3	28.5	126	12.7:44.1:43.2	15834	13.2	6710	16.3	77.4	
27	黄山													
28	都江堰—青城山	都江堰	143.5	11.3	55.6	40.8		12.1:34.7:53.2					57.23	
29	高句丽王城、王陵及贵族墓葬	集安	72	28.2	5.3	29.4	22	8.7:52.8:38.5	14000		6095	14	78.3	
30	福建土楼	龙岩	991.5	14.6	66.75	22.8		13:53.3:33.7		11.7		10.9	77.9	
31	武夷山	南平	728.73	13.3	38.58	20.7	254.08	21.9:41.9:36.2	17332	11.9	6759	10.7	75.7	93.1
32	峨眉山—乐山	乐山	743.92	15.2	45.77	27.8		13.4:59.5:27.1	15237	15.2	5613	11.6	54.4	9.3 m²
33	澳门历史城区	澳门特区	1870.04				437.71		305621.5					

注：本表中涉及跨区域世界文化遗产"明清皇宫""长城""明清皇家陵寝"均以北京为主；另外，澳门特区 GDP 统计按照 2010 年年底的汇率 82.65 进行折算。

第九章 世界文化遗产地可持续价值评估的案例分析

表 9-3-2 世界文化遗产地所在区域人口规模及消费情况表

序号	遗产地名称	所在区域	常住人口（万人）	人口因素 城镇人口 数量（万人）	人口因素 城镇人口 占比（%）	人口因素 农村人口 数量（万人）	人口因素 农村人口 占比（%）	消费指数 城镇人均消费支出（元）	消费指数 城镇人均消费支出 同比增长（%）	消费指数 农村人均消费支出（元）	消费指数 农村人均消费支出 同比增长（%）
1	周口店遗址	北京	1961.2	1685.9	86	275.3	14	21984	10.3	11078	
2	颐和园										
3	天坛										
4	明清皇宫（北京故宫）										
5	长城（以北京段为主）										
6	明清皇家陵寝（北京十三陵）										
7	秦始皇陵及兵马俑坑	西安	851.34	596.79	70.1	254.55	29.9	14974.49	12.3	6705	19
8	大足石刻	重庆	2919	1605.96	55.02	1313.04	44.98	18595	11.2	4502.06	24.2
9	西湖	杭州	870.04	637.27	73.25	232.77	26.75	21046	17.7	14995	20.7
10	苏州古典园林	苏州	1046.6								
11	河南登封天地之中历史建筑群	郑州	862.65	551	63.87	311.65	36.13	14605.48	16		
12	龙门石窟	洛阳	654.95					13884	1815元		
13	曲阜孔庙，孔府，孔林	曲阜	64.05								
14	布达拉宫（大昭寺，罗布尔卡）	拉萨	55.94					14500	5.8		
15	开平碉楼与古村落	江门	446.55	280.43	62.8	166.12	37.2	15561	15.5		
16	庐山	九江	472.88	201.05	42.52	271.83	57.48	10823	10.9		
17	泰山	泰安	551.4	283.5	51.41	267.9	48.59	14888		4855	13.6

(续表)

序号	遗产地名称	所在区域	人口因素					消费指数			
			常住人口(万人)	城镇人口			农村人口			城镇人均消费支出		农村人均消费支出	
				数量(万人)	占比(%)		数量(万人)	占比(%)	支出(元)	同比增长(%)	支出(元)	同比增长(%)
18	承德避暑山庄及周围寺庙	承德	347.32	188.66	56.49		145.31	43.51	10902.6	14.9	4984	35.7
19	云冈石窟	大同	333.97	208.52	40.49		306.48	59.51	12243	20.7	3740	51.3
20	安阳殷墟	安阳	515	56.23	51.09		53.84	48.91	11863	12.4	4304	15.5
21	敦煌莫高窟	酒泉	110.07	136.97	41		197.12	59	14238	17.3	6462.48	14.04
22	武当山古建筑群	十堰	334.08						3674.2	17.8		
23	丽江古城	丽江	124.48	149.57	45.74		177.43	54.26	5056	8.9		
24	平遥古城	晋中	327	122.8	39.8		185.7	60.2	11207	10.9	5351.8	40.8
25	五台山	忻州	308.5	36.38	24.57		111.67	75.43	9064.9	1.8	3793	24.72
26	皖南古村落(以西递宏村为代表)	黄山	148.05	17.27	28.33		43.68	71.67	11069	0.6	4163	2.9
27	都江堰—青城山	都江堰	60.95	10.92	47		12.31	53	9715	18.6		
28	高句丽王城、王陵及贵族墓葬	集安	23.24	115.22	45.02		140.73	54.98	3844	9.3		
29	福建土楼	龙岩	255.95	134.23	50.74		130.32	49.26	14483	9.2	4815	7.3
30	武夷山	南平	313.9	127.73	39.48		195.84	60.52	11284	9.3	4991	9.3
31	峨眉山—乐山	乐山	323.58						4394	3.7		
32	澳门历史城区	澳门特区	552,503									

注:本表中涉及跨区域世界文化遗产"明清皇宫""长城""明清皇家陵寝"均以北京为主;另外,澳门特区GDP统计按照2010年年底的汇率82.65进行折算。

3.3 世界文化遗产地资源开发情况分析

3.3.1 传统文化资源丰富,逐步实现新型现代化转型

从总体上看,世界文化遗产所在区域文化资源蕴藏丰富,古都名城、园林、不可移动文物、博物馆等内容丰厚,成就了地方特色的文化资源优势,为发展文化产业特别是文化旅游业提供了天然土壤。依托传统文化资源优势,打造现代文化旅游产业,渐渐成为各区域发展现代文化产业的共同举措。比如,西安古都历史悠久、文化厚重,是一座历史与现代和谐共融的城市。在现代文化产业发展中,西安不仅使历史文化资源得到充分挖掘,新兴的生态文化旅游也异军突起。重庆依托巴渝文化资源发展体验型的文化旅游,依托浓郁的民间歌舞资源发展演出业,依托民间传说、文学故事发展音像和影视业,依托传统文化资源转化为现代文化产业,走上了一条新型特色的城市再生之路。

3.3.2 开发丰厚的文化资源,发展区域旅游产业

依托世界文化遗产所在区域所具备的历史文化资源优势,区域旅游业普遍快速发展。从2011年开始,世界文化遗产地所在区域旅游产业的总收入均以10%以上的速度迅速增长,区域文化资源价值得到了极大彰显(见图9-3-1)。

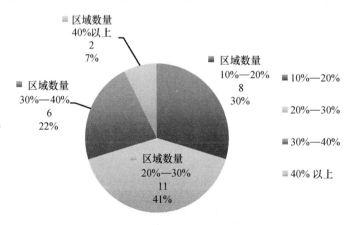

图 9-3-1 世界文化遗产地所在区域 2011 年旅游业收入增速占比

可以看出,一方面,中国整体实力不断增强,各地经济社会的

快速发展,为世界文化遗产可持续发展营造了良好的经济、社会环境;另一方面,各区域的世界文化遗产资源的合理开发,为区域内社会经济的转型发展和产业结构调整,贡献了强大的驱动力,也为世界文化遗产保护和开发提供了新的可能性。

3.4 世界文化遗产地保护现状分析

3.4.1 文化遗产的法规体系

改革开放三十多年来,尤其是"十一五"以来,我国文化遗产事业发展取得了阶段性的成果。特别是针对世界文化遗产的保护,国家在加大对世界遗产保护经济投入的同时,不断制定与完善保护世界文化遗产的相关政策法规,从中央到地方建立健全了文化遗产法规体系。

"十一五"期间,我国不断加大对世界文化遗产保护管理的法规建设,文物法制建设进程进一步加快,文化遗产保护的各项制度进一步完善。根据《文物保护法》和《世界遗产公约》,国家先后制定颁布了一系列世界文化遗产保护的专项法规、规章和规范性文件,如《长城保护条例》《历史文化名城名镇名村保护条例》《世界文化遗产保护管理办法》《中国世界文化遗产监测巡视管理办法》《中国世界文化遗产专家咨询管理办法》《文物进出境审核管理办法》《文物认定管理暂行办法》等行政法规和部门规章,以及《田野考古工作规程》《国家考古遗址公园管理办法(试行)》《文物入境展览管理暂行规定》《世界文化遗产申报项目审核管理规定》等重要的规范性文件。与此同时,地方政府也不断加大对世界文化遗产保护管理的法规建设,结合本地实际制定并修订了一系列保护管理条例或办法,如《江西省三清山风景名胜区管理条例》(2006)、《郑州市嵩山历史建筑群保护管理条例》(2007)、《阿坝藏族羌族自治州实施〈四川省世界自然遗产保护条例〉的办法》(2008)、《杭州西湖文化景观保护管理办法》(2008)、《福建省中国丹霞自然遗产保护办法》(2009)、《布达拉宫保护管理办法》(2009年修订)等等。与文化遗产事业有着密切联系的《博物馆条例》《自然遗产保护法》《非物质文化遗产法》《旅游法》等也纷纷出台。这些法律、法规和规范性文件使我国文化遗产事业在管理体制、经营机制、监督机制等方面的规则日益完备,使文化遗产事业的管理有法可依,日常工作能更加规范地进行。

3.4.2 世界文化遗产的管理体制

1. 中央政府管理。

我国加入《保护世界文化和自然遗产公约》后,对世界遗产资源的管理逐步完善。我国《世界文化遗产保护管理办法》明确规定:"国家文物局主管全国世界文化遗产工作,协调、解决世界文化遗产保护和管理中的重大问题,监督、检查世界文化遗产所在地的世界文化遗产工作。县级以上地方人民政府及其文物主管部门依照本办法的规定,制定管理制度,落实工作措施,负责本行政区域内的世界文化遗产工作。"我国世界文化遗产主要由国家文物局整体统一管理,由国家文物局专门设立的文物保护与考古司(世界文化遗产司)具体负责管理、指导世界文化遗产(含世界文化和自然混合遗产中的文化遗产部分)的申报和保护、保护规划与修缮、年度项目及经费预算等工作。与此同时,建设、文化、旅游、林业、环保、水利等多个国家部门在世界文化遗产地有各自的管理权限(见图9-3-2),如世界文化遗产多是5A级景区,在受国家文物局管理的同时,又受国家旅游局的管辖。2011年10月下旬,国家旅游局对全国5A级景区(包括世界文化遗产)组织实施暗访工作就是一个管理实例。

图9-3-2 世界文化遗产管理的中央部门结构关系

2. 地方政府管理。

我国世界文化遗产大多实行属地化管理,遗产所在区域的地方政府一般采取直接管理和指导相应的事业单位管理等形式,在管理体制方面具有多样性的特点(见表9-3-3),大体上有三种管理模式:第一种是事业单位管理体制,这类世界文化遗产地往往辖区面积较大,不但有古建筑群、宗教活动场所、自然景观,甚至还有村镇居民。第二种是当地政府设立具有政府职能的管理局或管委会,对辖区内事务实行统一管理,协调与周边的关系。如杭州市为西湖遗产专门设立了西湖风景区管理委员会,用行政管理的机制保护及开发西湖遗产。泰安市成立了泰山管委会,作为其派出机构,对泰山文化自然遗产实行统一管理。都江堰市青城山风景名胜区内有一个行政乡镇,管理局和镇政府基本上是一套机构,管理局长同时任镇长。第三种是交由公司进行企业化经营管理。少数地方把世界文化遗产全部或其中一部分作为资产交由公司经营,如黄山将遗产地部分开发功能交给黄山旅游发展股份有限公司,负责景区开发管理、酒店、索道、旅行社等旅游相关的经营管理。

表 9-3-3　世界文化遗产行政归属及运营管理概况

序号	名称	所在地区	行政归属	管理及运营机构
1	周口店北京猿人遗址	北京	房山区政府	周口店北京人遗址管理处
2	长城	北京	八达岭延庆县政府	八达岭特区办事处
		甘肃	嘉峪关市文化广播电视局	嘉峪关文物景区管理委员会
		河北	山海关秦皇岛市政府	山海关文物局
			金山岭滦平县政府	金山岭长城管理处
3	颐和园	北京	北京公园管理中心	北京市园林局颐和园管理处
4	天坛	北京	北京公园管理中心	北京市天坛公园管理处
5	明清皇宫(北京故宫、沈阳故宫)	北京	文化部(北京故宫)	故宫博物院
		辽宁省沈阳市	沈阳市文化局(沈阳文物局)	沈阳故宫博物院
6	敦煌莫高窟	敦煌市	甘肃省政府	敦煌研究院
7	秦始皇陵及兵马俑坑	陕西省西安市东临潼区	西安市文物局	秦始皇帝陵博物院
8	承德避暑山庄及周围寺庙	河北省承德市	承德市文物局	承德市文物园林管理局

第九章 世界文化遗产地可持续价值评估的案例分析 177

(续表)

序号	名称	所在地区	行政归属	管理及运营机构
9	曲阜孔府、孔庙、孔林	山东(曲阜市)	曲阜市政府	曲阜市文物管理局
10	武当山古建筑群	湖北(十堰市)	十堰市政府	武当山旅游经济特区工委管委会
11	布达拉宫(大昭寺、罗布尔卡)	西藏(拉萨市)	西藏自治区文物局	布达拉宫管理处
				大昭寺管理委员会
				罗布尔卡管理处
12	丽江古城	云南(丽江市)	云南省丽江纳西族自治县文化局	丽江古城保护管理局
13	平遥古城	山西(古陶镇)	平遥县人民政府	平遥古城保护管理委员会
14	云冈石窟	山西(大同市)	大同市人民政府	云冈石窟研究院
15	五台山	山西(繁峙县、五台县)	五台山风景区人民政府	山西五台山管理局
16	苏州古典园林	江苏(苏州市)	苏州人民政府	苏州园林局
17	大足石刻	重庆(大足县)	重庆大足县人民政府	重庆大足石刻艺术博物馆
18	皖南古村落(西递宏村为代表)	安徽(黟县境内的黄山风景区)	景区由市直辖	
19	龙门石窟	河南(洛阳市)	洛阳市政府	龙门石窟园区管委会
20	安阳殷墟	河南(安阳小屯村及其周围)	安阳市人民政府	殷墟博物苑
21	河南登封天地之中历史建筑群	河南(郑州登封市)	河南省文物局	登封市文物局
			登封市	
22	都江堰—青城山	四川(都江堰市)	都江堰市人民政府	青城山—都江堰旅游景区管理局
23	中国高句丽王城、王陵及贵族墓葬	吉林(集安市太王乡)	集安市人民政府	集安市文物局
24	澳门历史城区	澳门	澳门特区政府	澳门文化局
25	开平碉楼与古村落	广东(江门市下辖开平市境内)	开平市人民政府	开平市文物局
26	福建土楼	福建	永定县文化体育局	申报项目所在的乡(镇)分别成立土楼保护管理所
27	庐山	江西(九江市)	九江市庐山区规划局	江西省庐山风景名胜区管理局

(续表)

序号	名称	所在地区	行政归属	管理及运营机构
28	西湖	浙江(杭州市)	杭州市园林文物局	杭州西湖风景名胜区管理委员会
29	明清皇家陵寝			
	明显陵	湖北(钟祥县城北)	钟祥县文化局	显陵管理处
	清东陵	河北(唐山市遵化市)	遵化市人民政府	清东陵文物管理处
	清西陵	河北(易县城西)	易县人民政府	清西陵文物管理处
	明孝陵	江苏(南京市)	南京市人民政府	南京中山陵园管理局
	十三陵	北京(昌平区)	昌平区人民政府	十三陵特区办事处
	盛京三陵	辽宁(沈阳市、抚顺市新宾县)	福陵、昭陵沈阳市人民政府	福陵、昭陵沈阳市城建局
			永陵新宾满族自治县政府	永陵文物管理所
30	泰山	山东(泰安市)	泰安市规划局	泰山风景名胜区管理委员会
31	黄山	安徽(黄山市境内)	黄山市人民政府	黄山风景区管委会
32	峨眉山—乐山	四川(峨眉山市)	峨眉山市人民政府	峨眉山管理委员会
33	武夷山	福建(中国福建省的西北部,江西省东部,位于福建与江西的交界处)	武夷山市政府	武夷山风景名胜区管理委员会

3. 遗产地内部管理。

我国世界文化遗产种类丰富而复杂,管理内容不尽相同。一部分是全国重点文物保护单位,如故宫、敦煌莫高窟、大昭寺、苏州园林等,其构成主体相对封闭,边界较为清晰。另一部分涉及了社区管理,构成复杂,边界模糊。从整体上看,大部分世界文化遗产地采取政府直接管理或事业单位的管理机制,内部设置配备相应的管理机构。管理机构一般依照世界文化遗产地自身特点设置不同的职能部门,并根据相关管理法规,分类分级负责遗产地的监测、保护、开发、综合治理等主要事务。世界文化遗产地管理机构可分为遗产保护和遗产开发两大类。

第九章 世界文化遗产地可持续价值评估的案例分析

比如,苏州园林的管理事务由苏州市园林和绿化管理局统一负责,下设拙政园管理处、狮子林管理处、留园管理处、网师园管理处、东园管理处及世界文化遗产古典园林保护监管中心等专业机构。各机构分别下设相应的功能科室,其中履行保护功能的部门除了世界文化遗产古典园林保护监管中心之外,还包括园管科、园博科、安保科、档案业务科;履行开发功能的职能部门主要是综合业务科,负责经营工作、票务营销、基建管理,实施对检票、导游、服务、综合维修组的管理。

4. 人力资源管理。

世界文化遗产可持续发展的关键在于人才的培养与开发。根据我国世界文化遗产地调研的总体情况来看,遗产专业技术人员的引进与培养开始引起遗产地管理机构的重视,各遗产地开始着重吸纳、配备与自身遗产特点相关的专业资格技术人员,具有丰富的经验和专业知识的职工队伍在不断壮大。同时,各遗产地还建立世界文化遗产的培训与研究机构,主动与高校、科研单位开展广泛合作,不断加大对遗产地人员进行培训与提升。例如,2006—2011年间敦煌研究院主动引进了一大批具有专业知识的硕士、博士以及博士后,极大地满足了敦煌遗产保护、利用、管理与研究等各类工作的需求,知识分子干部占敦煌研究院职工总人数的70%。敦煌研究院不断加强对所有员工的专业技能培训,一支具有综合遗产保护与管理能力、具有丰富经验和专业知识的职工队伍已基本建成。

3.4.3 世界文化遗产的保护措施

世界文化遗产是一种不可再生的珍贵资源,是人类宝贵的文化财富。近年,一些世界文化遗产地申报成功之后知名度大增,给地方带来了丰厚的经济效益和社会效益,我国出现了空前的"申遗热",遗产保护和开发工作引起了中央和地方政府的高度重视。据统计,目前33个世界文化遗产地均为配合国家对遗产地的监测力度,设立相应的监测机构,配备专业监测人员,并利用先进的科技监测手段及工具,设立相应的专项保护监测资金,世界文化遗产的保护工作得到了前所未有的重视。

西湖申遗用了十多年时间。在申遗过程中体现保护原则,将申遗过程视作保护过程,完全符合世界文化遗产的保护理念。从2002年起实施的西湖综合保护工程和2008年起开展的西湖文化景观重点整治工程是新中国成立以来规模最大的西湖保护工程，极大地改善了西湖的保护状况。申遗成功后，杭州西湖坚持"六不"原则：一是"还湖于民"的目标不改变；二是门票不涨价甚至免费开放；三是博物馆不收费；四是土地不出让；五是文物不破坏；六是公共资源不侵占。建立健全西湖风景名胜区资源保护管理制度，实现公共资源利用效益的最大化、最优化；在遗产社区中所有新建项目都要通过文化遗产环境影响评估，防止城市发展对西湖景观区域的渗透。为了配合国家对世界文化遗产的监测保护工作，杭州西湖世界文化遗产监测管理中心于2011年7月挂牌成立，下设西湖景观实时管理监测中心和世界文化遗产监测管理中心，建设和实施西湖文化景观遗产的监测和预警体系，积极保护西湖文化景观的良好状况。

3.4.4 世界文化遗产的供需分析

维系一个世界文化遗产地正常运转的需求，一般包括保护维修费用、人员费用、行政开支、研究开发费用以及重大项目支出等。世界文化遗产地保护资金需求能否及时得到满足，是衡量遗产地可持续发展的根本性前提。目前，世界文化遗产地保护资金的来源主要依靠门票收入、开发性收入和政府资金支持等三个方面。根据遗产地经营状况的不同，三种资金来源所占遗产地保护需求的比例不同。据统计，目前90%的遗产地依靠自身收入都足够满足遗产地保护的资金需求。

综上所述，我国世界文化遗产的可持续发展既面对良好的机遇，又面临着困境与挑战。一方面，从国内经济形势来看，当前我国经济发展依然强劲，国内居民可支配性收入不断增高，国内旅游消费水平不断提升，为遗产地门票收入增加提供了可能；从遗产保护政策来看，中央及地方政府高度重视世界文化遗产的保护，各类政策、措施、资金的投入不断加大，为遗产地的可持续发展奠定了扎实基础。另一方面，从遗产地内部条件来看，我国世界文化遗产仍然存在遗产软性开发程度较低、管理体制不清晰等诸多不利情况；从遗产地外部条件来看，国内文化旅游热也给遗产地本身的保护带来较大压力，不利于我国世界文化遗产地的可持续发展。总之，若要实现世界文化遗产地的可持续发展，必须综合考虑并衡量以上两个方面的影响因素。因此，制定出衡量世界文化遗产地可持续发展的指标体系，通过评测推动遗产地可持续、健康的发展，是势在必行的。

4 世界文化遗产地可持续发展评估体系设计

4.1 评估体系的简述

从世界文化遗产的拥有数量上看,中国位列世界第三位。中国面积广阔,人口众多,拥有很长的历史跨度,不同文化在一个国家内汇聚、融合并且互相影响,世界文化遗产呈现多元化的特点。从史前的古人类到中国文化声名远扬的唐宋时期,再到康乾盛世,时间跨度已超过数千年。从北到南,从东到西,在中国960万平方千米的大地上,矗立的一座座世界文化遗产,其科学、艺术、文物等价值的复杂程度,远远不是西班牙、意大利这样的欧洲国家可以比拟的。因此,在审视中国世界文化遗产的可持续发展问题上,不能直接套用世界上通行的可持续发展理论,应立足中国本国的自身情况,结合中国目前的社会状况、自然状况、经济水平、文化程度等多方面因素,借鉴世界其他国家世界文化遗产的成功保护经验,制定出符合中国特色的世界文化遗产可持续发展的评估体系。

基于前面章节中对中国综合环境与遗产地现状的分析,本章将主要进行世界文化遗产可持续发展评估体系的搭建,以定性为主、定量为辅。评估体系依靠的是等级判定方法,对世界文化遗产地进行评价和分级,为可持续发展的评价体系建立框架模型。

整个评估体系由三大价值主体、四级信息架构组成,其中,三大价值主体包括遗产地基准价值、保护能力和发展水平等,将遗产地可持续发展的整体特征由内而外地分解为遗产地价值的基础条件、遗产地价值的维护和保持以及遗产地价值的创新和拓展等三个层次,全面覆盖了与遗产地相关各级组织以及社会公众对其保护和发展的需求和愿望(见图9-4-1)。

为了更有效、全面地对各类世界文化遗产地的运营组织进行评估、管理和指导,确保遗产地可持续发展工作保持正确的方向,评估体系又从实施角度将价值主体自上而下地映射为四级信息架构,包括指标要求信息、指标数据信息、指标判定信息和综合评价信息四部分,涵盖了从目标制定、信息采集到信息分析和处理等整个评估工作流程的各个环节。在具体的信息规格方面,四级信息架构分别对应于指标分解表、调查问卷表、指标判定表、综合评价表四类表格,即由指标分解表明确具体的指标要求,以调查问卷表的方式按对应指标分项获取评估对象的数据信息,然后根据所采集的数据信息进行整理、分析,并结合文件评估、现场审核等方法得出初步的评价意见,最后在综合各类信息的基础上对遗产地可持续发展水平作出整体的综合评价。

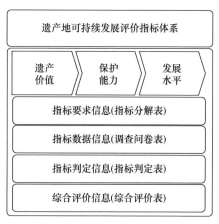

图 9-4-1　世界文化遗产地可持续发展评估指标体系

4.2　评估体系的设定

评估体系分为以下四个部分,分别为指标分解表、调查问卷表、指标判定表、综合评价表,以下分而述之。

4.2.1　指标分解表

按照遗产地基本信息、遗产地保护能力、遗产地发展状况三方面,将整个世界文化遗产地分解成单元。这些单元显示了遗产地的性质、特性及综合信息。第一部分是遗产地基本信息指标,主要包括三个模块的内容,分别是基本信息、价值类型以及遗产所在区域环境。通过这些信息的汇集,描述出了遗产地现实的基本情况。第二部分是遗产地保护能力指标,通过组织机构、管理文件、技术保障、研究开发、资金保障五个模块,描述遗产地内部情况。第三部分是遗产地发展性指标,由游客数量、产品形态、组织机构、开发管理、开发投入、收入、结余等模块构成,用来考察遗产地在保护的基础上进行开发情况及持续发展能力(见表9-4-1)。

表 9-4-1 世界文化遗产地可持续发展评估指标分解表

指标类别	指标名称	指标要素	指标说明	指标作用	数据来源
一、遗产地信息指标	1. 基本信息	遗产地名称	官方确认的遗产地正式称谓	确认遗产地的统一、公开正式名称,并以此为基础,确保与遗产地相关的各系统间的统一性和一致性	世界遗产官网
		遗产地类型	参照国家文物保护法分类,按遗产本体特征进行划分,如古墓葬、古建筑群等	将遗产地按不同属性特征进行分类,便于比较研究其价值规律,便于制定适用的评价标准和发展策略	国家文物保护法
		入选世界文化遗产名录时间	世界文化遗产申报及入选时间	遗产正式列入世界遗产后,文化遗产进入特别保护范围,相关的保护、发展要求将作为实际工作的参照和基准	世界遗产官网
		遗产地面积	世界文化遗产申报时所指明的范围,包括本区和缓冲区在内	遗产地面积对相应的保护措施、保护成本以及参与保护的人员规模具有一定的影响	遗产地提供
		遗产地所在区域	遗产地直接隶属并具有财政关系的行政区域,如省、市、县等	遗产地所处区域的城市规模、社会经济发展水平等对遗产地可持续发展具有一定的支撑和相互影响作用	

(续表)

指标类别	指标名称	指标要素	指标说明	指标作用	数据来源
一、遗产地信息指标	1. 基本信息	运营机构名称	直接具体负责遗产地日常运营的机构	确认遗产地的直接日常运营机构，是判定和评价遗产地管理运营水平的重要基础	中国遗产地网站
		运营机构类型	运营机构的单位性质，如行政机构、事业单位、企业单位、社会团体等	有助于了解遗产地日常运营管理的基本工作性质和特点，以及对于遗产地可持续发展的影响	
		运营机构归属关系	运营机构的直接上级行政归属部门	有助于了解遗产地相关的管理体系和管理模式，以及对遗产地可持续发展的影响	
		文化价值	遗产地所承载的内在文化、情感或精神价值，包括：年代、传说、奇迹、延续性、纪念性、宗教、象征、政治、爱国主义、民族等	遗产地内在文化价值会对当地文化生活、社会公益等产生一定的影响力，同时也决定了遗产地保护在内容层面的重要性以及发展潜力等	中国遗产地网站
	2. 价值类型	专业价值	遗产地外在形式上所体现的技术、学术性或专业性价值等，包括在设计、技术、结构、功能、工艺等方面的重要性以及与类型、风格、建造者、时期、社区等相关的稀有性、代表性和独特性等	遗产地外在专业价值对遗产保护和发展具有经济、技术等方面的影响	中国遗产地网站 世界遗产官网

第九章 世界文化遗产地可持续价值评估的案例分析

（续表）

指标类别	指标名称	指标要素	指标说明	指标作用	数据来源
一、遗产地信息指标	2. 价值类型	文物保护级别	遗产地本体内所含文物等级、类型、种类、数量等	遗产地内的文物等级、数量与将采取的保护程度、投入相关。可以作为一个重要考察遗产地保护工作质量来考察遗产地保护成效	中国遗产地网站
	3. 区域环境	自然环境	区域内的绿植覆盖率	绿植覆盖率会影响当地环境，也是影响遗产地保护的因素之一	遗产地所在区域园林局
			区域内的年降雨量	降雨量会影响当地空气的湿度以及因为雨水所产生的自然灾害，例如泥石流、洪水等	遗产地所在区域气象局
			区域内水系状况，如河流、湖泊、瀑布、沿海等	水系存在也会对空气的湿度有一定影响，当降雨量过高的时候可能会出现洪灾	遗产地所在区域水利局
			区域内环境质量状况，包括空气、水环境质量等	污染将严重影响遗产地的变化，涉及保护因素分析	遗产地所在区域环保局
			区域内不可抗力影响因素，比如地震、洪灾、风暴、传染病等灾害发生情况	灾害发生会影响遗产地保护的因素	中华人民共和国环境保护部

（续表）

指标类别	指标要素	指标名称	指标说明	指标作用	数据来源
二、遗产地信息指标	3. 区域环境 旅游环境		区域内的酒店数量	酒店数量可以反映当地经济发展状况及接待能力。酒店的档次是否合理与地方经济消费有关	统计年鉴
			区域内餐饮店数量	餐饮店数量可以代表当地特色饮食的丰富程度，作为其中一项旅游资源可以吸引更多游客。而其中，高级饭店比较多，则说明旅游团队较多，餐饮的规模接待能力比较强	
			区域内其他景点数量	级别高的景点能较多地吸引游客。如果周边高级别景点比较多，可能会相应减少世界遗产地的吸引力，同时也会减少过多游客的接待压力	遗产地所在区域的旅游局
			区域内交通设施状况	交通条件直接影响游客的访问数量。交通条件说明该文化遗产景点是否容易到达	

第九章　世界文化遗产地可持续价值评估的案例分析 | 187

（续表）

指标类别	指标名称	指标要素	指标说明	指标作用	数据来源
一、遗产地信息指标	3. 区域环境	社会经济	区域内国民生产总值（五年）	经济总量，可与不同遗产地进行比较看整体经济发展水平	统计年鉴
			区域内的人口数量，包含户籍人数、常驻人口人数、外来人口人数等	人口规模既决定了遗产地保护的人员和社会环境基础，也决定遗产地发展的空间和潜力	
			区域内财政收入（五年）	体现地方政府可支配资金的基本规模，反映当地财政对于遗产地保护、发展的支撑和履职能力	
			区域内第三产业产值（五年）	可据此计算出第三产业产值占GDP的百分比，直接反映当地国民经济对第三产业的依赖程度，主要包括金融、运输、旅游、文化等	
			区域内旅游业产值（五年）	可据此计算出旅游业产值占第三产业的百分比，间接反映当地旅游服务业对遗产地的依赖程度	
			区域内居民可支配收入（五年），包括城镇和农村居民在内	反映当地居民的生活水平、消费水平，是考察遗产地发展潜力的基础指标之一	

(续表)

指标类别	指标名称	指标要素	指标说明	指标作用	数据来源
一、遗产地信息指标	3. 区域环境	社会经济	区域内居民恩格尔系数（五年）	恩格尔系数与区域内居民富裕程度具有一定相关性，同时也决定了该区域内文化类消费的潜在需求水平，是考察遗产地发展潜力的基础指标之一	统计年鉴
			遗产地周边城市建筑及商业设施开发情况	考察城市建设和商业地产开发对遗产地保护和发展的影响	遗产地运营机构提供
		遗产聚集	区域内其他相关遗产聚集数量	了解在同一个遗产地所在区域内相关遗产之间的相互影响	遗产地运营机构提供
二、保护能力指标	1. 组织机构	内部组织架构及人员配置	指与遗产地日常运营、维护相关部门设置及人员配置，一般应涵盖旅客管理、环境保护、安全防护、监测监控、维护修缮以及后勤保障等运营管理职能，需具体说明部门名称、部门职能以及配备人数等	组织机构设置及人力资源配备情况直接反映了遗产地保护的管理水平和能力，以及与遗产地保护需求的匹配程度	遗产地年度报告遗产地运营机构提供

（续表）

指标类别	指标名称	指标要素	指标说明	指标作用	数据来源
二、保护能力指标	1. 组织机构	外部相关管理机构	与遗产地保护和发展相关的行政和专业管理情况，包括机构名称、级别、管理职责和内容等	与遗产地保护相关的政府管理机构、行业组织以及相关机构的配置情况不仅反映出遗产地的整体管理模式和管理效率，也反映出整体支撑水平	遗产地年度报告 遗产地运营机构提供
		外部合作机构	与遗产地保护相关的外部合作机构，包括机构名称、机构性质、机构职能、合作内容等	合作机构和遗产地运营机构在资源和能力等方面具有一定的互补性，因而可以整体提升遗产地保护的质量和水平	
	2. 管理文件制定	文件制定	与遗产地日常运营维护工作相关的指导和管理类文件的编制和配备情况，一般应涵盖规划计划、规章制度、标准规范以及管理记录等文档，同时也应考虑与日常管理职能、岗位的匹配性 管理文件是用于规范、控制和统一协调遗产地日常运营维护工作行为的重要保证，是决定遗产地保护质量的重要基础		遗产地年度报告 遗产地运营机构提供

(续表)

指标类别	指标名称	指标要素	指标说明	指标作用	数据来源
二、保护能力指标	2. 管理文件	文件管理	与管理文件发布、传递以及版本更新等相关的管理状况，包括管理要求、分发数量、完好情况以及更新次数等	管理文件本体的完好性是贯彻执行相关管理要求切实有效的前提条件	遗产地年度报告遗产地运营机构提供
		文件执行	相关管理文件的执行情况，包括监督管理措施、检查情况、执行情况等	贯彻执行是制定管理文件和要求的最终目的，有效的监督管理措施是运营管理质量的重要保证	
	3. 技术保障	系统或设备配置	包括安全防护、监控监测、维修维护、环境管理等相关的设备配置情况、要求和配置情况，包括类别、规格说明和配置数量、使用周期或使用年限等	遗产地保护是一项专业性较强的系统工程，专业化的系统设备做支撑、专业设备可持续发展的技术基础	
		系统或设备管理	相关设备和系统的维护保养以及完好情况等		

（续表）

指标类别	指标名称	指标要素	指标说明	指标作用	数据来源
二、保护能力指标	4. 研究开发	研发能力	包括研发部门设置、研发人员数量、研发人员构成以及研发设备配置等	有计划、有保证的遗产地保护技术研发以及创新应用将为可持续性发展提供切实的基础保障	遗产地年度报告遗产地运营机构提供
		研发计划	包括研发项目计划、研究预算以及保障措施等		
		研发实施	包括每年研发经费投入、研发项目实施情况以及研发项目应用情况等，其中应考察重要或关键项目名称及其影响		
	5. 社会宣传	宣传活动或项目	遗产地保护相关的社会宣传、教育活动或项目	考察遗产地运营机构在遗产地保护宣传、提高社会公众保护意识方面的工作	

（续表）

指标类别	指标名称	指标要素	指标说明	指标作用	数据来源
二、保护能力指标	6.资金保障	运营成本（需求）	保证遗产地日常运营维护工作正常开展以及研究开发工作所需的资金数量（五年），一般涵盖维修费用、人员费用、行政开支、研究开发费用以及重大项目支出等汇总支出项目分别列举及金额，按科目名称、类别、金额、用途等	分析遗产地五年来所有用于维护保持遗产地运转和文物保护的资金需求数量、变化趋势、落实情况以及构成特点，从财务角度分析遗产地保护能力水平和运营状况	遗产地年度报告、遗产地运营机构提供
		资金来源（供给）	运营所需资金的落实情况（五年），一般涵盖财政拨款、企业捐（赞）助、收入再分配等各类资金渠道，按来源分别列举名称、金额以及用途等		

（续表）

指标类别	指标名称	指标要素	指标说明	指标作用	数据来源
三、发展性指标	1. 游客数量	区域内游客数量	包括（五年内）遗产地所在区域内游客总数以及本地、外埠（含国内、国外）游客数量的统计数据	掌握遗产地所在区域的客流情况、构成比例及变化趋势，分析遗产地开发的潜力和重点	地区旅游统计年鉴
		遗产地游客数量	包括（五年内）遗产地本身游客总数以及本地、外埠（含国内、国外）游客数量的统计数据	掌握遗产地本身的客流情况、构成比例及变化趋势，分析遗产地发展的规律以及与当地旅游业发展的相关性	遗产地年度报告
	2. 产品形态	直接产品	以遗产地本身作为产品提供的直接服务，一般包括参观、游览及其他附属服务等	以旅游为主的直接产品是遗产地的主要收入来源，为遗产地提供基本收入保证，是评估遗产地自身经营能力的重要指标	遗产地年度报告
		衍生产品	以遗产地本体价值或内容为蓝本开发的其他形态产品，一般包括旅游纪念品、内容产品（音像、图书、影视）等	衍生和授权产品的开发代表遗产地运营机构对于遗产地附加值的增值开发、创新利用能力	遗产地运营机构提供

(续表)

指标类别	指标名称	指标要素	指标说明	指标作用	数据来源
三、发展性指标	2. 产品形态	授权产品	以遗产地品牌、形象或相关主题元素为基础的授权服务类产品,包括专利权、商标权、著作权以及其他相关无形资产授权	衍生和授权产品的开发代表遗产地运营机构对于遗产地附加价值的增值开发、创新利用能力	遗产地年度报告,遗产地运营机构提供
		配套服务	包括博物馆、餐饮服务、场地租用(一次性、长期)、零售服务等遗产地主体业务相配套的其他服务产品	配套服务一般用于衡量遗产地对于内外部资源的整合挖掘利用能力,同时也应考虑对于遗产地本体价值及环境的影响程度	
		项目开发	为服务社会、文化传承需要开展的其他服务类项目或主题活动等,包括科教类项目,文化类项目和公益类项目等	代表遗产地本身对社会文化或精神文明的贡献程度,是本体价值在文化、教育层面的延伸和发展	
		新建设施	在遗产地内部开发建立新的建筑或服务设施等,对原有本地进行功能性补充,进而产生附加价值的产品或服务收入	作为遗产地本体的必要补充,新建设施在一定程度上可以拓展遗产地价值的覆盖范围或提升其功能性,但也会因过度开发削弱遗产地本体价值甚至造成一定的破坏风险	

第九章 世界文化遗产地可持续价值评估的案例分析

（续表）

指标类别	指标名称	指标要素	指标说明	指标作用	数据来源
三、发展性指标	3. 组织机构	部门设置及人员配备	指与遗产地产品开发、宣传推广、销售服务等职能相关的部门设置情况，包括部门名称、部门职能以及配备人数等		
	4. 开发管理	经营计划	指产品开发、宣传推广、产品销售和客户服务等与开发经营工作相关计划及执行保证目标制定情况	考察遗产地运营机构对产品开发以及市场经营的重视程度以及实际的执行能力	遗产地年度报告遗产地运营机构提供
		实施情况	相关计划的实施、完成情况以及所产生的影响或效果等		
		知识产权保护	与遗产地相关知识产权的保护情况，包括产权名称、产权类型、保护措施以及登记、保护状况等		

（续表）

指标类别	指标名称	指标要素	指标说明	指标作用	数据来源
三、发展性指标	5.开发投入	产权保护类支出	与知识产权或无形资产保护相关的各项支出	遗产地运营机构用于产品开发和经营的实际投入,用于判定其对开发经营的投入规模和机构成比例,投入程度	遗产地年度报告遗产地运营机构提供
		产品开发类支出	与新产品开发和维护相关的各项支出,包括人工费用、设备费用、场地费用和行政费用等		
		宣传推广类支出	与产品和服务宣传推广相关的各项支出		
		产品销售类支出	在产品销售和客户服务过程中所发生的经营成本和各项支出,包括人工费用、行政费用等		
		其他经营性支出	与经营性收入直接相关的税金以及其他管理、服务支出费用等		

（续表）

指标类别	指标名称	指标要素	指标说明	指标作用	数据来源
三、发展性指标	6.收入	事业收入	包括:门票收入、其他附加收入(讲解、游览车船)	考察遗产地运营机构产品和市场开发、运营的实际效果以及机构,从一个侧面反映其价值转化能力、发展模式以及开发经营水平	遗产地年度报告 遗产地运营机构提供
		经营收入	包括:衍生产品收入、授权产品收入、配套服务收入、项目开发收入		
		财政收入	指地方财政提供的事业单位的正常经费		
		财政补助收入	指中央政府及地方政府提供的专项经费、重大专项经费		
		上级补助收入	指预算外资金来源		
		其他收入	指对外投资、利息、出租、其他单位补助、杂项收入及经过筹措机制得到的相关国内企业、慈善机构及民间组织给予的资助等		

（续表）

指标类别	指标名称	指标要素	指标说明	指标作用	数据来源
三、发展性指标	7. 结余	事业结余	在一定期间除经营收支以外的各项经常收支相抵后的余额 事业结余＝财政补助收入＋上级补助收入＋附属单位缴款＋其他收入－事业支出－对附属单位补助－拨出经费－上缴上级支出－结转自筹基建－销售税金	考察遗产地运营机构的综合盈利能力和经营管理水平	遗产地年度报告 遗产地运营机构提供
		经营结余	在一定期间各项经营收入与支出相抵后的余额。经营结余＝经营收入－经营支出－经营税金		
	8. 社会效益	遗产地对所在区域的社会贡献	遗产地的可持续发展对所在区域的社会、经济、文化、生活等方面的带动和影响状况及程度	考察遗产地对当地社会、经济、文化、生活的带动作用和贡献能力	

评估指标分解表作为说明性文件，包括指标类别、评价指标对象、指标选择说明，完整地汇总了遗产地内外部以及所在区域情况。此表可以帮助进行信息收集，在此基础上进行调查问卷表，为指标判定及评价提供了基本依据。

4.2.2 调查问卷表

调查问卷表是信息搜集的基础性文件，由各遗产地运营机构填写，上报给国家文物局主管部门，用于对遗产地可持续发展评价的基本依据及课题研究者验证评价体系（由于篇幅关系，本书没有附列调研问卷表）。

4.2.3 指标判定表

指标判定表是世界文化遗产地构建评价体系的第一步工作，与遗产地调研表的书面填报内容及专家现场观察结合使用。指标判定表由政府指定的第三方专业机构进行。判定记录是指对调查表中与判定相关的关键事实的分析、描述信息。判定依据是对相关标准、制度、规范或法律文件的引用信息。判定结论是针对所判定指标、参照判定记录和相关标准等得出的定性判定结论，根据评判标准分辨填写 A、B、C 等级（见表9-4-2）。

4.2.4 综合评价表

综合评价表是考虑遗产地是否可持续发展的最终评价表，具体执行由政府出面组织的专家委员会及委员会主任负责。通过政府组织的世界遗产地监测及定期调研出来的数据，用综合评价表的标准来判定世界遗产地可持续发展之等级（见表9-4-3）。

表 9-4-2 世界文化遗产地可持续发展评估指标判定表

指标类别	指标名称	指标要素	判定结论[2]	判定记录[1]（问卷、现场）	评定标准
一、遗产地信息（基准）	1. 基本信息	遗产地名称			□准确 □基本准确 □不准确
		遗产地类型			□单体 □集中 □分散
		入选世界文化遗产名录时间			A 成熟运营 B 初步运营 C 运营准备
		遗产地面积			保护范围：A 大 B 中 C 小
		遗产地所在区域			城市规模：A 大 B 中 B 小
		遗产地运营机构			A 标准型 B 受限型 C 制约型
	2. 价值类型	文化价值			A 综合价值 B 实体价值 C 精神价值
		专业价值			A 高 B 中 C 低
		文物保护级别			
	3. 区域环境	自然环境			A 正面影响 B 没有影响 C 负面影响
		旅游环境			A 条件较好 B 条件一般 C 条件较差
		社会经济			A 高速发展 B 稳定发展 C 发展迟缓
					A 消费旺盛 B 消费一般 C 消费不足
					A 结构合理 B 结构均衡 C 结构失衡
		周边地产开发			A 适度开发 B 较少开发 C 过度开发
		遗产集聚			A 丰富 B 较少 C 没有
	总体特征				A 基础较好 B 基础一般 C 基础薄弱

（续表）

指标类别	指标名称	指标要素	判定结论[2]	判定记录[1]（问卷、现场）	评定标准
二、保护能力指标（保值）	1. 组织机构	内部组织架构及人员配置			A 组织健全 B 满足需求 C 配置不足
		外部相关管理机构			A 统一管理 B 分头管理 C 多头管理
		外部合作机构			A 紧密合作 B 松散合作 C 没有合作
	2. 管理文件	文件制定			A 文件完备 B 满足需求 C 类别缺失
		文件管理			A 管理完善 B 管理尚可 C 管理不足
		文件执行			A 执行较好 B 基本执行 C 执行较差
	3. 技术保障	系统或设备配置			A 配置较好 B 满足需求 C 配置不足
		系统或设备管理			A 管理完善 B 管理尚可 C 管理较差
		研发能力			A 能力较强 B 能力一般 C 能力较弱
	4. 研究开发	研发计划			A 计划较好 B 计划一般 C 计划较差
		研发实施			A 实施较好 B 基本实施 C 实施较差
	5. 社会宣传	宣传活动或项目			A 组织较好 B 偶尔组织 C 没有组织
	6. 资金保障	运营成本（需求）			A 结构合理 B 满足要求 C 浪费严重
		资金来源（供给）			A 资金充裕 B 基本满足 C 资金不足
	总体特征				A 保护较好 B 满足需求 C 保护较差 或 过度保护

（续表）

指标类别	指标名称	指标要素	判定结论[2]	判定记录[1]（问卷、现场）	评定标准
三、发展性指标（增值）	1. 游客数量	区域内游客数量			□数量递增 □数量稳定 □数量递降 □本地为主 □外埠为主 □内外均衡
		遗产地游客数量			A数量递增 B数量稳定 C数量递降 □本地为主 □外埠为主 □内外均衡
	2. 产品形态	直接产品			A产品丰富 B产品单一 C开发不足或过度开发
		衍生产品			
		授权产品			
		配套服务			
		项目开发			
		新建设施			
	3. 组织机构	部门设置及人员配备			A配置较好 B满足需求 C配置不足
	4. 开发管理	经营计划			A计划较好 B计划一般 C计划较差
		实施情况			A实施较好 B基本实施 C实施较差
		知识产权保护			A保护较好 B部分保护 C保护较差
	5. 开发投入	产品保护类支出			A投入充足 B投入一般 C投入不足
		产品开发类支出			
		宣传推广类支出			
		产品销售类支出			
		其他经营性支出			

(续表)

指标类别	指标名称	指标要素	判定结论[2]	判定记录[1]（问卷、现场）	评定标准
三、发展性指标（增值）	6. 收入	事业收入			A 开发依赖 B 资源依赖 C 政府依赖
		经营收入			
		财政补助收入			
		上级补助收入			
		其他补助收入			
	7. 结余	事业结余			A 盈利 B 持平 C 亏损
		经营结余			
	8. 社会效益	遗产地对所在区域的社会贡献			A 贡献较大 B 贡献一般 C 较少贡献
		总体特征			A 发展较好 B 发展一般 C 发展不足或过度发展

表 9-4-3 世界文化遗产地可持续发展评估综合评价表

评分项目			评分记录	评分标准		
				A	B	C
				基础较好	基础一般	基础较差
基础条件	遗产地本体以及环境的特征（非考核项）					
运营能力	运营维护组织	组织机构设置		组织机构完整，职能界限清晰	具备基本组织机构或相关职能分工	缺少关键组织环节
		人员配备		岗位齐备，人员配置充足	人员配置基本满足要求	关键环节人员配置不足
		管理文件		管理文件齐全、系统性较强	具备必要的基本管理文件	缺少关键管理文件（如记录文件等）
		技术保障		技术手段齐全，管理完善	具备基本的技术保障能力	支撑性技术手段欠缺或不能满足要求
		创新开发		具备完善的创新开发能力，每年具有一定的开发投入	具有一定开发能力，但开发投入一般	不具备开发能力
		合作机构（选项）		具有合作关系，且具有双向的协作关系	具有一定的合作关系	
	经营组织	组织机构设置		组织机构完整，职能界限清晰	基本组织机构健全	缺少关键组织环节
		人员配备		岗位齐备，人员配置充足	人员配置基本满足要求	关键环节人员配置不足
		发展规划及管理措施		规划及管理措施齐备，实施记录完整	具备基本的规划和管理措施	缺少规划或计划，尚未制定有效的管理措施

第九章 世界文化遗产地可持续价值评估的案例分析

（续表）

评分项目		评分记录	评分标准 A	评分标准 B	评分标准 C
运营能力	综合能力等级		所有选项等级评分均达到A，则为A	所有选项中出现一项以上B等级评分，则为能力基本满足要求，评为B	必选项中出现一项C等级评分，则为能力不满足要求，评为C
资金保障	成本结构		结构合理，重点突出	基本满足日常支出需要	结构不合理，浪费严重
	资金渠道		资金来源满足支出要求（没有资金缺口）	资金来源基本满足运营维护支出要求（资金缺口小于10%）	资金来源不能满足要求（资金缺口大于10%）
发展水平	游客数量		游客增长	游客稳定	游客数量递减
	经营开发		类型丰富，重点突出，系统性强	类型单一，基本依赖旅游服务	没有核心产品，业务或过度开发
	收入构成		收入来源较为均衡和直接接业务占比30%以上（非财政）	直接业务为主（大于50%）	财政补贴为主（大于50%）
	社会效益		对当地社会、经济、文化、生活具有很强拉动作用	对当地社会、经济、文化、生活具有一定拉动作用	对当地社会、经济、文化、生活的贡献较少
总评分			均为A	一项以上为B	一项以上为C
评价结论			可持续发展	基本可持续发展	不可持续发展

5 世界文化遗产地可持续指标体系的实证分析

5.1 评估指标体系的验证对象

本章在世界文化遗产价值评估体系基础上,对中国部分文化遗产地进行了指标验证。通过对苏州古典园林、周口店北京猿人遗址、曲阜三孔(孔府、孔庙、孔林)、平遥古城、杭州西湖等世界文化遗产地的调研、核实、分析,旨在验证指标体系的合理性及完整性,并进一步完善世界文化遗产可持续发展评价指标体系的等级划分。

苏州古典园林作为坐落于经济活力较强的二线城市的世界文化遗产,拥有较高水平的管理模式,在设备配套、管理运营等方面较其他世界文化遗产地来说有一定的优势。苏州园林有较强的观赏价值和娱乐价值,仅门票收入就足以支撑遗产保护的相关投入,而且,政府在政策和资金上也有比较大的扶持。因此,苏州古典园林作为世界文化遗产地,在可持续发展方面具有很大优势和能力。

周口店北京人遗址作为远古时期人类发源地之一,拥有较强的考古和研究价值,但由于遗址出现的年代过于久远,在功能性的业务开发方面受到一定限制。周口店北京人遗址在门票等直接业务收入规模上不高,不能采用业务收入再分配的形式来支撑日常维护和管理,需要各级政府出资进行日常的维护和管理。

作为儒家孔子学派的起源地,曲阜三孔(孔府、孔庙、孔林)对当代具有重大的教育意义和纪念意义。然而,三孔位于三线城市,其经济实力相对单薄。由三孔文化资源所带来的旅游收入,对于曲阜的产业结构调整、经济转型发展的贡献较大。曲阜三孔既有古墓葬群,也有森林名木,在维护管理方面难度较高,对高科技设备的要求也比较高。因此,保护所需要的资金投入也很高。

平遥古城由于整座古城就是一处世界文化遗产地,还有居民居住,采取的是开放式的管理模式,也没有配备专业的管理队伍。因此,平遥古城的破坏情况较严重,出现城墙裂缝等情况,严重威胁了古城的价值。平遥古城作为世界文化遗产,在可持续发展方面还面临极大的困难。

杭州西湖文化景观作为新近加入的世界文化遗产，有较为成熟、系统的发展规划，拥有系统的管理制度及合理的资金供给结构。杭州西湖景区具有较好的可持续发展能力。

总之，通过对不同类型的遗产地进行分析、调查和研究，我们发现中国世界文化遗产地的类型复杂、各具特色。由于世界文化遗产地具有多样性，因此对遗产地的管理要求较高。本章旨在寻找共识，将不同世界文化遗产地的运营发展模式进行总结归类，得出了中国世界文化遗产地可持续发展的一般规律及相应的发展模式，为指导世界文化遗产地管理者的有效决策奠定基础。

5.2 世界文化遗产地可持续发展的中国模式

由于受经济、社会影响、品牌、管理与开发能力等多种关联要素在不同程度上的影响与作用，世界文化遗产地的可持续发展呈现出不同的特征。本章着眼于世界文化遗产地本体经营运作的角度进行研究，将世界文化遗产地的中国发展模式归纳为资源依赖型、政府支撑型及开发补充型等三种模式。当然，在实际调研中，由于某些世界文化遗产地的多样性的特点，可能兼备两种以上的模式特征。这样，可以根据某种模式所起的作用程度，来评断世界文化遗产地所具有的某种发展倾向。如果门票收益比例大，则可判定其倾向于资源依赖性；如果政府支撑比例大，则可判定其倾向于政府支撑型，等等。这些不同模式之间的相互作用与影响，共同构成了遗产地整体的可持续发展。

5.2.1 资源依赖型

该模式突出遗产经济的特点，遗产地发展主要依靠遗产自身的魅力、价值、品牌、丰厚资源等吸引游客。门票收益完全可以满足遗产地自身保护与开发的需求，收益大于支出，实现自给自足。目前大部分的中国世界文化遗产均可以做到这一点。通过遗产地的门票收益解决遗产地的日常维护费用及基本保护，不少遗产地还拥有大量的资金结余，满足保护与发展的需要。例如，曲阜属于兼备资源和政府支持两种特征的遗产地之一，但是门票收入是整体收入的主体，远高于自身日常维护支出及政府的资金支持，属于资源依赖型的遗产地。

5.2.2 政府支撑型

该模式的突出特点就是依赖政府财政资金维持保护与发展。由于遗产地自身资源的匮乏,依赖自身的门票等经营性收益难以维持其自身的保护与发展,但遗产本体往往又具有重要历史意义或时代价值,所以需要依靠各级政府给予资金支撑,且支撑度取决于遗产地需求缺口的大小。目前中国有少数遗产地处于这种情况,需要各级政府的支持。

5.2.3 开发补充型

开发补充型模式,是指有利于遗产本体保护、遗产品牌推广,及扩大遗产社会影响力的开发收益及活动,而非导致遗产本体价值破坏的过度性开发,该模式的主要特点是除了门票收入外,还依赖遗产地内的房屋出租收入、餐饮收入、授权经营收入、衍生产品收入、财税收入等经营性开发来推动自身的保护与可持续发展,遗产自身的增值开发能力较强,最典型的是杭州西湖。西湖申遗成功后成立了杭州西湖风景名胜区管理委员会作为准一级政府单位,主要负责整个遗产地范围内的经营管理工作。西湖每年收益中的50%来源于景区范围内的开发性收入,如房租、税收等,其开发程度较高。

5.3 促进世界文化遗产地可持续发展的主要建议

现阶段我国世界文化遗产的保护与发展整体良好,文化遗产与区域经济社会发展的互动作用凸显,特别是世界文化遗产对区域经济发展与结构调整、社会就业、生态环境保护、旅游发展等起到了有效的带动作用。国家、地方政府及遗产地运营主体在世界文化遗产的保护与发展中应各司其职,充分履行各自的责任与义务,在进一步完善对世界文化遗产的保护、推动世界文化遗产可持续发展中担当好自己的角色。

从中央部门的角度来看,国家是世界文化遗产的第一责任人,应承担世界文化遗产的第一保护责任,负责全国文化遗产规划与管理的全局工作。对于文化遗产事故的出现,除了追究相应的经营管理主体之外,政府的责任重大。"十二五"时期是我国世界文化遗产事业发展的关键时期,夯实基础、科学规划、加快发展应是我国世界文化遗产事业发展的主题。第一，国家应理顺管理体制，强化中央统一管理，打造中央、地方、运营主体等多方参与而统一的立体式管理机制。第二，加大经费投入，设立专项资金。一方面通过立法途径规定中央政府拿出占据国民生产总值相应比例的资金用于遗产保护，另一方面制定符合世界文化遗产地实际需要的优惠政策，鼓励用多渠道的方式筹集社会资金，并将其用于世界文化遗产的保护工作。第三，完善世界文化遗产监督管理制度，利用可持续发展评估体系定期对世界遗产地进行评估指导。

从地方政府的角度来看，地方政府应严格执行国家制定的相关法律法规、规划等，同时也将遗产地保护纳入政府发展规划中，按照国家政策配套拿出占据地方国民生产总值相应比例的资金，采取事业预算制，直接用于文化遗产的保护与发展。

从运营主体的角度来看，遗产运营机构应加强专业技术人员的吸收与培养，逐步提高专业人员占就业人员总数的比例，并实行文化遗产保护人员持证上岗等举措，不断提高遗产保护的相关技术研发能力；同时，在文化遗产保护的基础上，鼓励探索产业化经营发展模式，可建立或委托企业进行遗产地相关产业的经营及产品开发等模式的创新。

第十章　商业动画电影价值评估的案例分析

由于文化产业的门类众多,在通用指标的基础上,不同的行业最好采用不同的文化产业无形资产评估指标,本章以商业动画电影为个案,探讨从不同文化产品建构不同指标体系的可能性。

商业动画电影是通过院线放映获得收益的动画电影作品,不同于通过电影节获奖的艺术动画电影。但此类电影的划分,并不排除具艺术价值的电影被划到商业电影的范畴,也不表示有票房的电影就没有艺术价值。根据本书第八章所提出的价值评估架构,本案例侧重评估其市场价值中受众范围的覆盖率、转化率、影响力和主导性等指标。艺术类电影重点评估其艺术价值,本章着眼商业电影的市场价值的评估。由于被评估案例是一部儿童动画电影,考虑到其对受众的影响,在评估其价值时包含了部分内容价值(主要是社会价值)的评估。在实践中,电影的市场价值评估具体体现为票房预测和宣传方式研究。透过分析动画电影 A 在上映之前的票房预估和宣传方式制定的方法、过程和结果,以及该电影在上映之后对受众影响的评估,了解电影价值的评估理论与实务。

1　案例基本情况

1.1　案例评估的简述

儿童社区游戏 A 是 T 公司专门为儿童打造的一款在线绿色社区游戏。该游戏以魔法王国为主题,小朋友可以在里面体验趣味小游戏,学习丰富的百科知识,还可以和其他小朋友一起交流玩耍。互助、欢乐、绿色是该社区游戏的主题。孩子们将化身为一个个小魔法师,在魔法王国里学习魔法,参加兴趣协会,拜访好友,和伙伴们一起做游戏。2011 年,T 公司基于儿童社区游戏 A 改编了动画电影 A1。动画电影 A1 于 2011 年国庆档在全国院线上映,取得近3500万人民币的优异票房成绩,并在社会上形成广泛影响。2012年,T公司乘胜追击,继续推出社区游戏A的第二部动画电影A2。在A2上映前制订宣传计划期间,为了保证宣传计划的合理性和有效性,从而实现动画电影市场价值的最大化,并在电影上映之后检测宣传效果和票房实现情况,T公司委托了文化创意投融资价值评估服务平台和观众力电影测评与开发中心进行了"动画电影A2宣传前测及效果评估研究"。

1.2 案例评估的目的

"动画电影A2宣传前测及效果评估研究"包括六个目的:第一,描述和划分动画电影A2的宣传对象;第二,预测动画电影A2的潜在票房,并结合潜在票房确定宣传效果指标;第三,列举宣传内容并说明各个内容在说服观众上的意义;第四,列举宣传渠道并说明各渠道的作用和利用时间点;第五,确定有利上映档期;第六,确定贺岁档宣传主题(关于以上六个研究目的需思考的问题整理如表10-1-1)。

表10-1-1 动画电影的研究目的与问题

目的	实现目的需要回答的问题
描述和划分动画电影A2的宣传对象	1. 什么样的孩子(年龄、爱好)是动画片的观影主体? 2. 什么样的孩子(年龄、爱好)是动画电影A1实际的观影主体? 3. 观影主体的规模能否支撑起5000万以上的基本目标票房? 4. 游戏A用户观众是否能支撑起5000万以上目标票房? 5. 什么样的非游戏用户是动画电影A1最有可能的观众? 6. 儿童动画片观众能分成哪些类型或群体? 7. 不同的观众群体对于宣传分别有什么价值?(意见领袖、广播员等) 8. 哪些年龄段的孩子以家长陪同观影为主? 9. 需家长陪同观影的孩子是否是观影主体? 10. 家长在观影决策中的地位是什么?

（续表）

目的	实现目的需要回答的问题
预测动画电影 A2 的潜在票房，并结合潜在票房确定宣传效果指标：动画电影 A2 知名度、动画电影 A2 关注度（感兴趣者比例）、动画电影 A2 意愿度（想看者比例）	1. 动画电影 A2 要储备多少潜在观众（想看者），可支撑票房目标？ 2. 动画电影 A2 需把多少非潜在观众转换成潜在观众，可支撑票房目标？ 3. 儿童观众中，有可能成为动画电影 A2 潜在观众的比例是多少？ 4. 可能支持孩子看动画电影 A2 的家长比例是多少？
列举宣传内容并说明各个内容在说服观众上的意义	1. 哪些信息能激发儿童观众对动画片产生兴趣？ 2. 哪些信息能激发儿童观众产生看动画片的意愿？ 3. 哪些信息能激发家长进一步去了解一部动画片？ 4. 哪些信息能激发家长支持孩子看动画片？ 5. 哪些信息能激发儿童观众对动画电影 A2 产生兴趣？ 6. 哪些信息能激发儿童观众产生看动画电影 A2 的意愿？ 7. 哪些信息能激发家长进一步去了解动画电影 A2？ 8. 哪些信息能激发家长支持孩子看动画电影 A2？ 9. 家长不支持孩子看一部动画片的原因有哪些？ 10. 家长不支持孩子看动画电影 A2 的原因有哪些？ 11. "父子情"和"愿望"主题是否对儿童和家长有吸引力？具体什么有吸引力？
列举宣传渠道并说明各渠道的作用和利用时间点	1. 儿童观众是通过哪些渠道获得关于电影和动画片的信息的？ 2. 家长是通过哪些渠道获得关于电影和动画片的信息的？ 3. 儿童观众在收集电影和动画片信息有什么时间规律？ 4. 家长在收集电影和动画片信息有什么时间规律？ 5. 儿童观众收集电影和动画片信息的过程是怎样的？ 6. 家长收集电影和动画片信息的过程是怎样的？ 7. 儿童观众内部是如何传递和沟通关于电影和动画片信息的？ 8. 儿童及其家长之间是如何传递和沟通关于电影和动画片信息的？ 9. 不同信息渠道在电影和动画片观影决策中的影响是什么？ 10. 过去一年接触过哪些动画片宣传的途径和方式？喜欢其中哪些？ 11. 游戏 A 用户在传播电影信息上有什么作用？

（续表）

目的	实现目的需要回答的问题
确定有利上映档期	1. 实现票房目标需要什么样的排片资源？ 2. 动画片上映档期有什么规律？ 3. 同档期影片对动画电影 A2 可能产生威胁的有哪些？ 4. 对动画电影 A2 可能产生威胁的影片的档期及其排片格局会怎样？ 5. 儿童观影行为规律对于寒假上映有什么影响？ 6. 春节前后儿童观影积极性是否有差异？ 7. 春节前后家长对儿童观影的支持是否会有差异？
确定贺岁档宣传主题	1. 孩子过年想什么和做什么？春节期间亲子之间有什么特殊活动？ 2. 贺岁档影片电影都有哪些宣传策略？
上映后，评估宣传效果、内容评价及品牌影响	1. 各种宣传渠道的到达率是多少？ 2. 对电影 A2 是否满意？ 3. 哪些情节最受喜欢？ 4. 游戏 A 的知名度是否因电影 A2 的上映而发生变化？

1.3 评估思路与方法

为了实现上述各研究目标，本章以评估体系中的市场价值与内容价值为重点分析对象。市场价值部分，研究触及体系中的受众范围、传播媒介、品牌影响这三项；内容价值部分，触及内容题材并以社会价值为核心。以此为基础，设计了以下四个子研究（详见见表10-1-2）：

研究一：受众研究。目的是了解儿童及家长的观影心理需求和行为规律，节日心理和行为特征，为制定有效的贺岁档差异化宣传策略提供依据。

研究二：对电影 A 和游戏 A 传递信息的内容分析。总结归纳电影 A 和游戏 A 隐含的儿童情感、观点、态度、信念、价值观和追求，通过与观众心理需求以及竞品传递内容相对照，以找到最有价值的差异化宣传内容。

研究三：竞争环境研究。为确定有利的上映档期，分析动画电影 A2 可能面临的竞争环境。

研究四:贺岁档电影宣传策略调查。为制定贺岁档宣传策略提供参考。

研究五:上映后总结研究。最终评估上映前的宣传对观影的影响及上映后的电影 A2 对游戏 A 品牌的影响。

表 10-1-2　动画电影研究问题与价值评估体系对照

体系类别与作用	市场价值指标			内容价值指标	备注
	指标作用:针对特定的项目和产品,市场价值既决定了投资收益和回报,也为产品开发和项目实施确定了目标和方向			在市场价值目标明确和准确的前提下,适合受众群体消费需求且具有差异化特征的内容产品可为市场价值的实现提供载体和保障	无
指标名称	受众范围	传播媒介	品牌影响	内容题材	无
指标属性	覆盖率	转化率	主导性 持续性	社会性	无
课题与研究目的	受众研究	贺岁档电影宣传策略调查	上映后总结研究	对电影 A 和游戏 A 传递信息的内容分析	竞争环境研究
	目的是了解儿童及家长的观影心理需求和行为规律,春节节日心理和行为特征,为制定有效的贺岁档差异化宣传策略提供依据	为制定贺岁档宣传策略提供参考	最终评估上映前的宣传对观影的影响及上映后的电影 A2 对游戏 A 品牌的影响	总结归纳电影 A 和游戏 A 隐含的儿童情感、观点、态度、信念、价值观和追求,通过与观众心理需求以及竞品传递内容相对照,以找到最有价值的差异化宣传内容	为确定有利的上映档期,分析动画电影 A2 可能面临的竞争环境

2　案例评估的内容

研究一以"受众研究的内容"为核心,分成七个维度,以此设计问题(详见表 10-2-1)。

表 10-2-1　动画电影受众研究的内容维度与问题

维度	问题
儿童动画电影观影心理	1. 观影动机 2. 感兴趣的内容(只问儿童) 3. 类型偏好及其原因(只问儿童) 4. 最喜欢的动画电影及其原因(只做定性研究) 5. 最期望的动画电影内容及其原因(只做定性研究)(主动关注性) 6. 对各种信息渠道的评价(信任度等) 7. 春节前后观影积极性的差异 8. 与电影消费有关的儿童心理特征：态度、价值观、信念、梦想、白日梦等(只问儿童)
儿童动画电影观影行为	1. 观影频率 2. 月度花费 3. 观影渠道 4. 伴随人 5. 购票费用来源 6. 观影时间(节日、假日、工作日等不同时期对比) 7. 信息获得方式(渠道、方式、过程等)
主要动画电影的影响力	1. 动画电影 A1 及主要竞争品 B、C、D、E 等的知名度、参与度 2. 喜好度、期待度、观影可能性 3. 动画电影 A1 中观众感兴趣的内容(只做定性研究) 4. 家长对动画电影 A1 的评价(只做定性研究,且只问家长)
主要儿童游戏的影响力	1. 游戏 A 的知名度、参与度、喜好度、改编电影兴趣度 2. 游戏 A 平台对动画电影 A1 的影响渠道和方式 3. 家长对游戏 A 的态度(只问家长) 4. 家长对儿童游戏的态度(只问家长)
家长与儿童的观影决策模式	1. 信息收集者 2. 观影发起者 3. 观影决策者 4. 观影伴随者 5. 选片影响因素 6. 家长和儿童对动画片"寓教于乐"的态度
"父子情"和"说出你的愿望"的吸引力	1. 对"父子情"和"说出你的愿望"话题的兴趣度 2. 对"父子情"话题的态度、联想和期待 3. 当前的愿望(含孩子对自己,孩子对父亲,父亲对孩子等)及其原因,BBX 微电影故事的吸引力

(续表)

维度	问题
儿童及其家长春节节日心理和行为	1. 孩子过年想什么(只问孩子) 2. 孩子做什么(只问孩子) 3. 春节期间亲子之间的特殊活动(只问家长)
背景资料	1. 儿童样本:性别、年龄、年级、家庭收入水平、父母职业 2. 家长样本:性别、年龄、职业、家庭收入水平、孩子年龄、孩子性别

研究二以"对电影 A 和游戏 A 传递信息内容分析的内容"为核心,分成三个维度并设定探讨内容(详见表 10-2-2)。

表 10-2-2　电影 A 和游戏 A 之间信息内容传递分析

维度	内容
游戏 A 传递的信息归纳	情感、追求、态度、信念、价值观、梦想
动画电影 A1 传递的信息归纳	情感、追求、态度、信念、价值观、梦想
动画电影 A2 剧本和导演打算传递的信息归纳	情感、追求、态度、信念、价值观、梦想

研究三以"竞争环境研究的内容"为核心,分成四个维度并设定探讨内容(详见表 10-2-3)。

表 10-2-3　动画电影竞争环境的研究内容

维度	内容
证明"在寒假上映"所需数据	过去三年动画片上映档期 近期上映各动画片首日上座率 儿童在各个时期观看动画片的意愿(数据来自受众研究)
证明"在寒假结束 15 天前上映"所需数据	近期上映动画片上映档期 近期上映动画片档期内每日排片比例、上座率、上映天数

(续表)

维度	内容
证明"与竞品 B 上映时间相差至少 1 周"所需数据	近期主要动画片在观众中的影响力（数据来自受众研究） 近期主要动画片票房收入
证明"避开超强大片挤压至少 1 周"所需数据	近期超强大片上映前后一周各影片排片比例
2013 年寒假期间即将上映电影概况	名称、类型、明星阵容、宣传力度（仅限百度指数、新浪微博指数）、计划上映日期、是否续集

研究四以"贺岁档电影宣传策略调查的内容"所有能免费获得的材料为基础，研究过去三年贺岁档影片的宣传软文、海报、广告设计、片花、访谈节目等宣传材料。

研究五以"上映后总结研究"为核心，分成广告评估效果、内容评价、品牌影响、背景特征四个维度，并设定探讨内容（详见表10-2-4）。

表 10-2-4　动画电影上映后的总结研究

维度	内容
广告效果评估	1. 各渠道广告的接触情况 2. 最早获得信息的时间 3. 观影促销礼包宝活动知名度和评价 4. 各信息点的影响 5. 促使自己观影的原因 6. 在广告开始前某影星的知名度喜好度和影响
内容评价	1. 总体满意度 2. 电影分元素满意度 3. 最喜欢的情节 4. 最不喜欢的情节 5. 各角色的喜好度 6. 与电影 A1 对比
品牌影响	1. 游戏 A：知名度变化、使用率变化、喜好度变化 2. 电影 A1：知名度变化、观看率变化、喜好度变化 3. 电影 A3 的观影意愿变化

（续表）

维度	内容
背景特征	1. 动画电影喜好度:观影频率、性别、年级、年龄 2. 陪同观影人信息:身份、广告接触情况、总体满意度 3. 观影发起者 4. 发起观影的理由 5. B、C 观影经历、意愿和总评价:影票来源、购票影片、B、C 信息来源

研究一:受众研究的执行方法

本研究执行周期的安排为,研究一、二、三、四的专题内容:2012 年 9 月 12—30 日电影上映 3 个月前;研究五的专题内容:2013 年 1 月 31 日—3 月 5 日,电影上映后五周之内。受众研究分为定性研究和定量研究两个部分:第一部分定性研究的方法为:观影小组座谈会。执行方法为组织孩子及其家长先看参考动画片(动画电影 A1)片段(30—40 分钟剪辑版),激发对动画片的认知与感想,接着让孩子和家长(参加家长座谈会者即参加儿童座谈会孩子的家长)分别进入各自的会议室进行焦点小组座谈会,针对幼儿园大班和小学一年级孩子,只让家长看片进行座谈。

针对定性研究的调查对象及其分组方法为:(1) 北京和杭州各进行 5 组座谈会,共 10 场座谈会(见表 10-2-5);(2) 幼儿园大班和小学一年级孩子的家长 1 组 8 人,过去一年陪孩子到电影院至少看过两次电影;其中陪孩子看过竞品 B 的上一集和动画电影 A1 的各 4 人;(3) 各地小学一年级到六年级孩子和家长进行分组(见表 10-2-6)。分组完成后,开始进行问卷调查(表 10-2-7)。

研究二:电影 A 和游戏 A 传递信息的内容分析的执行方法

1. 调查方法:内容分析法
2. 内容素材:

游戏 A:官方说明、用户报道体验二手资料(论坛、留言等);

动画电影 A1:电影介绍、片花、海报、新闻稿、原片、影评、观众感言(微博、论坛等);

动画电影 A2:故事梗概、剧本、导演阐述、导演专访资料。

表 10-2-5　动画电影各组座谈会实际样本

分组情况		北京 J					杭州 H			
		家长组			儿童组		家长组			儿童组
		A 组	B 组	C 组	B 组	C 组	A 组	B 组	C 组	B 组	C 组
样本条件		孩子过去一年至少到电影院看过两次电影，家长过去一年至少陪孩子到电影院看过一次电影								
主要流程		每家一个孩子和一个家长参加会议，先一起看一遍 A1 43 分钟剪辑版投影，然后家长和孩子分开各有一个主持人主持座谈 2 小时，幼儿园和一年级组只有家长参加								
内容重点		动画电影观影需求、关注点、决策过程、新年愿望、促销礼品态度和需求、上映档期建议、海报评价和建议、A2 真人短片微电影评价和建议（杭州未测）								
总人数		9	10	6	10	6	10	6	10	10
孩子性别	男孩	7	7	2	7	2	5	2	5	2
	女孩	2	3	4	3	4	5	4	5	4
家长身份	父亲	5	5	2	5	2	5	6	3	6	3
	母亲	4	5	4	5	4	5	3	4	3
孩子年级	幼儿园大班	1					4				
	一年级	8					6				
	二年级		3		3			3		3	
	三年级		3		3			2		2	
	四年级		4		4			4		4	
	五年级			3		3			2		2
	六年级			3		3			4		4

表 10-2-6　动画电影观影对象小学生和家长分组表

条件	分组			
	组 1	组 2	组 3	组 4
人数	8	8	8	8
孩子年级	2—4 年级	5—6 年级	2—4 年级	5—6 年级
身份	孩子本人	孩子本人	家长	家长
其他条件	孩子过去一年至少到电影院看过两次电影；家长中至少有一半曾经陪孩子到电影院看过至少一次电影；至少有一半是父亲；每组按孩子年龄均匀分布；孩子是游戏 A 用户和非用户各占一半			

表 10-2-7　动画电影测评的定量研究方法

研究对象及抽样	研究方法		
	电话调查	街访	网络调查
方法说明	随机生成家庭号码进行电话调查	放学时，在学校门口拦截访问	随机抽取游戏A用户，邀请进行网络调查
研究对象	幼儿园大班到初三儿童少年父母	小学二年级到初三儿童少年	游戏A用户（儿童及家长）
抽样	400人，北京、上海、广州、深圳、成都、郑州、沈阳、杭州；每个年级至少30个父母	800人，北京、上海、广州、深圳、成都、郑州、沈阳、杭州，各100人；每个城市随机抽取5个学校，每个学校20人，每个年级2—3人	随机抽取10000人发送邀请函，回复至少1000人，且小学二年级到初三每个年级至少有50人时停止，其中儿童500人，家长500人

样本特征		儿童街坊调查	家长电话调查	游戏A用户网络调查		
				A卷	B卷	C卷
有效样本数		400	300	877	1632	1638
调查内容重点		动画电影观影心理与行为	动画电影观影决策	一般观影心理与行为	动画电影观影心理与行为	游戏态度及新年愿望
抽样方法		校园门口隔五抽一随机拦截	电话号码随机生成	抽奖激励自愿参加	抽奖激励自愿参加	抽奖激励自愿参加
城市		北京、上海、广州、深圳、沈阳、成都、杭州、郑州，每个城市各50人	北京、上海、广州、深圳、成都、杭州，每个城市各50人	全国县级及以上城区	全国县级及以上城区	全国县级及以上城区
孩子性别	男孩	50.3%	50.0%	63.3%	68.7%	57.7%
	女孩	49.8%	50.0%	36.7%	31.3%	42.3%
家长身份	父亲	无	33.3%	无	无	无
	母亲	无	66.7%	无	无	无
孩子年级	幼儿园大班	无	10.0%	无	无	无
	一年级	无	10.0%	1.1%	0.7%	0.7%
	二年级	13.0%	10.0%	1.1%	1.1%	1.2%
	三年级	12.8%	10.0%	3.0%	2.9%	3.3%
	四年级	12.8%	10.0%	6.4%	8.1%	7.9%
	五年级	13.3%	10.0%	15.3%	14.5%	16.2%
	六年级	11.8%	10.0%	24.2%	23.3%	24.1%
	初一	12.3%	10.0%	21.1%	21.8%	22.8%
	初二	12.3%	10.0%	16.8%	16.6%	14.9%
	初三	12.0%	10.0%	11.1%	11.0%	8.9%

3. 流程：

研究员	收集资料	汇总资料	独立编码	汇总编码	信度检验	总结分析
资料员1	收集资料		独立编码			
资料员2	收集资料		独立编码			
资料员3	收集资料		独立编码			

研究三：竞争环境研究的执行方法

1. 调查方法：二手数据分析结合受众调查数据。
2. 数据来源：
（1）采用电影票房吧公布的电影排片、上座率数据；
（2）采用中国电影报、电影票房吧等公布的电影票房数据最大者；
（3）受众数据来自本次调研的受众研究；
（4）新片上映数据来自媒体和可靠的内部信息。

研究四：贺岁档电影宣传策略调查的执行方法

收集所有能免费获得的，过去三年贺岁档影片的宣传软文、海报、广告设计、片花、访谈节目，进行内容分析，列出贺岁档宣传策略清单。

研究五：上映后总结研究

研究五通过电影院拦截访问、游戏用户网络调查、QQ用户网络调查等方法进行调查（见表10-2-8）。

表10-2-8　动画电影上映后总结研究的调查方法和样本情况表

样本特征	一般儿童观众影院拦截	电影A2观众影院拦截
有效样本数	200	300
调查内容重点	广告到达及动画电影观看率等	广告到达及观影评价
抽样方法	电影院内 隔二抽一随机拦截	电影院内 隔二抽一随机拦截

（续表）

样本特征		一般儿童观众影院拦截	电影 A2 观众影院拦截
城市		北京、上海、广州、深圳、南京，每个城市各 40 人	北京、上海、广州、深圳、南京，每个城市各 60 人
孩子性别	男孩	48.5%	49.3%
	女孩	51.5%	50.7%
孩子年级	没上学	16.5%	16.0%
	一年级	18.0%	15.0%
	二年级	12.0%	12.7%
	三年级	15.5%	15.7%
	四年级	10.0%	12.0%
	五年级	10.0%	10.7%
	六年级	3.5%	4.3%
	初一	3.5%	6.0%
	初二	5.5%	3.7%
	初三	5.5%	4.0%
	以上	0	0

样本特征		游戏 A 用户网络调查			
		A1 卷	A2 卷	B 卷	C 卷
有效样本数		16337	3599	2462	5289
调查内容重点		广告效果（上映后第一周）	广告效果（上映后第五周）	内容评价及续集期待	内容评价及续期期待内容收集
抽样方法		在用户库里随机抽取样本，通过网络发送网络调查问卷链接，抽奖激励自愿参加			
城市		全国电影票房收入主要城市			
孩子性别	男孩	73.8%	74.0%	74.1%	74.7%
	女孩	26.2%	26.0%	25.9%	25.3%

（续表）

样本特征		游戏 A 用户网络调查			
		A1 卷	A2 卷	B 卷	C 卷
孩子年级	没上学	0.4%	0.2%	0.5%	1.7%
	一年级	0.7%	0.9%	1.8%	1.9%
	二年级	1.3%	1.5%	2.3%	4.0%
	三年级	3.6%	4.9%	4.6%	7.1%
	四年级	7.7%	8.9%	7.6%	15.5%
	五年级	13.1%	16.9%	14.4%	23.5%
	六年级	20.1%	23.9%	21.0%	19.8%
	初一	18.2%	17.5%	15.5%	12.4%
	初二	13.6%	12.2%	11.4%	5.6%
	初三	8.3%	6.9%	9.0%	3.1%
	以上	13.0%	6.2%	12.0%	5.5%

样本特征		QQ 家长用户网络调查	
		A1 卷	A2 卷
有效样本数		315	1260
调查内容重点		广告效果（上映后第一周）	广告效果（上映后第五周）
抽样方法		在 QQ 用户库里随机抽取样本，发送网络问卷链接，抽奖激励符合条件者自愿参加	
城市		全国电影票房收入主要城市	
家长身份	父亲	62.2%	43.3%
	母亲	35.7%	45.1%
孩子性别	男孩	59.7%	66.8%
	女孩	56.1%	54.2%
孩子年级	没上学	35.2%	59.7%
	一年级	11.7%	12.3%
	二年级	8.2%	7.2%
	三年级	7.7%	6.3%
	四年级	8.2%	6.2%
	五年级	7.1%	5.8%
	六年级	8.2%	3.4%
	初一	4.6%	4.3%
	初二	9.7%	2.2%
	初三	3.1%	2.1%
	以上	5.6%	3.8%

3 案例评估结果

3.1 上映前主要评估结果

3.1.1 发现一

动画电影 A2 的目标观众可归纳为游戏 A 喜好者(A 粉)和动画电影喜好者(漫粉)。

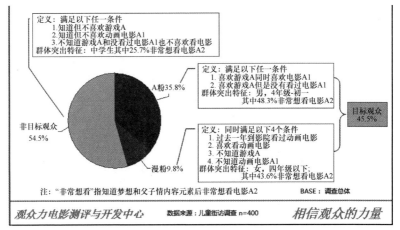

3.1.2 发现二

动画电影 A2 中的历险是孩子和家长都关注的元素。

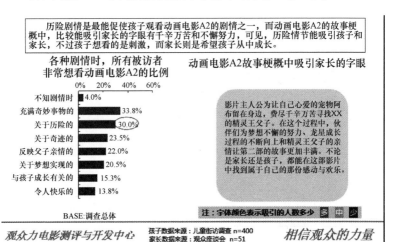

3.1.3 发现三

宣传内容加入历险元素，票房能达到 5000 万的目标。

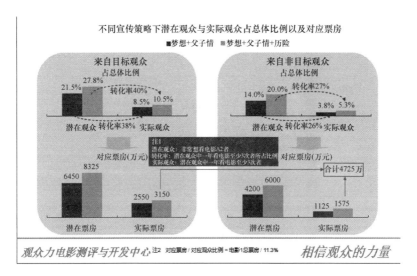

3.1.4 发现四

动画电影 A2 中内容要素大多符合孩子和家长的观影需求。

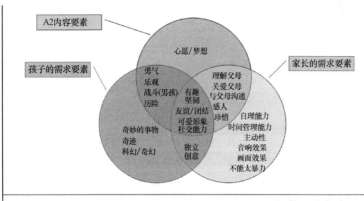

3.1.5 发现五

孩子口碑、校园、电视和网络是传播动画电影的主要渠道。

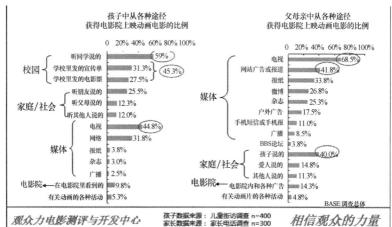

3.1.6 发现六

观众希望寒假档动画电影在春节前或春节时上映。

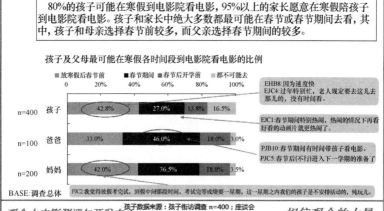

3.1.7 发现七

寒假档动画电影竞争压力主要来自 B。

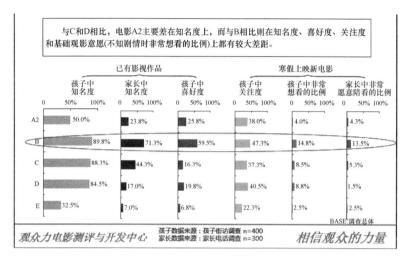

3.1.8 发现八

竞品 B 系列电影上映时间符合观众需求。

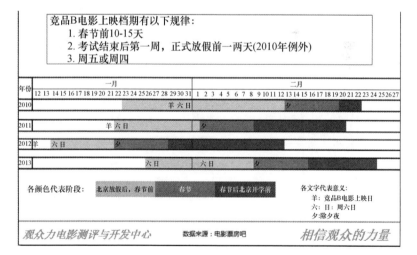

3.1.9 发现九

如果和 B 同时上映,票房可能是 B 的 20%—35%。

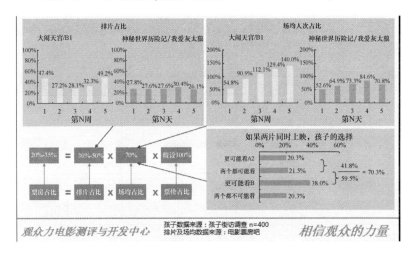

3.1.10 发现十

家长和孩子都喜欢同龄人欢聚型活动。

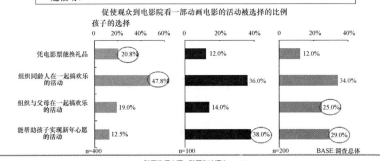

3.2 上映后主要评估结果（其它发现涉及较多企业机密,在此不便列出,仅保留发现一和发现七）

电影 A2 的实际票房达到 6810 万元,超出预先设定的基本目标(5000 万元),取得了比较理想的票房成绩。

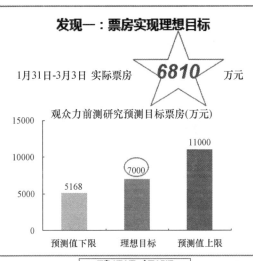

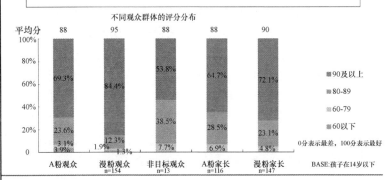

3.3 动画电影 A2 的社会价值评估结果

由于动画电影 A2 是以少儿为主要观众群体的电影,在追求娱乐性的同时,家长和社会都希望电影对于孩子有积极的影响,这种影响其实是一个文创作品社会价值的体现。在整个项目以评估市场价值为重点的同时,本研究还在上映后的研究中,从社会价值纬度对电影 A2 进行了评估。结果显示,家长高度认可电影 A2 寓教于乐和增进了亲情;而孩子也表示从电影 A2 中学到了勇敢、乐于助人和珍惜父母的爱的优秀品质。

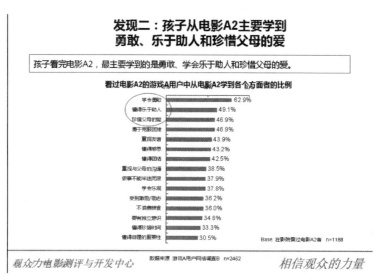

实践证明,文化创意投融资价值评估服务平台所创设的文化创意价值评估的指标评估体系具有很强的实践价值。上述关于动画电影 A2 的市场价值评估案例,充分展示了评估平台价值评估指标体系的基础指导作用以及灵活性和适应性。从基础面上引导评估者从市场、内容两个方面进行思考,并结合具体领域加以完善。在这个基本的理论指标体系的指导下,操作人员进行了大量的电影价值评估研究,并结合具体项目在电影测评领域发展出针对性强的一系列延伸性的评估指标体系。(见表 10-3-1)

表 10-3-1　动画电影研究问题与价值评估体系结果

指标名称	市场价值指标			内容价值指标	备注
	受众范围			传播媒介	品牌影响
属性	覆盖率			转化率	主导性持续性
目的	受众研究	贺岁档电影宣传策略调查	上映后总结研究	内容题材	无
	了解儿童及家长的观影心理需求和行为规律，春节节日心理和行为特征，为制定有效的贺岁档差异化宣传策略提供依据	为制定贺岁档宣传策略提供参考	最终评估上映前的宣传对观影的影响及上映后的电影A2对游戏A品牌的影响	社会性	无
结果	1. 动画电影 A2 的目标观众可归纳为游戏 A 喜好者(A 粉)和动画电影喜好者(漫粉)。 2. 动画电影 A2 中的历险是孩子和家长都关注的元素。 3. 宣传内容加入历险元素，票房能达到 5000 万目标。 4. 动画电影 A2 中内容要素大多符合孩子和家长的观影需求。 5. 孩子口碑、校园、电视和网络是传播动画电影的主要渠道。 6. 观众希望寒假档动画电影在春节前或春节时上映。 7. 寒假档动画电影竞争压力主要来自 B。 8. 如果和 B 同时上映，票房可能是 B 的 20%—35%。 9. 家长和孩子都喜欢同龄人欢聚型活动。				

4　案例评估的对策建议

4.1　上映前主要建议

建议一：关于宣传对象的细分及各细分群体的宣传效果量化指标建议：将中小学生设定为本片目标观众，其中把对的 A 粉丝(简称 A 粉)作为核心宣传对象，把 A 粉以外但是喜欢动漫者(简称漫粉)作为拓展宣传对象。不满足以上两个条件者的中小学生以及所有孩子的家长是非目标观众，在对目标观众的宣传中也会被到达。本次宣传要求到达所有 A 粉(到达率设定为 100%)，到达绝大多数漫粉(到达率 80%)。根据前述数据推测所有 A 粉对应票房 6000 万(潜在票房)，所有漫粉对应票房 1500 万，按照目标观众一般转换率(经验值为40%)推算的实际票房分别是2400万和600万。中小学生的到达率设定为60%,按照非目标观众转化率(经验值20%)推算的票房为700万。这样中小学生合计潜在票房能达到1.1亿,实际票房能达到3700万。考虑到1只小手拉0.5只大手,家长票房能接近2000万,总票房能超过5000万的目标。由于家长不是目标观众,不设定具体的量化指标,只从质化角度要求从电影的内容层面做到家长不反对孩子观看A即可。

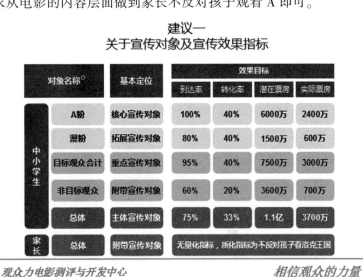

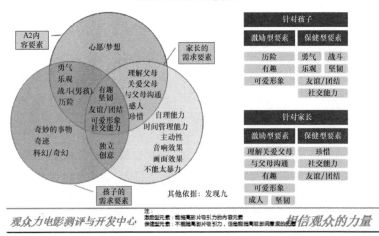

第十章 商业动画电影价值评估的案例分析

建议三
针对不同群体利用不同传播渠道

不同宣传对象的主要传播渠道参考表

宣传对象			中小学生			家长	
			A粉	漫粉	非目标观众	父亲	母亲
主要宣传渠道	自有媒体	校园渠道(需联系专业公司策划执行)					
		游戏平台					
		QQ					
		腾讯微博					
	社会媒体	电视	动漫频道或节目				
			电影类节目				
		网络	新浪微博				
			电影类网站				
			其他网络资源				
		其他	城市汽车广播频率				
			时尚杂志				
			地方主要综合性报纸				
	影院	宣传册					
		排期表					
		其他常规					

观众力电影测评与开发中心   相信观众的力量

建议四
2013年1月31日或2月1日上映

年份	一月	二月
	12 13 14 15 16 17 18 19 20 21 22 23 24 25 26 27 28 29 30 31	1 2 3 4 5 6 7 8 9 12 13 14 15 16 17 18 19 20 21 22 23 24 25 26 27
2011	羊 六日	夕
2012	羊 六日 夕	
2013	六日 六日	夕

喜羊羊可能上映时间   A2上映时间

理由1：与喜羊羊错开一周，避免较大冲击
理由2：喜羊羊第一周带来的影院流量，有利于A2在影院的宣传
理由3：31-1上映，可在15天之内享受9个假日，即多一个周末，2月2-3日
理由4：31号上映，在1月份的排片表上可持续被关注一个月，影院广告效果好，若1号上映，2月排片表失去意义
理由5：春节前一周上映，可通过春节黄金周的场均人次提高来弥补片量降低导致的票房减少
理由6：春节前一周上映，热映档期涵盖春节前和春节期间，符合多数观众的时间安排

各颜色代表阶段： 北京放假后,春节前 | 春节 | 春节后北京开学前
各文字代表意义：羊：喜羊羊电影上映日；六、日：周六日；夕：除夕夜

观众力电影测评与开发中心   相信观众的力量

理由5：春节前提前

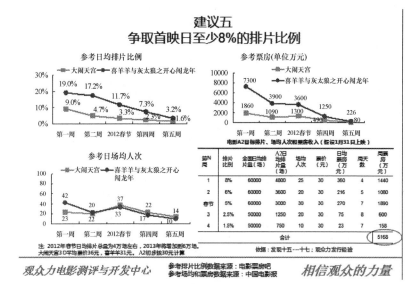

(注:其他建议涉及较多企业机密,在此不便列出)

4.2 根据电影 A2 上映总结研究对其续集电影 A3 的主要建议

关于 A3 内容的建议二:从"有趣搞笑""战斗场面"和"可爱角色"三个基本方面进行改进,可以同时赢得男孩和女孩的喜欢。

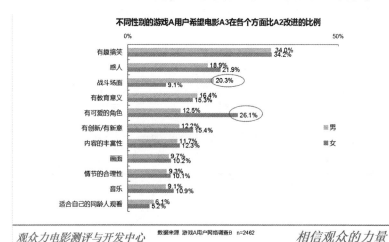

第十一章 艺术品价值评估的案例分析

我国艺术品市场日趋热络,艺术品价值评估的重要性也逐渐受到重视。目前,艺术品价值评估还存在标准主观、缺乏有公信力的中介机构等问题。本章以文化创意投融资价值评估服务平台的指标体系为基础,以由汇心堂进行保荐服务、在北京东方雍和国际版权交易中心发行的"贺昆—妙曼的沃土"系列原创版画为评估对象,尝试分析艺术品的价值评估。本章结合艺术市场的现状和趋势,通过学术地位、时代特点、交易渠道等原则,评估艺术品的市场价值。

1 案例评估的基本情况

《妙曼的沃土》系列原创版画是由版画艺术家贺昆于2013年创作的绝版木刻作品,总共包括十个系类(作品清单见表11-1-1)。

表11-1-1 贺昆《妙曼的沃土》作品清单

作品名称	完成年代	作品尺寸	创作幅数
《妙曼的沃土》之一《喜悦的秋天》	2013年	60×90 cm	50
《妙曼的沃土》之二《山谷里的村庄》	2013年	60×90 cm	50
《妙曼的沃土》之三《阳光下的农田》	2013年	60×90 cm	50
《妙曼的沃土》之四《小河的夏天》	2013年	60×90 cm	50
《妙曼的沃土》之五《雨后的山冈》	2013年	60×90 cm	50
《妙曼的沃土》之六《阳光灿烂的日子》	2013年	60×90 cm	50
《妙曼的沃土》之七《㳽依河的晚霞》	2013年	60×90 cm	50
《妙曼的沃土》之八《肥沃的土地》	2013年	60×90 cm	50
《妙曼的沃土》之九《深秋的季节》	2013年	60×90 cm	50
《妙曼的沃土》之十《多彩的土地》	2013年	60×90 cm	50

2 评估思路与方法

2.1 艺术品评估的价值体系

本评估以贺昆《妙曼的沃土》系列原创版画的内容价值中"艺术性"为基础,结合市场价值中的"品牌影响",利用艺术市场的现状和趋势,在学术地位、时代特点、交易渠道等维度中,进行细致比对,从而确定贺昆《妙曼的沃土》系列原创版画的合理市场价位(见表11-2-1)。

表11-2-1 艺术品价值评估的价值指标对照

体系类别与作用	市场价值指标		内容价值指标			
	指标作用:针对特定的项目和产品,市场价值既决定了投资收益和回报,也为产品开发和项目实施确定了目标和方向		在市场价值目标明确和准确的前提下,适合受众群体消费需求且具有差异化特征的内容产品为市场价值的实现提供了载体和保障			
指标名称	品牌影响	发行渠道	内容风格	内容题材	内容质量	实现技术
指标属性	主导性 持续性	影响力	独特性	创新性	艺术性	专业性 社会性
研究方法	信用体系(结合市场法) 推广机构 流通渠道		艺术水准			
评估目的	贺昆《妙曼的沃土》系列原创版画的合理市场价位					

2.2 艺术品评估的坚持原则

本研究在对原创版画艺术品的评估中坚持四项原则:第一,合法使用原则:以估价对象的合法使用为前提进行估价;第二,最佳使用原则:以估价对象得到最佳使用的情况进行估价;第三,适度替代原则:要求估价结果不得明显偏离该作品在同等条件下的正常价格;第四,估价时点原则:要求估价结果应是估价对象在估价时点的客观合理价格或价值。

2.3 艺术品评估的假设条件

本研究对原创版画艺术品评估的假设条件必须公开透明,并具备以下方面：

本研究在估价过程中，假设委托评估的艺术品仅在北京东方雍和国际版权交易中心进行交易活动，在一年内不改变该用途。

假设委托评估的艺术品的产权合法，且不存在隐形的产权纠纷。

假设委托评估的艺术品满足所采用的交易模式要求和限制条件，另有说明的除外。

本研究对原创版画艺术品评估的限制条件应具备以下方面：

基于委托方与评估机构的相关约定，本研究有关资料（包括所有权证明文件和鉴定资料）由委托方提供，如因资料不实而导致估价失实、失误和错误，责任不在估价方和估价人员。

本研究仅供委托方确定交易价格提供参考依据用，不对其他用途负责。

本研究未考虑未来可能发生的交易、担保、出租等他项权利对委托对象实际价格的影响。

本研究所指画幅面积，即画面本身的实有数据，不包括装裱等附加面积。

中国书画作品的规格以公制长度单位标示，计价测算时折合为业内通行的市制面积单位。

2.4 艺术品评估的指标体系影响因素

艺术品的价格基础为艺术品的内在价值，而艺术品的价值主要由艺术品本身的艺术价值、艺术品创作时耗费的材料成本，以及艺术家在创作过程中花费的工作时间三部分构成。对于不同的艺术作品，三种价值组成占有不同的比例。一般而言，艺术品本身的价值是决定其价格的根本因素，和艺术家的创作活动密切相关，涉及学术、历史、文化、宗教、社会、经济等方面。而艺术品的价格是其市场价值的体现，是指艺术家将其创作的艺术品放在特定市场环境中的接受情况。如果要对艺术品进行客观的、科学的价格评估，就要深入挖掘其内在价值，并充分考虑公众对艺术品的认知和认同程度，通过时间、作者、作品等多条主线找出关联因素，进行纵向比对和横向比对，对艺术品进行合理的估价。本评估从作品的艺术水准、推广机构、信用体系、流通渠道四个方面入手,从宏观上定性分析作品的内在价值和市场价格,搭建起艺术品的价格体系框架。在此基础上,进一步细化估价标准,从同质艺术家作品价值比对、过往同质画作市场交易记录比对,以及被评估作品自身的独特性等多个方面入手,从而建立基础价格体系、预估基础价格,并在此基础上累计特性附加值,精确增值范围。本评估在充分尊重市场事实的前提下,以客观的、多元的标准,对艺术品进行综合考量,最大限度地做出严谨的分析和科学的预判。其中,艺术品基础价格体系主要由以下几个方面构成:

第一,以同一艺术家作品的历史交易数据为基础,从历史的、发展的角度出发,全面对比同质画作价格的诸多构成因素,辩证地得出基础评估价格。

第二,在相同时间基点的前提下,以艺术家的学术地位、艺术影响力为标准,对比多位同级别同质画家,进行艺术品价格的综合考虑。

第三,以该门类艺术品在艺术品市场上的被认知程度为标准,筛选本次被评估艺术品的突出特点,结合同类艺术品的价格,横向类比进行细化评估。

第四,从国内艺术品市场的实际情况出发,选取相似艺术品进行对比,进行合理的艺术品市场价格预测。

第五,以艺术品交易方式的特征为出发点,将影响艺术品价格的附加因素进行量化考虑。

艺术品价格评估不但要考虑艺术品本身,还需要特别注意每件艺术品、每种艺术门类的特殊性以及当前社会的政治经济环境等因素。故本次评估专门选取了特性附加值,力求更精确地评估出艺术品应有价格。

第六,由于艺术品的特殊性,评估过程中不可能采用完全同一的参照物,因而估价只能以本委托品作为主要分析对象;目前对艺术品价格评估尚无公允估值体系,本评估的内容亦无法回避这一现实。

2.5 艺术品评估的指标体系设计

2.5.1 艺术水准

2002年起,贺昆陆续创作了自己的代表作《原野》《圣土》《收获的土地》,并且屡屡斩获大奖,被称为绝版木刻"土地三部曲"。但由于此类主题的作品稀少,在公开市场上已经难觅踪迹。为了配合本次上市活动,贺昆重新选择了自己的代表题材,加以新的木刻诠释和艺术加工。《妙曼的沃土》系列是贺昆土地系列中唯一的套系作品,由十款画作组成,是画家近十年以来素材积累和艺术沉淀的最新力作。绝版木刻技法已经发展了将近三十年,作为创始人和奠基人的贺昆,正值艺术生命的鼎盛时期,融合中西方的版画技巧的同时,创新性地发展了绝版木刻的技法,在传统的绝版木刻作品 8—10 层雕版的基础上,《妙曼的沃土》进行了多达 16—24 层雕版的刻制,在技法难度上突破极限,在艺术诠释上展现出独有的视觉表现力。《妙曼的沃土》堪称中国当代绝版木刻旗帜性人物的里程碑之作。

2.5.2 推广机构

汇心堂作为《妙曼的沃土》上市项目的保荐机构,始终致力于文化产业的开拓与创新,构建了"一轴六维"的艺术资源管理体系,将标准化体系和艺术管理创造性地融合在一起。汇心堂在业内首推艺术品 6S 保真监控体系,对于艺术品的推广和运作提供了全新的思路和坚实的保障。汇心堂作为在业内有良好口碑和成熟经验的艺术品专业管理机构,为贺昆《妙曼的沃土》系列原创版画的成功发售和长期升值增加了系统性的保障。

2.5.3 信用体系

《妙曼的沃土》系列作品采用了汇心堂艺术品 6S 保真监控体系,以严谨的风险控制流程、科学的风险控制机制、全面的风险控制手段,在大师作品的艺术属性之外,为艺术品附加了独有的信用价值,信用体系的落实分为以下三点:

第一,全流程的保真体系。

汇心堂艺术品 6S 保真监控体系是国内独创的艺术品标准化体系,汇心堂是首家承诺艺术品保真保质企业。通过全流程管控、防伪认证等手段使整套体系环环相扣、互相补充,从机制上和技术上,不留死角地解决艺术品防伪保真及确保限量数真实可控的难题。

第二,全方位的背景调查。

国内首创的艺术品保荐人尽职调查体系,通过11项艺术家资质调查、8项艺术家访谈、7项现场关键点采集、15项行业专家访谈等举措,最大程度就项目信息向投资者进行全面披露。

第三,全覆盖的担保承诺。

从创作、印制、保存、交接、认证、限量、防伪、发售、流通等各个环节进行整体监控,并对此过程中一系列法律文件的有效性进行负责并承担相应的法律责任。

2.5.4 流通渠道

长久以来,艺术品市场交易不透明,信息不公开,对参与者所具备的艺术品知识和投资技巧要求极高,无法让更多的人参与进来。在业内多方专业机构的探索和努力下,艺术品公开上市交易破茧而出,突破以往交易模式,集传统收藏和金融投资双重优势于一体,相对于传统途径,公开平台具有诸多优势,以下列举五点:

第一,艺术品权属清晰,协议完整;

第二,上市监管严格,信息公开,披露充分;

第三,公开平台,电子盘交易;

第四,实物担保交易机制;

第五,资金托管,专业保管,独立评估。

可以看出,《妙曼的沃土》系列作品具有艺术表现精巧高超、保荐机构专业严谨、信用体系完整可靠、流通渠道公开透明的特点。《妙曼的沃土》系列作品在艺术品市场中具备了成为珍品、精品的基本条件,在升值潜力和附加价值上也有着其他艺术品无法比拟的优势。针对《妙曼的沃土》的种种特点,本次评估有效地综合了多种评估方法,力求得出客观准确的估价结果。

3 评估方法执行

3.1 评估简述

本评估从艺术水准、推广机构、信用体系、流通渠道等四个方面入手,从宏观上定性分析作品的内在价值和市场价格,搭建起艺术品的价格体系框架。在此基础上,进一步细化估价标准,从同质艺术家作品价值比对、过往同质画作市场交易记录比对,以及被评估作品自身的独特性等多个方面入手,从而建立基础价格体系,预估基础价格,并在此基础上累计特性附加值,精确增值范围(案例中提到的名词解释见表11-3-1)。

表 11-3-1　艺术品价值评估相关名词解释

名词	释义
绝版木刻	版画的一种技法,使用一块木板来完成所有的画面色彩的油印套色木刻技法。又被称为原版油印套色木刻
CPI	居民消费价格
通货膨胀率	物价平均水平的上升幅度
汇心堂艺术品6S保真监控体系	汇心堂独创的艺术品保真监控体系,包括原创纪录体系、法律保证体系、限量控制体系、尽调评估体系、防伪认证体系、传承追踪体系
原创版画	艺术家构思,并亲自创作原版,控制、参与限量印制,最终创作的版画经艺术家亲笔签名、标注限量编号
复制版画	仅采用版画印刷技术,由印刷技师仿真模拟原作效果而印制成的复制画

3.2　《妙曼的沃土》套系与同质画作的比对分析

艺术品的价格涨幅在某种程度上具有一定的历史规律性,通过首先选取同质画作作为参考,再根据市场规律和艺术品的价格构成,加以系统地科学分析的方法,就可以对艺术品价格进行有效预估。同质画作的选取参照我院评估体系,以年代、参展、收藏、奖项、市场接受度等多维标准进行选取,最终筛选出具有同等影响力的画作作为基础价格体系中的同质画作。

本次评估所选择的同质画作为贺昆作品中同系列、同技法、同主题的版画作品《原野》《圣土》《收获的土地》。据评估机构艺术品价格监测系统显示,由于作品创作量稀少,公开市场上已经难寻踪迹,只有《圣土》曾于2008年在广州华艺国际拍卖有限公司(原广州嘉德)拍卖成交,成交额为5.6万元人民币。考虑到艺术品市场的价格变化,参考国内版画名家的作品在2008—2013年的平均增值幅度,以及通货膨胀的影响,年化增长率应为14%—20%。本次评估选取中间值17%作为参考年化增长率,推导出《圣土》在2013年的参考价格应不低于10.36万元。以此价格作为参考,根据《妙曼的沃土》系列与《圣土》的特质对比,计算基础评估价格。

同时需要指出的是,传统的绝版木刻作品一般采用8—10层雕版,而贺昆在《妙曼的沃土》创作时,进行了多达16—24层雕版的刻制,在技法难度上突破极限,这也为《妙曼的沃土》增添了独有的艺术价值。

贺昆《圣土》尺幅为68 cm×90 cm,《妙曼的沃土》套系中单幅尺幅为60 cm×90 cm;《圣土》的成交价格依据尺幅折算,计算出《妙曼的沃土》套系单幅作品的尺幅预估价。再以尺幅预估价为基础,通过特质对比,将以下量化权重分别代入基础价格体系公式,计算被评估作品的基础评估价格(见表11-3-2)。

表 11-3-2　艺术品基础价格评估量化权重参量

序号	评估参量	评估参量内容说明
1	创作年代	艺术品的时代感是作品艺术价值的一部分
2	作品尺幅	画作的尺幅直接关系到作品的价值
3	技法成熟度	艺术家的艺术创作越成熟,该时期的作品价值越高
4	套系/单幅	版画套系的稀缺将在很大程度上提升其自身价值
5	限量数	作为复数性的艺术品,限量数的多少直接影响版画的价值
6	获奖情况	国内外重要奖项是专业人士对艺术品的高度认可
7	重要收藏	国内外知名美术馆及个人的收藏记录是公众对艺术品艺术价值的充分肯定
8	参展记录	国内外重要个展、联展能有力提高作品的知名度
9	限量保证	科学完善的限量体系是版画价值和升值空间的最大保障
10	传承有序	艺术品交易收藏记录的有据可查是日后升值的重要依据
11	确真防伪	保真永远是艺术品价值的根本保障
12	艺术品升值	国内外艺术品增值幅度

3.3 《妙曼的沃土》套系与同质画家作品的比对分析

艺术家赋予了艺术品生命,其艺术理念在作品中的延伸构成了艺术品的内在价值。而艺术家自身的创作理念、艺术造诣、被公众的认知程度等方面直接影响到其作品的市场价格。同质艺术家的选取参照前文提到的评估体系,以年龄、资历、职务、社会地位、个展经历、参展经历、获奖情况、学术评价、公众认知等方面进行综合评定,最终筛选出适当的知名艺术家作为基础价格体系中的同质画家。

2005年成立的中国版画艺术工作室联盟是一个近些年来在版画学术与社会活动中都十分活跃的艺术群体。该联盟以画家的艺术水平和社会影响力为主要衡量标准,本着严苛的准入机制,吸纳了数位活跃在中国版画艺坛上卓有成就的艺术家。贺昆作为该联盟的重要成员,参与并策划了联盟至今为止的多次重大活动。本次评估抽取版画联盟的四位成员作为同质画家,以他们的拍卖价格作为参考,进一步对贺昆作品价格进行综合考虑。本次评估的同质画家是:中央美术学院版画系主任苏新平,中央美术学院版画系教授周吉荣,中国美术学院版画系主任孔国桥,上海美术家协会版画艺委会主任卢治平(整理自艺术门户网站—雅昌艺术网的相关拍卖数据,见表11-3-3)。

表11-3-3 苏新平、周吉荣、孔国桥、卢治平近年拍卖纪录

编号	创作年代	拍品名称	尺幅	成交价	拍卖公司	拍卖日期
1	2000	苏新平假日之一	40×43 cm	RMB 54480	雍和嘉诚	2012-6-1
2	1990	苏新平晨	64×50 cm	RMB 51075	雍和嘉诚	2012-6-1
3	1992	周吉荣 北京 NO.8	68×95 cm	RMB 51750	北京保利	2012-10-31
4	1997	周吉荣 最后的记念 I	76×56 cm	RMB 34500	北京保利	2010-11-27
5	2004	孔国桥口述历史	27×21 cm	RMB 115000	荣德国际	2011-12-25
6	2005	孔国桥口述历史	27×21 cm	RMB 115000	雍和嘉诚	2010-11-27
7	2008	卢治平 瓷器—中国—时尚	71×76 cm	RMB 51750	北京保利	2012-10-31
8	2009	卢治平 明式书法—仿宋	67×94 cm	RMB 28750	北京保利	2012-10-31

3.4 《妙曼的沃土》套系与标本原创版画作品的比对分析

为了细化艺术品价值,需要在预估基础价格的基础上,选取重要比对参数,通过各类横向对比,从多个方面丰富基础价格体系,使结论更加趋于真实。首先,评估先从版画套系入手,对《妙曼的沃土》进行进一步深入评估。中心特意选取拍卖纪录较为丰富的原创版画家作为同质艺术家标本,进行横向对比,同质艺术家标本的选取要求有以下四点:

第一,中国大陆艺术家并以原创版画创作为主;
第二,拍卖纪录丰富,价格体系持续连贯;
第三,拍卖作品中有单幅作品也有套系作品;
第四,身份和贺昆具有相似性。

根据以上标准,特选取深圳大学教授应天齐为同质艺术家标本。应天齐与贺昆均为中国美术家协会会员,两位艺术家都是中国当代原创版画界的名家,艺术创作的水平难以量化,仅从北京大学文化产业研究院的标本作品参照体系入手,通过以下量化权重的横向类比,进一步细化贺昆画作的评估价格(见表11-3-4)。

表11-3-4 艺术家对比基准价格评估量化权重

序号	评估参量	评估参量内容说明
1	作品存世量	作品存世量的多少是衡量艺术家作品价值的重要标准。
2	学术地位	学术地位是对艺术家专业地位、学术影响力的有力诠释。
3	技法创新	技法创新是衡量艺术家艺术造诣的重要标准。
4	知名奖项	国内外重要奖项是专业人士对艺术家及其艺术的高度赞赏。
5	知名收藏	国内外知名收藏是公众对艺术家及其作品的充分认可。
6	参展纪录	国内外参展纪录是衡量艺术家及其作品艺术影响力的重要标准。
7	经纪团队	艺术家所属经纪团队的推广宣传活动的开展,将直接影响公众对艺术家及其作品的认知与认同。

贺昆从国际影响力、技法创新等评判艺术家艺术价值的因素上权重高于应天齐,在宣传推广力度上权重低于应天齐,收藏展出获奖纪录方面不相上下;综合分析,贺昆对比应天齐的价格评估系

数趋于正偏离。作为同质艺术家标本,评估再选取应天齐的版画套系作品作为作品对比标本,进行深入的价格剖析。选取了与《妙曼的沃土》套系具有可比性的《徽州之梦》套系作为标本纪录参考,取出该系列拍卖最高与最低价作为参照标准(见表11-3-5)。

表11-3-5 《徽州之梦》拍卖纪录

作品		拍卖纪录		附注
《徽州之梦》整套系(十张)	2010-06-02	北京保利拍卖拍出的《徽州之梦》(十件一套)	成交价:156.8万元	
《徽州之梦》单幅	2007-12-02	广州中艺拍卖拍出的《徽州之梦 No. 10》(80 cm×92 cm)	成交价:4.4万元	最高拍卖纪录
《徽州之梦》	2011-12-17	上海泓盛拍卖拍出的《徽州之梦 No. 7》(92 cm×136 cm)	2.07万元	单幅最低拍卖纪录

由此可见,版画套系以其艺术表现的完整性、留存数量的稀缺性,成为艺术品市场的优质资源,套系价值也比单幅价值的叠加要高出很多。同时,版画作品由于自身特有的复数性,每幅作品都有编号。因此,相同编号的完整套系作品就更加稀有。本次评估的套系作品价格区间也将考虑这一因素。值得注意的是,应天齐《徽州之梦》套系非应天齐成名代表作,其代表作为《西递村》系列;而《妙曼的沃土》是贺昆代表作"土地三部曲"的套系作品,"土地三部曲"屡获大奖,被国内外众多知名博物馆所收藏。且随着时间推移,完整套系的存世量会显著下降,因此《妙曼的沃土》整套系收藏具有显著的升值空间。

3.5 《妙曼的沃土》套系与标本上市原创版画作品的对比分析

在不同的交易渠道,艺术品具有不同的流动性和普及性,同样会产生不同的价格态势。为了进一步精确预估艺术品的价格,本评估将在艺术品的主要流通渠道进行同类别艺术品的横向对比,以作品的自身属性为基本参照,加之交易渠道赋予的附加价值,从而得出较科学的估值区间。长久以来,由画廊和拍卖行构成的艺术品一、二级市场占据了国内艺术品交易的统治地位。但是由于传统方式交易不透明,信息不公开,对参与者所具备的艺术品知识和投资技巧要求极高,更多的人只能望而却步。在业内多方专业机构的探索和努力下,集传统收藏和金融投资双重优势于一体的艺术品公开上市交易模式破茧而出,这对于艺术品金融化有着里程碑式的意义。本次《妙曼的沃土》系列原创版画的发售就采用了这种新兴的艺术品交易模式,并且保证全部流通作品均由此方式发售。

2013年1月30日,由汇心堂进行保荐服务的陈琦《上善若水》原创版画项目在版权交易中心正式发售。这是将艺术品公开交易模式真正付诸实践的一个成功案例。此项目自2013年4月12日正式上线交易到现在已有两个月左右的时间,其价格经过了市场的考验。对于《妙曼的沃土》系列原创版画而言,《上善若水》系列版画无论是在艺术品门类、作品属性、艺术水准,还是在交易模式、流通特点、价格空间等方面都具有很高的参考价值。现以《上善若水》系列原创版画5月31日的单幅收盘价64900元为参考(见图11-3-1)。

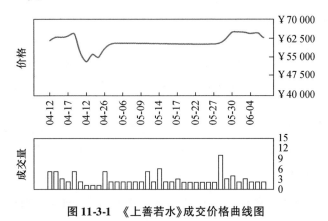

图11-3-1 《上善若水》成交价格曲线图

3.6 《妙曼的沃土》套系与标本复制版画作品的比对分析

《妙曼的沃土》不仅是套系精品,而且还是价值极高的原创作品。通过和近年来艺术品市场上名噪一时的复制版画横向对比,进一步明确《妙曼的沃土》的价值所在。在全球艺术界的通用语言体系中,"版画"仅指中国所称的"原创版画",中国大陆地区同时还有"复制版画"的概念,是指将名家原作使用丝网等版画技法进行复制,或者高清扫描后打印出来,再请名家签名(也有将名家签名一同扫描打印的)标注限量的作品,不具备艺术家的原创性。所谓"复制版画",严格地说属于印刷品或工艺品,不算艺术品,鉴于中国地区存在该市场,本评估抽取具有典型性的"吴冠中复制版画"为研究标本进行比对分析。由于"复制版画"没有画家本人参与的创作成分,都是通过印刷手段加以还原,所以,在研究比对中,没有代表作与非代表作之分,仅选择尺幅相近、限量数相近的作品为比对标的品。本中心选取吴冠中复制画《春燕》(71 cm×57 cm,限量99张)和《交河故城》(80.5 cm×84 cm,限量99张)为比对标的物,《春燕》公开零售价人民币每张20万元,《交河故城》公开零售价人民币每张25万元。贺昆为在世中年杰出艺术家,中国当代绝版木刻代表人物,根据汇心堂版画价格数据归纳分析公式,贺昆原创版画作品在中国大陆艺术品市场有充分的理性增值空间。

3.7 《妙曼的沃土》的特性附加评估分析

第一,预期通货膨胀率。

通货膨胀率是独立于市场基本行情走势之外的价格影响要素之一。国家统计局2013年4月发布的全国居民消费价格(CPI)平均增长率,一季度同比上涨2.4%,涨幅比上年同期回落1.4个百分点,比上年全年回落0.2个百分点,基本符合中国科学院预测科学研究中心的2013年中国经济主要年度预测结果(当前政策环境不变的情况下,2013年全年CPI上涨3.5%左右),因而本评估以保守算法将预期通货膨胀率设定为3.5%。

第二,版画市场平均增长率。

鉴于国内外版画市场发展水平和价格水平差异较大,中国版画市场作为价值洼地所存在的上涨空间较大,且以国际版画市场普通版画作品年增值率至少15%—30%来衡量,因而本报告以保守算法将国内版画市场平均增长率设定为25%。

第三,艺术品传统一级市场价格体系。

画廊是艺术品传统交易渠道中的一级市场。经过对北京和上海等地多家主流画廊的查访,贺昆画作价格的基本区间大致在人民币几万到十几万元之间,每幅画的最终价格往往受画作的稀缺程度、技法难度、获奖情况和市场反应等因素的影响。

在坚持估价原则的基础上,充分考虑到贺昆绝版木刻作品的美术史价值和艺术价值,综合贺昆与其他艺术家作品目前的市场行情、国内外版画市场价格水平等因素,本次评估价格结果整理见表11-3-6。本评估的创新处在于解决缺乏市场信息缺乏的问题,结合市场法与艺术作品的价值特征,并以本书第八章文化产业无形资产评估指标体系为基础,将价值特征纳入考虑,最终得出作品应有的市价(见表11-3-6)。

表11-3-6 贺昆《妙曼的沃土》价格评估结果

作品形式	市场估值区间
单幅作品	6万—8.8万元
整套作品	88.9万—193.3万元
单幅作品上市一年	8.4万—12.2万元

注:本章评估结果仅为学术研究意义上文化产业无形资产评估指标体系的验证分析,不作为该艺术品实际交易业务的参考。

第十二章　文化产业无形资产评估的风险防范

文化产业发展的蓬勃得益于实践的创新。当前,文化产业界对无形资产评估的关注程度不断加强,无形资产在文化产业的创意、生产环节的作用越来越大,文化产业无形资产的价值受到前所未有的重视。与此同时,文化产业无形资产评估业务实践中还存在许多亟待解决的问题,这些问题包含在评估机构、评估规范和交易环节等几个方面之中。

1　文化产业无形资产评估的机制问题

1.1　评估规范与评估机构

1.1.1　评估标准问题

对企业无形资产的评估,缺乏规范化的评估办法。知识产权价值评估存在主观随意性,且实践上主要是套用一般无形资产评估准则及框架,尚未单独针对知识产权价值评估量身打造出一个严格具体的操作准则。目前,知识产权评估并没有严格具体的操作规范,因此加大了知识产权评估的复杂性及不确定性,导致结果误差大、市场秩序混乱和社会公众对于知识产权价值评估的怀疑及否定心态[1]。以台湾地区为例,知识产权评估中存在准则单一、弹性不足的问题。台湾地区现行的知识产权价值评估准则,实践上主要是套用一般无形资产之评估准则及框架——《资产评估准则—无形资产》。然而,无形资产种类非常多,各类无形资产的评估规律不尽相同,随着知识经济的迅速发展,知识产权价值评估的需求及复杂性也不断提高,目前使用的《资产评估准则—无形资产》恐已无法适应知识产权的复杂性,造成许多文化产业无形资产

---

[1] 成文:《无形资产评估的难题及化解之策》,《现代商业》2010年第20期,第226页。

的价值无法厘清。

缺乏统一标准导致评估范围和对象界定模糊,使投资人及知识产权权利人产生"认知差距"。对投资人而言,因上述怀疑心态而对知识产权评估价值的认同感大打折扣;反之,对于知识产权权利人而言,因其他同类型知识产权评估价值的相关报道而产生攀比心态,普遍高估自身拥有的知识产权价值。这样,不仅影响了一般民众对于知识产权价值的正确认知,还严重阻碍了与知识产权相关的正常经济活动的进行。

1.1.2 评估机构问题

目前,中国、中国台湾地区、韩国对于知识产权评估方式缺乏严格具体的操作准则,且号称专业的无形资产评估事务所或公司机构实际上还处于各自为政的状态,尚未出现如同其他专业领域例如会计、法律行业设有会计师公会、律师公会等专门性的自律团体。对于现有的知识产权评估机构,普遍认为有两大弊病:知识产权评估平台不够公正客观,知识产权评估机构缺乏公信力。

造成上述现象的原因是缺乏专责性的知识产权评估公会等自律团体,且尚未对知识产权的评估行为、准则及相关惩戒规范制定一致性的规范,使得各评估机构在进行知识产权的价值评估时,主观成分过多、随意性过多,造成其评估结果往往不一定为市场所认同,形成知识产权评估机构缺乏公信力的现象。再进一步深究其造成原因,主要有二:第一,由于不同的资产评估师的知识背景、专业程度、经验多寡存在很大的差异,受到评估师本身知识水平的限制,在价值评估准则及标准体系不健全的条件下,出现偏差的可能性较高。第二,现有执行知识产权价值评估业务平台皆属民间机构,而知识产权价值评估本质上也是商业行为的一种,因此在没有例如知识产权评估公会等专责性团体的自律及惩戒规范下,难免出现委托方与评估机构私下勾结、进行利益交换、要求评估机构高估其知识产权价值的不良行为。

1.2 评估人员问题

当前评估人员存在专业化不足的问题。当前知识产权的价值评估主要是由会计师事务所或无形资产评估公司等民间机构中的注册资产评估师来完成,而此类知识产权评估机构及人员,因为其本身所具备的知识背景不同,故对知识产权的理解存在着极大的偏颇或差异,导致实务上从事知识产权评估机构及人员的素质良莠不齐。以台湾地区为例,尽管目前注册资产评估师的执业资格取得需要经过考试,但在现行注册资产评估师的考试试题中,关于知识产权的考题仅仅涉及该领域最基本的知识,仅能体现出较低的水平。换言之,若注册资产评估师只掌握这些考试所要求的基本知识,而没有真正对知识产权有深入的了解认识,是难以胜任实务上对知识产权的价值评估工作的;尤其是若要评估的对象是知识产权中的"版税"和"专利权",更是需要具有很深厚的技术背景和专利或版权方面的专业知识,才能胜任。由此造成在知识产权评估的实践中,注册资产评估师常常在对于其所评估的知识产权本质没有相关掌握的情况下,只是简单地套用评估公式计算,并没有实现知识产权价值评估的意义。如当前许多号称专业的知识产权价值评估报告,通篇不见分析知识产权的内容,也没有界定知识产权的价值存在范围,造成评估落差。

2 文化产业无形资产评估的理论问题

2.1 文化产业无形资产评估的研究问题

我国对文化产业无形资产评估的相关学术研究较少,面对快速发展的文化产业无形资产评估事业,学术研究的步伐发展缓慢,这为文化产业无形资产评估的进一步快速发展和获取政策支持带来了很大问题,开展并丰富对文化产业无形资产评估的学术研究刻不容缓。文化产业无形资产评估的最大难点是内容版权的价值评估需融合心理学、社会学等学科研究结果,但当前具针对性的研究结果不够多。随着承载载体的变化,其呈现价值的方式也有所变化,需要考虑到价值评估的特殊性。例如韩国对电影故事的商业价值评价做出的实验性尝试,尚需实践的发展来验证。文化产业无形资产的评估研究尚停留在学理层面一般性的讨论,面对评估实践的业务策划较少,通盘性的制度安排与流程设计还远远不够。另外,中国、韩国以及台湾地区均未出现整合化、公开化的评估指标资料库,可供评价人员登录、查询、咨询的信息化评估平台还很匮乏,影响了文化产业无形资产评估工作的开展。

2.2 文化产业无形资产评估的方法问题

2.2.1 停留在传统评估无法体现价值特性

中国、韩国以及台湾地区对文化产业无形资产评估的方法大多还停留在传统评估方法层面上,如成本法、市场法和收益法,皆属于传统会计学对有形资产的评估方式。随着新科技不断地推陈出新和金融资本理论的快速发展,国外已有许多新的价值评估方法被提出,并应用于知识产权的价值评估,如评等法、现金流量折现法、权利金节省法、经验法则、拍卖法、选择权法等现代评估方法①。知识产权虽属于无形资产的一种,但因本身牵涉到许多复杂性的技术及法律问题,且具专业性,随着知识经济潮流的涌现,于资本市场上的应用可谓日益蓬勃,与多个层面都具关联性。知识产权不像固定资产一样具备稳定性,这是因为知识产权的易变性无法立即反映到实际价值上。以作家莫言为例,出版界在很长一段时间都未掀起对其作品的畅销狂潮,但在他获得诺贝尔文学奖之后,其作品迅速在各大书店位列畅销榜首。这种状况是传统会计学方法无法评估的,如果直接套用无形资产三种评估方法对知识产权进行价值评估,容易造成评估方法选用范围的过于狭隘的后果,无法应付市场上日趋频繁及复杂的知识产权价值评估的需求,比如,版权价值评估,就涉及作品属性、所属权利和社会环境等多种因素的影响(见表12-2-1)。

表12-2-1 版权价值评估的影响因素

作品属性	文字、口述、戏剧、曲艺、舞蹈、杂技艺术、美术、建筑、摄影、电影、图形、模型、计算机软件、图书和期刊版式、表演、录音、录像、广播、电视节目
所属权利	复制权、发行权、出租权、展览权、表演权、放映权、广播权、信息网络传播权、摄制权、改编权、翻译权、汇编权
社会环境	营用模式、法律因素、社会经济环境、交易行为约束、作品

---

① 魏豪逸:《智慧财产权作价入股与相关法律问题之研究——以鉴价与税法为中心》,世新大学法学院智慧财产权研究所2008年硕士学位论文。

2.2.2 知识产权评估过程中存在信息不对称问题

知识产权价值评估的过程中,由于资产评估与交易双方之间存在利益关系,委托方常刻意隐瞒部分影响价值评估结果的负面信息,期待能换取较好的价值评估结果,造成资产评估师与委托方之间常存在着严重的信息不对称问题,加上原本资产交易的双方之间也存在着天然的背景差异,两种信息不对称的状况累加,一方面会使得价值评估结果的真实性大打折扣,另一方面也会使得交易双方因有所顾忌而很难同时对知识产权的评估结果进行认可,即便该评估结果是由双方都认可的资产评估中介机构所做出,也常常难以达成共识。在交易双方都处于信息不对称的情况下,缺乏相关渠道可以查询有关信息,因而无法厘清知识产权价值评估的过程与根据。知识产权价值评估是一项专业性极强的工作,尤其是文化产业无形资产的无形性更加剧了评估的专业难度。

2.2.3 知识产权评估平台不够公正客观

前已述及,对于知识产权评估方式缺乏严格具体的操作准则,实务上执行知识产权价值评估业务的评估机构,主要是会计师事务所或是无形资产评估公司等民间机构。目前国内号称专业的无形资产评估事务所或公司机构,实际上都还是处于各自为政的阶段,尚未出现如同其他专业领域例如法律服务、会计等设有会计师公会、律师公会等专门性的自律团体,针对知识产权的评估行为、准则及相关惩戒规定制定有一致性的规范。故而导致同一类型的知识产权价值评估案件,各家所做出的评估结果南辕北辙。这种情况反映出目前市场上知识产权评估平台不够公正客观,使得同一类型案件之评估结果出现过大幅度的落差。

3 文化产业无形资产评估的风险形式

文化产业无形资产评估的风险分为两类,即外部风险和内部风险。外部风险指外在环境对评估所造成的不良影响,内部风险则为评估业内部的问题导致评估失真。

3.1 外部风险

外部风险指评估机构的外部因素客观上阻碍和干扰评估人员

对被评估文化企业实施必要的和正常的评估过程而产生的风险,主要包括:市场风险、外部压力风险、制度风险和客户风险。市场风险是指市场不成熟、经济运行不稳定、专业信息匮乏及行业竞争等因素而产生的风险[①]。外部压力风险是指由金融、市场监督者对评估事项的监管不力而使评估人员面对外部利益集团的压力,以及来自不良政策所导致偏离价值评估规范与准则的要求而产生的风险。制度风险是指企业价值评估面临的法律法规、评估准则及规范以及行业管理体制等制度规范的不健全,从而使评估过程中缺少有效的指导和标准而产生的风险。客户风险是指由于客户管理不善、隐匿或提供不实信息而使评估人员在确定被评估企业状态等工作时受到一定程度的阻碍,增大评估复杂性而产生的风险。

3.1.1 制度风险

知识产权制度风险被归类为外部风险,但其风险生成主要是制度的"内生性"风险[②]。内生性风险可理解为伴随着诸如工业制度、法律制度、技术和应用科学的运用的人类的决策和行为产生的新类型风险,即制度化风险和技术性风险,而知识产权制度风险属于制度化风险[③]。中国属于发展中国家,当前的知识产权立法没有制度传承的基础,同时,外国法律制度的移植往往带来法律"水土不服"、实施效益不足的风险,如司法机关立法不全、施责效率不彰、有关单位专责不明等。此外,造成制度风险的原因还有非法律因素,即制度实施所涉及的经济技术发展状态、政府公共政策体系以及社会环境和制度不完全相适。

对文化企业而言,目前的知识产权风险控制是透过检索商标或专利、著作权保护以及了解供应商、竞争对手知识产权的开发等举措来进行的,藉此避免其商业价值的流失。

我国有关知识产权风险控制的政策起步较晚,启动企业知识产权风险管理标准的规范工作也比较晚。2008年5月,江苏省出台第一部地方《企业知识产权管理规范》,在该标准第四部分"知识

---

① 华琦:《企业价值评估风险与控制研究》,《经营管理者》2013年9月,第4页。
② 吴汉东:《知识产权的制度风险与法律制度》,《法律研究》2012年第4期,第61页。
③ 杨雪冬:《风险社会理论述评》,《国家行政学院学报》2005年第1期,第87页。

产权管理体系要求"中明确了企业知识产权管理职能部门"应当负责知识产权风险的防范与应对,依法处理企业内外部知识产权纠纷"标准,还提出企业在开发知识产权时应避免侵权、销售活动应规避侵权等原则。2010年10月,广东省实施《创新知识产权管理通用规范》。2012年2月,湖南省正式发布《企业知识产权管理规范》,将风险分为"风险预警""技术评估""信息披露风险""人员流动风险""知识产权侵权风险""知识产权价值风险""知识产权诉讼风险"等九部分内容。2012年2月,宁波市在《宁波市企业知识产权管理规范》中也以专章方式明确了知识产权的管理规范。在各地相继出台了企业知识产权风险管理规范后,国家知识产权局在2012年8月推出《企业知识产权管理规范(征求意见稿)》,其采用的总体思路是"加强知识产权风险的识别、评测和防范"。

虽然有关部门出台许多知识产权管理办法,但规范仍不足。江苏标准中涉及风险管理内容的仅有四条,广东标准中只有一条。许多标准过于抽象,不能反映瞬息万变的知识产权技术水平和新形势下对知识产权风险管理水平的要求。另外,管理办法权威性不足,导致评估机构和人员并未完全遵循办法,使评估效果失真。加之有些风险管理标准水平落后,都是对现状的描述,缺乏对未来风险与不确定性的预判和审视,缺乏相应的定性和定量要求。

3.1.2 市场风险

造成市场风险的因素有二:第一,信息不对称;第二,产权的界定规定未明。在工商发达、产业形态不断转型的情况下,法律规范无法立即依照现实情况作出修正,导致无形资产评估结果偏差。

3.1.3 评估对象风险

随着知识经济的发达,许多新型无形资产涌现,如金融市场中的期权价值、控股权价值,市场营销中的营销网络、客户价值,再如企业管理中的企业文化、综合人力资源、理念、网址及域名等,这些无形资产虽然具有无形资产的特征,却没有受到无形资产的相应规范管理。目前,《资产评估操作规范意见》只明确了13种无形资产[①],没有实时跟进新兴无形资产的发展,这凸显出法律规范与市

---

① 唐艳:《无形资产评估风险与控制研究》,《财会通讯》2012年第9期,第33页。

场变化的脱节。在无形资产标的物已出现,但规范未明的情况下,评估将无从开始,更无法实现评估资产的转让、对外投资的价值转移。

资产评估界将评估对象风险分为三个部分,即评估对象财务状况是否良好、评估对象产权是否明晰、被评估单位所处的环境是否稳定。关于评估对象财务状况是否良好,企业可能出于企业形象的目的,利用报假账或隐蔽资产等手段来美化财务状况。第二,评估对象产权是否明晰是指由于无形资产的界限划分不明确,使评估人员无法明确评估的对象,难以准确进行评估而产生的风险。第三,被评对象所处的环境是否稳定指评估企业的发展是否处于稳定、可预测的状态,如企业盈利能力状况或企业风险的应对措施[①]。

3.2 内部风险

3.2.1 评估方法风险

评估方法风险指评估人员在评估时选取的方法和参数不同导致评估结果不同而产生损失的可能性[②]。以当前常使用的收益法为例,收益额、折现率、收益期限这三个重要参数的合理确定是收益法评估的关键所在。然而,无形资产未来收益受很多不确定因素影响,评估师通常是利用过去的数据估计未来,而预测数据难免出现主观因素造成的偏差。

3.2.2 评估机构及评估人员风险

评估机构及评估人员风险指的是评估机构与执业人员由于业务素质有限、专业能力不足、严重有违职业基本道德要求,在评估操作中结果失真,影响最终使用整体评估报告的应有权益,造成诉讼或法律仲裁,从而产生的赔偿损失或责任追究风险[③]。

评估机构和人员风险的因素有如下几点:第一,评估机构、人员专业能力不足。目前文化产业无形资产评估的专业训练缺乏统

---

① 王秋荣:《资产评估业务承接阶段风险控制要点》,《现代商业》2013 年第 9 期,第 156 页。
② 同上书,第 156 页。
③ 同上。

一性与普遍性,培训教育的设计未成熟,造成评估人员专业能力匮乏现象,如撰写评估报告时忽略内容、事项、限制语等。第二,信息取得问题,经济的飞速增长导致参数收集困难,也使评估基础变得薄弱,评估人员在鉴定、分析无形资产价值时受到极大的挑战;此外,被评估机构之企业高层可能因私人目的而隐瞒信息,也会影响评估结果的精确度。第三,跨专业人才不足。当前,正处在科技日新月异、产业革新的社会发展趋势中,许多制造工艺、商业模式、营销手段不断推陈出新,无形资产的形态多样,所涉及的领域广泛。因此,评估不仅要具备会计、法律基础,还需具备其他专业知识,如商学、科学和文化产业等。第四,职业道德问题,评估人员操守不佳,在取得资讯后未依照规范的流程进行评估。第五,管理机构独立运作问题,有些企业为达到特定目的,会通过各种渠道寻找与承接评估业务机构的关系,并介入评估过程,左右评估结果(上述风险形式总汇,见表12-3-1)。

表12-3-1 文化产业无形资产评估风险

风险分类	评估外部风险			评估内部风险	
	市场风险	评估对象风险	制度风险	方法风险	评估人员、机构风险
因素	信息不足 产权界定未明 监管体制不全	信息不足	制度设计 制度实施 是否合于社会发展	新型无形资产界定未明 信息不足	专业能力不足 信息取得困难 跨学科人才不足 职业道德问题 独立运作问题

4 文化产业无形资产评估的风险控制

当前评估管理不到位、法律法规建设不完善等问题,导致市场秩序混乱的现状,误差大、融资困难等问题不一而足。建立健全法律体系,建设完备、规范统一的评估体系,提高从业人员的素质也是文化产业无形资产评估健康发展的重要环节。针对上述问题,提出几点具体建议如下:

4.1 完善无形资产风险管理标准

完善无形资产风险管理体系的具体措施有三：建立风险识别标准、风险评估标准以及即时更新无形资产评估的资讯与规范。

第一，建立风险识别标准。文化企业可透过风险预警机制、紧急事件响应机制、知识产权保密机制等具体制度进行风险控制。据此，文化企业可以通过信息统计、分析、判断，做到即时反馈与改进，以此为处理方案，降低潜在危险。

第二，统一风险评估标准。文化企业应善用知识产权评估，确认产权价值，有利于无形资产的保护与利用。

第三，即时更新无形资产评估的资讯与规范，以解决新型无形资产界定未明问题。这需要文化企业、评估机构、政府三者齐力同心合作，由文化企业提供最新的业内资讯，再由评估机构汇整、分析，最后与政府有关单位协调，制定新型的无形资产规定。

4.2 落实无形资产评估流程标准化

为解决评估方式纷乱问题，评估流程标准化势在必行，应量身打造出一个独立的《无形资产（或知识产权）价值评估准则》，将专利、商标、版权等内容都涵括其中，并具体规定知识产权价值评估的实际操作方式，例如合格评估机构或专业人员的资格认定及评选、价值评估方法的选择及应用、必要信息的揭露及查询渠道、价值评估报告的具体撰写格式及规定等。通过建立一个独立的《知识产权价值评估准则》，可以大幅度提高及强化知识产权价值评估实务上的可操作性，降低市场上对知识产权评估认知的复杂性及不确定性，并提升社会公众对于知识产权价值评估的认同心态。此外，建立资料库有助于评价人员、机构检索相关资料，提供评价参照点。目前，国内虽已出台评估准则，但仍停留在"形而上"的推行，实际的落实和普及性仍不足，政府应努力推广，使评估不仅标准统一，更该实践一致。

4.3 合理选择无形资产评估方法

针对评估方式现存方法传统、标准单一的问题，本书认为应注重无形资产评估目标,坚持以既定目标为前提,合理选择评估方法;对无形资产评估结果进行综合量化显示,对其评估架构进行量化考核[1],以下提供几点原则:

第一,明确评估目的和对象,拓展无形资产外延;

第二,规范评估管理,加速法制化建设;

第三,建立无形资产评估信息网络服务体系;

第四,提高评估人员的专业素质,建立专职的无形资产评估机构;

第五,规范无形资产评估报告的信息披露,有利于无形资产评估的发展[2];

第六,无形资产评估工作作为一种中介服务,涉及多方当事人的利益。为了确保公平对待每一方当事人,评估过程中,评估机构和人员必须遵循独立性原则、公正性原则和客观性原则[3]。

面对国内资本市场的知识产权价值评估需求,许多评估法早已不敷所需。参考国外实际经验及案例,再增设其他可适用于知识产权之现代价值的评估方法,例如评等法、现金流量折现法、权利金节省法、经验法则、拍卖法以及选择权法等评估方法;也可如前项建议,另外建立独立的《知识产权价值评估准则》,由此针对所有可适用于知识产权价值评估的方法作出在上述分类中的具体规范。

4.4 建立中立客观的信息数据平台

对于信息不对称、信息搜集不易、信息来源不一的问题,应建立全面性、通盘性、公开性的平台与资料库。由政府或学术机构等具有社会公信力的机构出面建立具有客观、中立特质的平台,其公共服务性质更强,行业的指导意义也更强,易于解决评估标准零乱问题。信息数据平台必须收录各种评估参数,并依照不同行业分

---

[1] 赵春娥、高广元:《浅谈无形资产评估的特点及对策》,《西北工业大学学报》(社会科学版)2000年第4期,第30—31页。

[2] 唐艳:《我国无形资产评估面临的困境及对策》,《财会研究》2011年第13期,第33—35页。

[3] 张建萍:《无形资产评估中应注意的事项》,《现代经济信息》2010年第21期,第59页。

类,如出版业、艺术品、电视、电影等,为不同无形资产的评估提供系统性的参考指标。

平台须提供足够的案例、法律检索、会计方法指导等专业资讯,使评价人员、金融机构、政府、研究单位、企业等能在统一渠道取得有用且有效的资讯。资料库与平台需时时更新,提供一手消息,保证信息的即时性,才能应对变化莫测的市场情况。资料库与平台的建立最好以政府或学术单位主导,避免功利性,维持公正、客观,既能方便政府掌握资讯的发布与流通,又可以使评估机构即时取得最准确的评估资料。在建立方面,可透过通信运营商,通过运营商的网络支撑,汇整各方之间的信息传递与疏通,达到信息快速性和多元性,以此来保证信息的及时和准确,提高资讯使用效率,因此运营商将成为供应链融资风险防范的重要参与者。

4.5　组建无形资产评估的专门机构

目前虽有许多鉴价、评估机构,但专门性强、指标性的机构还未成熟,因此成立"知识产权评估公会(或行业协会)",并以法律规范,要求所有从事知识产权价值评估的机构及个人必须加入该公会,并接受统一规范。指标性公会能维持知识产权价值评估行业的秩序,保护交易安全,降低市场风险,并达到提升行业公信力的目的。同时订立《知识产权评估执业规范》,针对知识产权的相关评估行为、程序及违反行业规定的相关惩戒作出严格的规范,对于违反规定者,视其情节轻重,分别处以禁止于公会中发言、停权一定时间或踢出公会、终身停权等处罚,以期利用公会的奖惩机制,促进所有从事知识产权价值评估的机构及个人都能真正地恪守行业执业规范,达到对客户遵守职业操守并发挥诚实原则的目标,以有效地提升知识产权价值评估的公正客观度。此外,藉由专门性的"知识产权评估公会"的成立,可将所有从事知识产权价值评估的机构及个人造册管理,同时亦可统一要求公会会员将无保密需要的价值评估案例提供予公会存盘备查,达到交易信息公开交流的目的,作为评估机制的使用者查询知识产权价值评估相关信息的咨询渠道。如此,可大幅度地缓解市场上于知识产权评估过程中存在着的严重的信息不对称问题。

4.6 培养从事无形资产评估的专业人员

虽然国内实行证照制度,强制要求评估人员与评估机构的素质,但面对鉴价师良莠不齐的状况,解决之道是将从事知识产权价值评估的权责予以灌输,加强无形资产评估理论研究与教学,为评估业输送高质量的无形资产评估人才。将无形资产价值评估人才由现行的注册资产评估师中划分出来,另外设立专责性的"知识产权评估师"制度,并起草《知识产权评估师法》,重新明确规定知识产权评估师的应试资格、应试科目、执照取得、执业范围、权利义务及法律责任等,并有效提升知识产权价值评估业务的专业度及其结果的社会公信力。

4.7 强化无形资产风险管理的标准体系

文化产业生产过程与传统制造业不同,以无形资产为核心,以内容创意营利的方式反映出文化产业高风险、高利润的产业特性。因此,建立文化企业对无形资产的管理意识,有助于文化企业和评估行业的长久发展。以上风险控制方法,可以解决前述无形资产评估所遇到的基本问题(详见表 12-4-1)。

表 12-4-1 文化产业无形资产评估风险控制

风险分类	评估外部风险			评估内部风险	
	市场风险	评估对象风险	制度风险	方法风险	评估人员、机构风险
因素	信息不足 产权界定未明 监管体制不全	信息不足	制度设计 制度实施 制度是否合于社会发展	新型无形资产界定不明确 信息不足 评估方式过于传统、单一	专业能力不足 信息取得问题 跨学科人才不足 职业道德问题 独立运作问题
解决方式	1. 完善企业知识产权风险管理标准体系 2. 建立官方平台、资料库,组织专门工会	1. 建立官方平台、资料库	1. 组织专门工会 2. 强化文化企业对无形资产风险管理标准体系之意识	1. 完善企业知识产权风险管理标准体系 2. 以目标为前提,选择合理的评估方法	1. 建立官方平台、资料库 2. 组织专门工会 3. 评估机构、人员的培育与管理

资产评估过程被认为是"科学与艺术的合一",评估结果并没

有一个简单的标准可以衡量,而无形资产评估更是评估中的难点,无论在理论还是实务上都存在着不同的认识和争论。文化产业无形资产评估理论和实务的发展任重道远,要求社会各界特别是金融界、会计界和文化产业实业界应以一种科学而谨慎的态度对待无形资产评估这一领域。

对于无形资产评估这一新兴领域来说,不能期望评估结果百分之百的准确。只能从减少误差方面入手,力求在评估开始到结束这一段时间的每一个环节上少发生错误,甚至不发生错误,使评估结果趋于准确。事实上,在评估过程中,还有很多宏观因素的干扰,有些因素是评估人员无法左右的,即便是评估过程中的细节都正确,评估结果也会有偏差①。透过政府、机构、企业间的相互合作,有助于建立起健康完善的文化产业无形资产的评估环境。

---

① 刘建波:《我国无形资产评估及其收益法研究》,大庆石油学院 2005 年硕士学位论文,第 19—22 页。

第十三章 文化产业无形资产评估的制度设计

既然文化产业无形资产评估存在方法、人员、制度、市场和评估对象等方方面面的问题,那么针对文化产业无形资产评估的风险特征和防范措施就显得至关重要了。为此,本章提出长期解决风险的制度设计。

1 文化产业无形资产评估的内部制度

1.1 文化产业无形资产评估原则

进行文化产业无形资产评估时,须遵照以下原则:第一,确定评估相关文化创意资产。第二,评估师应搜集、分析和核对进行评估所必需的与评估协议的性质或类型相适应的相关信息。其中,信息应当包括文化创意资产的特征性质,比如权利种类、特权、条件、品质等影响管理的各种因素,以及限制销售或转让的各种协议;文化产业无形资产的性质、历史和前景;文化产业无形资产历史性的金融信息;文化产业无形资产的债权与债务;相关产业的性质与条件;影响文化产业无形资产的经济因素;能够提供相关信息的重要市场,包括在投资市场上投资回报的情况、相关公开证券市场信息、相关并购信息;文化产业无形资产的过往相关交易情况;评估师认为需要的其他信息等。第三,评估时应针对该文化产业无形资产作微调,如电影产品需考虑档期、音乐产品需考虑期权等。

1.2 文化产业无形资产评估依据

现有的评估准则、文化产业无形资产的特性见本书第八章。当然,评估标准需时时更新,具体可参考美国评估标准 TAF / US-PAP(Valuations)、国际标准 IVSC(Valuation)、欧洲评估准则(European Valuation Standards, EVS)。

1.3 文化产业无形资产评估方法

因文化企业的商业模式不断推陈出新,无形资产的价值评估方法必须根据各类产业的营利模式做即时调整,原则拟定可以保有核心概念,而弹性调整则可评估不同种类的资产标的。以本书第七章提出的价值评估指标系统为基础,可发展出合于现况的评估方法,如"贺昆—妙曼的沃土"系列原创版画即是结合艺术市场的现状和趋势,通过学术地位、时代特点、交易渠道等维度评估价值的实践探索。

1.4 文化产业无形资产评估程序

文化产业无形资产评估程序包括以下几个步骤(见图13-1-1):

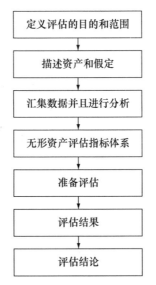

图13-1-1　文化产业无形资产评估流程图

第一,定义评估的目的和范围。首先要建立评估目标,在此评估师必须回答如下一些基本问题:什么样的特定文化产业无形资产被评估,为什么被评估,谁将使用该评估,并且为了什么目的。

第二,描述资产和假定。此后评估师要对于无形资产进行一个全面描述,评估师将需要这些数据以便理解资产的真实价值。假定包括评估日期、关于这些资产的法律权利、评估前提等。

第三,汇集数据并且进行分析。数据来自非常广泛的范围,包括资产的持有人、商业公开出版物、学术杂志、法院判决案例等。

第四,选择评估方法。从三项基本评估方法和新兴评估方法中选择一个或几个评估方法以进行评估。

第五,准备评估。评估师应当考虑一些不确定因素、可用的选择等。

第六,评估结果。在这一步骤中,通常要比较使用不同方法得出的结果,以确定合理性。

第七,报告评估结论。评估报告总结了使用的评估方法,及其结论。

1.5 文化产业无形资产评估人员管理

文化产业无形资产评估人员管理方法可参考美国制度。美国评估人员采用考试制,将评估师分为临时、初级、中级、高级四等,逐级衔接,资产评估准则强调职业道德、评估方法和技术技巧,这些值得我们借鉴。评估配套可参考欧洲,透过独立评估师、咨询专家、仲裁人连结评估业务。独立评估师(Indepent Assessor),为双方提供谈判的基础;咨询专家(Expert Advisor),为客户提供关于最佳方案(如最高卖价或最低买价)的建议;仲裁人(Arbitrator),在综合考虑买卖双方的意见后形成判断。

1.6 文化产业无形资产评估行业管理

西方国家对文化产业无形资产评估机构一般都采用行业管理模式,如美国资产评估基本上是行业自律性管理。评估机构实行行业管理,符合行业发展规律,是一种较为合理的管理模式。

2 文化产业无形资产评估的外部制度

目前,文化产业无形资产交易模式的问题包含在交易方式、交易配套、资产推广等方面中。针对以上问题,本章提供了一些解决思路(见表13-2-1)。

表 13-2-1　文化产业无形资产交易模式对策

资产交易模式	问题	解决
基金化交易	1. 鉴定 2. 评估 3. 保管	1. 制定鉴定规章 2. 鉴定师培训 3. 第三方保管机构
信贷化交易	1. 商誉和相关技术专利得不到充分的价值认可 2. 缺乏评估机制和保险机制分散 3. 商业银行面临的风险	1. 评估师培训 2. 评估制度改良 3. 拟定规避风险机制,保障银行
证券化(份额化)	1. 法律问题 2. 信息不对称问题	建议取消证券化
期货化	1. 缺乏权威市场指数 2. 缺乏艺术品或其他文化产品的期货合约标准 3. 缺乏权威的、非营利交易平台	1. 建构资料库 2. 期货标准制定 3. 建立公正、客观的交易平台
众筹化	1. 众筹监督缺乏规范 2. 文化产业内众筹过于单一 3. 普及化不足	1. 建立监管机制 2. 推广活动
物权化	1. 交易平台明显不足 2. 版权意识过低 3. 权利救济的效率低	1. 建立公正、客观的交易平台 2. 推广活动 3. 规章制定

应建立公正、客观的第三方机制,作为文化产业无形资产融资保证;激活文化企业与银行之间的关系,促进文化产业无形资产的资本化、市场化的发展。至于第三方机构,可以是政府或是金融保证机构。关于融资风险规避可参考台湾地区的经验。台湾地区针对金融机构接受知识产权融资流程做了规范(见图 13-2-1),融资前先确认知识产权权利及担保的适用模式,再针对担保进行评估,并就后续担保品处置做规划。

金融机构针对知识产权担保管理,可以采取下列行为:

第一,掌握该公司整体经营动向与规划方向。

第二,对于设定质权的标的物的有效期间、登记状况、规费缴纳状况做后续追踪。

第三,需时时维持知识产权担保价值的必要措施。

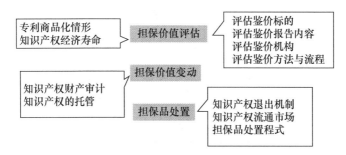

图 13-2-1　台湾地区知识产权融资检视流程

数据来源:台湾经济主管机构中小企业处,2006 年,第 43 页。

第四,对有第三人对该知识产权提出无效及侵权诉讼的情况设置相关对策及解决方案。

目前,知识产权融资存在以下问题:第一,未出台明确规范的知识产权融资相关程序或法律,以供金融机构设质后行使与运用;第二,知识产权价值易变,金融机构不易掌握真正价值;第三,无完善的离场机制,故倒闭企业的知识产权不易经由公开市场交易取得本金,导致金融机构较难确保债权。因此,针对知识产权融资风险提出以下建议(如表 13-2-2):

表 13-2-2　知识产权融资风险应对

困难	对策
评价结果的公信不足	提高评价结果公信力
银行承贷风险偏高	提高信用保证基金的保证成数
银行审查困难	由专业之知识产权公司代为处理后台作业
欠缺承担意愿	承保及承贷均可附认股权或新股认购为条件,开办成功报酬变动利率融资
放款风险未分散	开办中小企业贷款债权证券化业务
知识产权担保品处分不易	强化智慧财产流通市场机制

数据来源:台湾经济主管机构中小企业处,2006 年,第 44 页。

3　文化产业无形资产评估的保障措施

制度推动需要学界、政界、业界相互支持。学术机构作为沟通政界、业界的枢纽,需提供客观且专业的建议,供双方参考。教学机构应培育具会计能力、法律知识、商业学养和文化产业的跨专业人才。学术机构还需加强理论研究，目前针对文化产业无形资产评估的基础性和创新性研究严重不足，理论研究是促进实践发展的重要途径，具有无可比拟的重要意义，加强研究工作是管理部门的重要职责之一，业界需即时汇整业内资讯，将资料登录上传至平台，随时反映评估问题，供评估准则和学术研究参考。

政府部门对文化产业无形资产评估推动至关重要，政府管理部门应该做到以下几点：

第一，完善文化产业无形资产评估准则和配套措施。评估准则是评估师执业过程中最重要的工作指南及操作规范，在原有无形资产评估相关准则的基础上，应加紧制定针对文化产业无形资产特点的相关评估准则和操作指引，并对重点领域（如抵/质押）重点强化。交易方面，拟定救济制度和监督条款，降低交易风险。

第二，加强理论成果转化，提升文化产业无形资产评估的服务水平。旨在提高资产评估行业的公信力，提高资产评估师的职业水平。应加强文化产业无形资产评估理论成果的应用与推广，并定期对资产评估师就文化产业无形资产评估的最新理论成果进行有针对性的培训，提高资产评估师对文化产业无形资产评估理论的理解与应用水平，指导评估实践。

第三，调整文化产业无形资产评估的发展模式，按照细分行业特点设计发展策略。总的来看，可以尝试推行三种独立模式。一是针对普通无形资产，由一般资产评估师评估；二是对特定行业设置增项考试，通过者可以评估特定类别无形资产；三是对专业性极强或者过于独特的无形资产种类，采取评估师与业内专家相结合的评估方式。

第四，加强促进行业自律的发展。虽然目前执业体系内部以行业自律为主，但宏观来看只有在政府的引导下才能取得更好的效果，政府不需要强制干预，但应该通过引导来推动行业自律的建设。

第五，鼓励社会参与者更多参与评估实践。目前文化产业无形资产评估发展相对较慢的重要原因是社会参与者，尤其是文化企业的参与热情不高。评估业的发展需要足够的实践来积累经验、人才与数据,政府应加强对潜在参与者的鼓励与宣传,让更多的用户意识到评估的意义,活跃评估市场。

第六,加强对文化产业无形资产评估的基础建设扶持。目前在评估实务当中,面临基础信息缺乏的问题,需要尽快建立交易信息数据库和交易平台。

参考文献

1. 马秀如、刘正田、俞洪昭、谌家兰:《资讯软体业无形资产之意义及其会计处理》,《证交资料》2000 年第 457 期。
2. 〔美〕埃德文森、迈克尔·马隆(Edvinsson, L. & Malone):《智慧资本:如何衡量资讯时代无形资产的价值》,林大容译,麦田出版 1999 年版。
3. Raymond Nimmer, Patrica Krauthaus, "Information as Property: Databases and Commercial Property", *International Journal of Law and Information Technology*, vol. 1, No. 1, 3, 1993.
4. R. F. Reilly, R. P. Schweihs, *Valuing Intangible Assets*, New York: McGraw-Hill, 1998.
5. 王瑜、王晓丰:《公司知识产权管理》,法律出版社 2007 年版。
6. 陈久梅:《无形资产评估相关理论、方法若干问题研究》,西安电子科技大学 2002 年硕士学位论文。
7. 〔美〕托马斯·斯图尔特(Thomas Stewart):《智慧资本:信息时代的企业利基》,宋伟航译,智库出版社 1999 年版。
8. 刘江彬、黄钰婷:《智慧财产商品化之融资与鉴价机制》,《全国律师》2006 年第 10 卷第 1 期。
9. 〔英〕约翰·霍金斯(John Howkins):《创意经济:好点子变成好主意》,李璞良译,典藏艺术家庭出版社 2003 年版。
10. 励潇、吴斐:《创意产业:新经济的巨大引擎》,人民网市场报,http://www.people.com.cn/GB/paper53/15172/1345781.html,2005 年 7 月。
11. UNESCO, "Culture: 25 Questions and Answers" (2011), http://portal.unesco.org.
12. DCMS, *Creative Industries Mapping Document*, London: Department for Culture, Media and Sport, 1998.
13. 香港大学文化政策研究中心:《香港创意产业基线研究》,香港特别行政区政府中央政策组,2003 年。
14. 台湾地区经济主管机构文化创意产业推动办公室:《2005 年台湾地区文化创意产业发展年报》,经济主管机构工业局,2006 年。
15. 郑成思:《智慧财产权法》,水牛图书 1991 年版。
16. 尚永:《美国的版权产业和版权贸易》,《知识产权》2002 年第 6 期。

17. WIPO,"Copyright-based Industries:Assessing their Weight", *WIPO Magazine*,Issue3/2005,May-June 2005.
18. WIPO,"The Role of Intellectual Property in the Creative Economy", *Creative Economy Report*,2008.
19. 台湾地区经济主管机构智慧财产局官网:《USPTO 发布"智慧财产与美国经济:产业聚焦"研究报告》,http://www.tipo.gov.tw/ct.asp? xItem = 318711&ctNode = 7124&mp = 1,2013 年 12 月。
20. WIPO,"Guide on Surveying the Economic Contribution of the Copyright-based Industries",Geneva:WIPO Pub.893(E),2003.
21. 台湾地区经济主管机构智慧财产局官网:《USPTO 发布"智慧财产与美国经济:产业聚焦研究报告》,http://www.tipo.gov.tw/ct.asp? xItem = 318711&ctNode = 7124&mp = 1,2013 年 12 月。
22. 郭年雄:《智慧财产权评价发展趋势》,《菁英季刊》2006 年第 2 卷第 2 期。
23. The Digital Performance Right in Sound Recordings Act of 1995,Pub.L.No.104—39,109 Stat.336. The Digital Millennium Copyright Act of 1998,Pub.L.No.105—304,112 Stat.2860,2899. 转引自李永明、曹兴龙:《中美著作权法许可制定比较研究》,《浙江大学学报》(人文社会科学版)2005 年第 4 期。
24. 吴汉东、曹新明:《西方诸国著作权法全制度研究》,中国政法大学出版社 1998 年版。
25. 邓宏光:《我国商标权保护范围的变迁与展望》,西南政法大学 2007 年硕士学位论文。
26. 张耕:《民间文学艺术的知识产权保护研究》,西南政法大学 2007 年博士学位论文。
27. 张炳生:《知识产权出资制度研究》,对外经济贸易大学 2007 年博士学位论文。
28. 杨坤:《专利资产评估国际比较研究》,河北农业大学 2008 年硕士学位论文,第 8 页。
29. 李玉香:《现代企业无形资产法律问题研究》,中国政法大学 2008 年博士学位论文。
30. 吴小林:《专利价值评估的相关法律问题》,《重庆科技学院学报》2006 年第 3 期。
31. 张文缦:《日本知识财产权法最新修正》,《万国法律月刊》2003 年 2 月第 127 期。
32. 冈本清秀:《授权与革新》,HTTP://SCIENCELINKS.JP/CONTENT/VIEW/

282/106,2009 年 1 月 5 日。

33. 向勇:《文化产业的分水岭》,《中国文化报》2012 年 7 月 2 日。
34. 王瑜、王晓丰编:《公司知识产权管理》,法律出版社 2007 年版。
35. 《关于加强知识产权资产评估管理工作若干问题的通知》,财企[2006] 109 号。
36. 张静静:《文化创意产业的知识产权价值评估研究》,经济科学出版社 2011 年版。
37. 《资产评估准则——无形资产》第十三条。
38. 崔劲:《我国无形资产评估准则体系的发展与完善》,《中国会计报》2011 年 6 月 3 日。
39. 财政部:《著作权资产评估指导意见》,中评协[2010]215 号。
40. 山丽娟:《我国无形资产评估现状及改进分析》,《财政监督》2006 年第 22 期。
41. 施琳洁:《金融政策助推文化产业发展》,《中共山西省直机关党校学报》2011 年第 1 期。
42. Copyright, Designs and Patents Act 1988, http://www.legislation.gov.uk/ukpga/1988/48/contents,2013 年 12 月 26 日。
43. 北大法宝:《中华人民共和国发票管理办法实施细则》,http://www.lawpku.cn/fulltext_form.aspx?Gid=8882,2013 年 12 月 26 日。
44. 孙业洁:《基于收益理论的文化创意产业无形资产价值评估研究》,长安大学 2012 年硕士学位论文。
45. 台湾地区经济主管机构:《主要国家经贸政策制度与法令之调查研究》,2003 年 3 月。
46. 詹炳耀:《智慧财产估价的法制化研究》,台北大学法律研究所 2002 年博士学位论文。
47. 台湾地区"地区行政院文化建设委员会":《创意台湾地区——文化创意产业发展方案行动计划 1987—2012 年》,2009 年。
48. 冯震宇:《智慧资产鉴价之问题与挑战》,财团法人亚太智慧财产权发展基金会情报网,http://www.apia.org.tw,2012 年 12 月 12 日。
49. 陈峰富:《公司无形资产与鉴价研究机制(下)》,《司法季刊》2003 年第 1134 期。
50. 《配合挺创意产业政策——台湾地区金服鉴价无形资产联合新闻》,http://udn.com/NEWS/FINANCE/FIN4/8342258.shtml#ixzz2nERR3let。
51. 谷湘玲:《智慧财产权融资之探讨——论智慧财产权之鉴价与智慧财产权之证券化》,东海大学法律研究所,2004 年。

52. 魏豪逸:《智慧财产权作价入股与相关法律问题之研究——以鉴价与税法为中心》,世新大学法学院智慧财产权研究所 2008 年硕士学位论文。
53. 成文:《无形资产评估的难题及化解之策》,《现代商业》2010 年第 20 期。
54. 刘晓静、姜忠辉:《无形资产评估方法的比较研究》《经济研究导刊》,2009 年第 34 期;殷蓉:《对无形资产评估问题的相关探讨》《黑龙江科技信息》,2009 年第 22 期;李春光:《无形资产评估方法的进一步探讨》,吉林大学 2005 年硕士学位论文。
55. 王瑜、王晓丰:《公司知识产权管理》,法律出版社 2007 年版。
56. 《世界文化遗产可持续发展模式》课题成果。
57. 刘冠德:《文化产业无形资产之资本化模式研究》,北京大学 2013 年博士学位论文。
58. 巴塞尔银行监理委员会:《向 7 国集团财政部长和中央银行行长就国际会计标准所作的报告》,巴塞尔,2000 年,网址:http://www.iasplus.com/resource/basel1.pdf。
59. Brown S., Lo K., Lys T.:《会计学和研究中对 R2 的利用:衡量过去 40 年价值关联性的变化》,《会计经济学》1999 年第 2 期。
60. Caninbano L., Garca-Ayuso M., Sanchez P.:《无形资产会计学:文献综述》,《会计文献》2000 年第 19 期。
61. Carlile R.,《访谈:知识产权:管理信息时代最重要的无形资产》,www.jang.com.pk/thenews/investors/may99/temp/temp6.htm。
62. Elton J., Shah B., Voyzey J.:《知识产权:结伴盈利》,载《麦肯锡季刊》2002 年 4 月,http://www.mckinseyquarterly.com/article_page.asp?ar=1248&L2=21&L3=35&srid=9&gp=1。
63. FASB(财务会计标准委员会):《改进企业报表:深刻理解词汇披露的意义》,《企业报表研究项目指导委员会报告》,2001 年,http://www.fasb.org/brrp/brrp2.shtml。
64. FASB(财务会计标准委员会):《企业和财务报告,新经济时代的挑战》,财务会计系列,2001b,http://www.fasb.org/articles&reports/new_economy.shtml。
65. FASB(财务会计标准委员会):《总结陈词 Nr.142,"商誉和无形资产"》,http://www.fasb.org/st/summary/stsum142.shtml。
66. 国际知识产权学院:《新经济时代的会计标准:关于知识产权价值报告的执行发言》,华盛顿特区,2002 年 5 月 1 日,http://www.usa-canada.les.org/membersonly/committees/professional/financial/IIPIAccounting.pdf。
67. Lev B., Sarath B., Sougiannis T.:《研发报表的偏见及后果》,纽约大学,

1999 年,http://pages.stern.nyu.edu/~blev/research.html。

68. Lev B.,Zarowin P.:《财务报表的界限及其突破》,《会计学研究》1999 年第 3 期。

69. SEC(证券交易委员会):《加强财务市场:投资者得到他们想要的信息了吗?》,SEC 特别工作组报告,2001 年,http://www.mba.yale.edu/news_events/sec_exec_sum.htm。

70. Woodward C.:《知识产权会计学》,伦敦,2003 年,普华永道国际会计公司(PriceWater HouseCoopers),http://www.pwc.com/gx/eng/ins-sol/publ/ipvalue/pwc_2.pdf。

71. Bank, W. ,"Chapter 5:Intellectual Property:Balancing Incentives with Competitive Access. Global Economic Prospects", Washington, DC, World Bank,2002.

72. Zvi Bodie, Alex Kane, et al, *Investmets*, 4th ed. , Mcgraw-Hill, Boston, Burr Ridge,1999.

73. Franklin Allen, Stewart C. Myers, et al. , *Principles of Corporate Finance*, Mcgraw-Hill,Boston, Burr Ridge,2006.

74. Bruno Frey,*Art & Cultural Policy:Analysis & Cultural Policy*,Berlin:Springer-Verlag Berlin Heidelberg GmbH & Co. K,2003.

75. Emily Chasan, "40% Proportion of CFOs who reassessed their transfer pricing after a tax audit of intangible assets", *The Wall Street Journal*, March 26, 2013,p. B4.

76. Yim Seong Gyun:《무형자산의가치평가에관한연구: 지적재산을중심으로(无形资产价值评价相关研究:以知识产权为中心)》,东国大学 2003 年硕士学位论文。

77. Ro Hyeong Sik:《경제기사야놀자——올해부터적용되는국제회계기준(IFRS)이뭔가요(什么是今年开始适用的国际会计标准)》,《조선일보(朝鲜日报)》2011 年 5 月 6 日第 B10 页。

78. Kim In Sik, Kim Jong Min:《문화컨텐츠가치평가모형개발을위한연구(为文化内容价值评估模型开发的研究)》,《한국세무회계학회지(韩国税务会计学会志)》2001 年第 28 期。

79. Oh Yong Jin, Kim En Hye:《IFRS 도입에따른사업결합과정의무형자산평가사례를통한이익변동성검토:국내통신기업을중심으로(透过事业结合过程中无形资产评估事例来看 IFRS 导入带来的利益变动——以国内通信企业为中心)》,《국제회계연구(国际会计研究)》,2010 年第 32 期。

80. Park Hyun Woo,《지식정보콘텐츠가치평가의기법과적용가능성(知识信息内容价值评估的技法和适用可能性)》,《한국콘텐츠학회논문지(韩国内容学会论文志)》2002年第2期第3卷.
81. 高晟壹:《문화콘텐츠기술가치의영향요인과평가제도분석-전문가인식조사를중심으로(文化内容技术评价影响要因及评价制度分析——以调查专家认识为中心)》,韩国国民大学2004年博士学位论文.
82. Nam Yeong Ho:《무형자산의가치평가와로열티실증분석:한·중온라인게임라이선스계약을대상으로(无形资产价值评估与版权使用费实证分析:针对中韩网络游戏版权契约)》,*Korean Accounting Journal*,2005年第14期.
83. Jeong Hye Woen:《한국전통연극진흥정책연구(韩国传统表演振兴政策研究)》,韩国中央大学校2007年博士学位论文.
84. Jeong Jae Hak, Eo Ji Hyeon:《스토리기반컨텐츠를위한시장성평가모형:영화시나리오시장성과예측을중심으로(故事基础内容商业性评估模型——以电影剧本市场成效预测为中心)》,《마케팅연구(营销研究)》2010年第25期第2卷.
85. Lee Seok Goo. 3R 평가시스템(3R评估系统):韩国,专利号1020010072545[P],2001年11月21日.
86. Jang Tae Jong,《지적재산권기술담보제도의문제점과활성화방안(知识产权技术担保制度的问题点和激活方案:创作和权利)》,세창출판사韩国世昌出版社2001年版.
87. 于蒙:《IASB期待与中国深度合作》,《中国会计报》2013年6月21日第11版.